本书为 2021 年广东省特殊教育专项研究课题"构建特殊教育高中新任教师专业共同体的循证研究"（课题编号：GDJY-2021-T-a09）的成果

龙 郭俊峰 主编

南京师范大学出版社

图书在版编目（CIP）数据

共同体视角下的特殊教育学校新教师培养 / 刘应龙，郭俊峰主编 . — 南京 : 南京师范大学出版社 , 2024.3
 ISBN 978-7-5651-5814-8

Ⅰ . ①共… Ⅱ . ①刘… ②郭… Ⅲ . ①特殊教育 – 师资培养 Ⅳ . ① G76

中国国家版本馆 CIP 数据核字（2023）第 113891 号

书　　名	共同体视角下的特殊教育学校新教师培养
主　　编	刘应龙　郭俊峰
责任编辑	马璐璐
出版发行	南京师范大学出版社
地　　址	江苏省南京市玄武区后宰门西村 9 号（邮编：210016）
电　　话	（025）83598919（总编办）　83598319（营销部）　83371351（编辑部）
网　　址	http://press.njnu.edu.cn
电子信箱	nspzbb@njnu.edu.cn
照　　排	南京凯建文化发展有限公司
印　　刷	南京玉河印刷厂
开　　本	787 毫米 ×1092 毫米　1/16
印　　张	14.75
字　　数	329 千
版　　次	2024 年 3 月第 1 版
印　　次	2024 年 3 月第 1 次印刷
书　　号	ISBN 978-7-5651-5814-8
定　　价	68.00 元

出 版 人　张　鹏

南京师大版图书若有印装问题请与销售商调换
版权所有　侵犯必究

编委会成员名单

（按姓氏笔画）

主　　编：刘应龙　郭俊峰

编　　委：刘　圆　麦子翘　陈斐娴
　　　　　范　静　赵文蓉　秦铭欢
　　　　　龚　克　梁　涛

特邀人员：王少雯　牛　嘉　亢鸿志
　　　　　刘　毅　刘慕泽　邱　媛
　　　　　张　骏　林　璇　胡自强
　　　　　彭　婧　襧姝颖

前言

　　学校发展的生命在于教育质量，教育质量的核心在课程，课程建设的关键在教师，教师是学校高质量发展的根基。《特殊教育教师专业标准（试行）》中明确提出，培养"复合型"特殊教育教师是新时代发展的新要求。一名合格的特殊教育教师需要秉持先进的专业理念和高标准的师德，掌握学生发展知识、学科知识、教育教学知识和通识性知识，具备教学设计、教学实施、教育研究和教学反思的专业能力。

　　深圳市第二特殊教育学校是深圳市教育局直属的一所全日制公办培智类特殊教育高中学校，也是全国第一所独立设置的培智类高中。学校主要招收孤独症、智力障碍、多重障碍等障碍类型的学生。学校高度重视新教师培养工作，在建校之初便申报了2021年广东省特殊教育专项研究课题"构建特殊教育高中新任教师专业共同体的循证研究"（课题编号：GDJY-2021-T-a09）。以课题研究为契机，全校教师积极参与特殊教育新任教师共同体建设实践，在教师发展领域取得了不俗的成绩。课题组成员遵循研究规范，总结了特殊教育新任教师共同体实践经验，组织团队撰写了《共同体视角下的特殊教育学校新教师培养》一书。

　　本书遵循理论与实践相结合的原则，共有三个板块七个章节内容。第一板块包括第一至三章，其中第一章介绍了共同体视角及特殊教育学校教师、特殊教育学校教师的发展特点；第二章介绍了特殊教育学校新教师的专业理念与师德、专业知识和专业能力等专业素养；第三章介绍了特殊教育学校新教师的培养方式、培养路径、培养模式和职前职后衔接。第二板块包括第四至五章，其中第四章介绍了特殊教育学校新教师专业共同体构建；第五章介绍了特殊教育学校新教师专业共同体实践。第三板块包括第六至七章，其中第六章展示了特殊教育基础课程、康复课程和艺术课程的教学案例；第七章展示了特殊青少年发展研究和特殊教育相关组织研究的学术科研成果。本书得到了深圳市第二特殊教育学校的全力支持，参与本书编写人员包括范静、龚克、梁涛、陈斐娴、刘圆、麦子翘、秦铭欢和赵文蓉老师。

限于时间和能力等因素，本书在撰写过程中尚存在诸多不足，仍需不断修订和完善，恳请各位读者提出宝贵的意见和建议。

编　者

2023 年 5 月

目 录

前　言 　1

第一章　绪　论 　1

第一节　共同体视角及特殊教育学校教师……………………………………　2
第二节　特殊教育学校新教师的发展特点……………………………………　4

第二章　特殊教育学校新教师专业素养 　21

第一节　特殊教育学校新教师专业理念与师德………………………………　21
第二节　特殊教育学校新教师专业知识………………………………………　25
第三节　特殊教育学校新教师专业能力………………………………………　31

第三章　特殊教育学校新教师培养 　42

第一节　特殊教育学校新教师培养方式………………………………………　42
第二节　特殊教育学校新教师培养路径………………………………………　45
第三节　特殊教育学校新教师培养模式………………………………………　47
第四节　特殊教育学校教师职前职后衔接……………………………………　52

第四章　特殊教育学校新教师专业共同体构建 　60

第一节　特殊教育学校新教师专业共同体理论研究…………………………　60
第二节　建构特殊教育学校新教师专业共同体循证研究……………………　66

第三节　特殊教育学校新教师专业共同体实践方案……………… 74

第五章　特殊教育学校新教师专业共同体实践　81

第一节　教学教研组实践探索…………………………………… 81
第二节　跨专业学习小组实践探索……………………………… 109
第三节　课题组实践探索………………………………………… 112

第六章　特殊教育教学案例　121

第一节　特殊教育基础课程教学案例…………………………… 121
第二节　特殊教育康复课程教学案例…………………………… 153
第三节　特殊教育艺术课程教学案例…………………………… 167

第七章　特殊教育研究成果　176

第一节　特殊青少年发展研究…………………………………… 176
第二节　特殊教育相关组织研究………………………………… 190

后　记　227

第一章 绪 论

近些年，特殊教育事业方兴未艾，《特殊教育教师专业标准（试行）》出台、《中华人民共和国残疾人教育条例（修正案）》（以下简称《残疾人教育条例》）颁布、特殊教育新课标颁布、《第二期特殊教育提升计划（2017—2020年）》出台、首个残疾预防日确定……近年来陆续提出"关心特殊教育""支持特殊教育""办好特殊教育""特殊教育普惠发展"等理念，这都显示出党和国家对特殊教育越来越重视。可以说，自实施《国家中长期教育改革和发展规划纲要（2010—2020年）》以来，各级政府都将特殊教育纳入了整体发展规划，特殊教育在各级政府中的工作也初显成效。2022年1月25日，国务院办公厅转发教育部、中国残联等部门《"十四五"特殊教育发展提升行动计划》通知，要求各地加快推进特殊教育高质量发展，而高质量特殊教育的先决条件之一在于高水平的特殊教育师资队伍建设。

特殊教育教师专业发展面临的矛盾是目前制约特殊教育发展的主要因素之一，特殊教育的发展，离不开一支具有先进专业理念、过硬专业知识、精湛专业能力的师资队伍。[1] 而特殊教育学校新教师（以下简称"特校新教师"）作为未来发展的主力军和骨干力量，其专业素养的提升是对特殊教育发展的重要支撑。新教师时期作为教师职业生涯的起始阶段，对后续的专业成长起到至关重要的作用。因此，重视特校新教师的职业发展，不仅是提高特殊教育质量、推动特殊教育科研发展的需要，更是促进教师个人发展的客观要求。[2]

新教师的成长并非教师个体能独立完成的事，这一过程会受到多种因素的影响。教师的专业化发展不应单纯归为教师个体的行为，学习是人与环境、人与人之间相互作用的过程，具有个性化、情境性和内隐性的特点。因此，特校新教师实践知识的学习，应当在一个团结互助的团体中进行，其中包括相互交流、分享知识、共同解决问题以及进行自我反思等。在这种学习环境中，学习者可以与他人一起合作，共同探讨教育和教学的规律，并在此基础上进行深入的研究和反思。同时，团体内部还会进行对话和协作，以便学习者以认真的态度来探索教育与教学的规律，并对个人的知识、能力和经验进行不断反思与整合，以更好地实现自身的进步，促进自身的专业发展，提高自身的素质。在这种情况下，教师的专业发展就需

---

[1] 王玉，王春龙. 当前我国特殊教育教师专业发展的主要矛盾及解决路径[J]. 绥化学院学报，2022，42（1）：90-93.

[2] 覃钰. 特殊教育新教师专业成长的叙事研究[D]. 桂林：广西师范大学，2021.

要一个有良好生态环境的学习组织，从而教师可以参与到这个学习组织中来，可以更好地发挥自己的积极性、创造力与团队资源优势，不断地促进自己的个人发展，而教师专业共同体就是一种可以满足这种要求的学习组织。[1] 以共同体为基础的特校新教师发展是一种介于工作与休闲之间的教师发展方式，这种方式将新教师发展的实然与应然需求、近期问题解决与长远专业发展需求相结合，使教师可以在一种轻松愉快的气氛中，通过对话和交流来提高自己的反思能力，从而产生自己的经验智慧。在真实问题情境中，教师可以在与同伴的交流和持续学习中，获得自己的专业成长。[2] 因此，从共同体视角切入，探索特校新教师的专业培养与发展路径，对推进新教师个体的专业化和群体的专业发展都具有积极作用，对推动特殊教育师资力量建设迈上新的台阶具有现实意义。

第一节　共同体视角及特殊教育学校教师

特殊教育事业的健康发展离不开特殊教育学校教师（以下简称"特校教师"）。在新的时代背景下，我国教育主管部门对特校教师的要求日益明确，构建多领域、跨界、协作的教师专业共同体已成为我国特校教师发展的趋势。特校教师专业化发展是一个不断互动、自我调整的动态生成的建构过程，它需要教师不断深入研究相关的专业理论和实践，并及时调整自身的教学技能和教学策略，以适应特殊教育行业快速发展的需要。特校教师的专业能力想要得到稳定的提升，可以通过与其他教师的相互交流、相互学习来实现。建立学习共同体，是一种适合特校教师发展的理性选择，也是促进教师团队化发展的重要保障。在当前特殊教育迅速发展的时代，构建一个以教师为中心、以共同学习为基础的教师专业共同体，对于提高特校教师教育质量、促进特殊教育发展具有重要的价值和意义。[3]

一、共同体视角

"共同体"一词起源于希腊，是一种以共同利益为诉求、以价值为准则而形成的集体

---

[1] 魏会廷.教师学习共同体：促进教师专业发展的新途径[M].武汉：武汉大学出版社，2014：41.
[2] 李响.学习共同体视域下特殊教育教师发展模式研究[J].教育参考，2020（4）：94-98.
[3] 赵丽娜.论特殊教育教师学习共同体建构[J].教育导刊，2013（2）：45-47.

模式。学术界普遍认为,"共同体"一词是19世纪中晚期才出现的。马克思(Marx)在很久以前就对这一基础理论问题进行过探讨,并认为"共同体"是一个可以使每一个人都能得到充分自由和充分发展的"社会",而共产主义则是一个对"共同体"的科学预言。滕尼斯(Tonnies)将"共同体"表述为一种持久的、真正的、有生命的有机体,它的基本特点是人们彼此之间有着密切的关系,他们共享着相同的信念、意志和规则。[1]齐格蒙特·鲍曼(Zygmunt Bauman)对"共同体"的内涵和外延做了进一步的扩展,将其界定为存在于社会中的,基于主观和客观中的共同特点所构成的不同层级的组织和群体,并将其划分为有形的和无形的两类。从"共同体"理论的发展和演进来看,它具有明显的时代特点。虽然不同学者对"共同体"这一概念的表达方式各不相同,但其本质是一致的。"共同体"理论主要是对社会发展过程中人与人之间的相互关系进行了研究,它是以思想和社会认同为基础的一种共同生活、权威机构或精神指引,并逐步从实体性存在转变成一种社会关系分析的工具。[2]

"共同体"一词在《现代汉语词典》中有两层含义:一层含义是在共有的条件作用下,由人们自发而结成的集体;另一层含义是在相同的利益驱动和引领下,由若干个国家在某一方面组成的集体组织。

教师专业共同体的概念研究基于国外学者提出的理论建构,同时结合了国内教师教育实际情况,进行了狭义和广义两个层面的界定。就狭义层面而言,教师专业共同体被限定为教师在共同目标的指引下开展集体学习,进行教学交流和评价,对于集体制度的建设拥有一定程度的话语权的教学合作团体,强调目标和实践的共享。广义的教师专业共同体涵盖教师开展集体学习的各种组织形式,共享目标存在时效性,共享实践的形式和内容也更加宽泛。只要教师进行了集体学习,则其学习的组织形式就在一定程度上被界定为教师专业共同体。教师教学创新团队本质上是一个多维、综合、立体的共同体。

二、特殊教育学校教师

雷江华、方俊明认为,特殊教育教师有广义和狭义之分,狭义的特殊教育教师主要指在各类特殊教育学校中直接从事特殊儿童教育教学和特殊儿童康复训练的教师,在普通学校中承担附设的各类特殊班教育、教学工作的教师,以及承担随班就读辅导工作的教师及相关训练员;广义的特殊教育教师不仅包括直接从事特殊儿童教育的一线教师,还包括培养一线特

---

[1] [德]斐迪南·滕尼斯.共同体与社会——纯粹社会学的基本概念[M].林荣远,译.北京:商务印书馆,1999:146.
[2] 张曦琳.高校教师学术评价机制变革:逻辑,困境与路径——基于学术共同体视角[J].大学教育科学,2021(2):62-70.

殊教育教师的教师。[1]

新教师也称新手教师、初任教师，目前学术界对该词还没有统一的界定。综合相关文献，已有研究对新教师概念的厘定标准主要集中在以下方面：依据教师能力发展、依据教师年龄、依据教师入职时间。第一，以教师能力发展为依据，新教师是指教育教学知识与能力欠缺、教学经验浅薄的教师，是相对于专家型教师而言的。伯林纳（Berlin）将教师专业发展划分为五个阶段，分别为新教师、熟练型新教师、胜任型教师、业务型教师和专家型教师。[2]第二，根据教师的年龄特征，将其划分为三个发展时期：20—40岁是其职业生涯的确定与投入时期；40—55岁是精神状态最好、责任心最强的时期；55岁之后是体力下降的时期。[3]第三，以教师入职时间为依据，休伯曼（Huberman）等人将教师职业生涯周期划分为五个阶段，分别为入职阶段、稳定阶段、实验和重估阶段、平静和保守阶段及退休阶段，新教师即为入职阶段的教师。[4]

有学者将特校新教师界定为：取得国家规定的教师资格，由学校正式任命，进入教师队伍或从普通学校转入特殊教育学校，以及刚刚大学、研究生毕业，并从事特殊教育及教学工作的专任教师。[5]本书所说的特校新教师是指在特殊教育岗位上工作不满3年的年轻教师。

第二节 特殊教育学校新教师的发展特点

随着我国特殊教育事业的发展，越来越多的关注落在了特殊教育教师身上，对其专业发展的研究已经成为当前热点。特校新教师作为我国特殊教育事业的新生力量和骨干力量，他们的成长应当得到更多的关注和关怀。我国曾在《国务院关于加强教师队伍建设的意见》中明确提出了教师队伍建设的目标："教师队伍整体素质大幅提高"，"特殊教育教师队伍建设

---

[1] 雷江华，方俊明. 特殊教育学［M］. 北京：北京大学出版社，2011：25.
[2] 张敏. 高等院校新教师教学能力发展研究［D］. 哈尔滨：哈尔滨工业大学，2007.
[3] Newman K K, Burden R P, Applegate H J. Helping teachers examine their long-range development［J］. The Teacher Educator, 1980, 15（4）：7-14.
[4] 吴敏. 小学卓越教师专业成长的个案研究［D］. 无锡：江南大学，2019.
[5] 周玮. 特殊教育新教师学校适应研究：基于广西壮族自治区特殊教育学校的调查［D］. 重庆：西南大学，2014.

要以提升专业化水平为重点"。[①] 党和国家一系列政策的支持，必然吸引更多的新生力量加入到特殊教育中来，据教育统计年鉴显示，截至 2022 年初，特殊教育专业教师人数达到 69 400 人，较 2021 年增长 3 200 人。由此可以看出，随着社会文明的发展，特校教师的人数也在不断增加。他们不仅为残疾儿童实现受教育的权利提供了可靠的师资保障，而且还为我国特殊教育事业的发展做出了重要贡献，成为我国特殊教育事业发展的中坚力量。

一、特殊教育学校新教师师资培养特点

新时期，特殊教育师资培养是推进特殊教育发展的前提工作。《教育部关于实施卓越教师培养计划 2.0 的意见》进一步阐明，培养"富有爱心、具有复合型知识技能"的卓越特殊教育教师的目标与实施路径。我国特殊教育师资培养存在教师数量少、类型单一、高层次人才匮乏等特点，在很多方面面临诸多困难。

（一）特殊教育教师数量严重不足

近年来，我国特殊教育事业发展迅速，取得了丰硕的成果。2021 年，我国招收特殊教育专业的高校增加至 80 所，招生人数和毕业生人数稳步增长。我国特殊教育专任教师数量由 2015 年的 5.03 万名增加到 2020 年的 6.62 万名。[②] 虽然特校教师的数量有所增长，但是特校教师的增长速度却远远跟不上在校学生的增长速度，而且出现了差距越来越大的局面。目前，我国的特殊教育仍然面临着严重的教师短缺问题，就全国而言，2022 年共招收各种形式的特殊教育学生 14.63 万人，在校生 91.85 万人。其中，在特殊教育学校就读在校生 33.57 万人，占特殊教育在校生的比例为 36.54%，[③] 远远达不到一个教师负责 3 名学生的标准。目前特殊教育教师规模与质量还不能满足全部特殊需要学生接受教育的愿望和要求，要从根本上解决问题，必须从教师教育改革入手，提升特殊教育教师数量和质量。

（二）特殊教育师资培养类型单一

在大力推动融合教育的情况下，特殊教育教师群体也逐渐分化，特殊教育学校的教师在教学中不仅要传授知识，还要结合学生实际情况，实施个别化教育。此外，还有融合教师、资源教师、巡回指导教师、送教上门教师等多种类型的特殊教育教师，他们通过提供有效的教育服务，帮助特殊儿童更好地融入社会。传统的特殊教育培训更多地侧重于特校教师，而忽视了其

---

① 曹梦瑶. 河北省特殊教育教师专业化发展研究：以保定市特殊教育中心为例［D］. 保定：河北大学，2017.
② 参见中华人民共和国教育部网站，《不断加大政策、资金、项目对特殊教育的倾斜——我国残疾儿童义务教育入学率超 95%》。
③ 参见中华人民共和国教育部网站，《教育部：在学研究生 365.36 万人　比上年增长 9.64%》。

他岗位的特殊教育教师的培养。根据有关资料显示，普通学校中特殊需要学生的比重很大，而特校教师的教学又往往是在特殊教育学校中进行的，而不是向普通学校中输送，这就造成了特殊需要学生在普通学校中得不到"特殊"的教育，他们的受教育权益得不到更好的保障，以至于身心无法得到及时的照顾。另外，当前特殊教育师资的培养目标还没有跟上社会发展的脚步，在特殊教育师资培养的过程中，教师应具备的能力和知识并没有受到足够重视，这就造成了对教师的培养不到位，不能真正地为特殊需要学生的教育提供更好的服务。

特殊教育教师的培训一直是与特殊教育实际需要紧密联系的。从盲、聋教育起步再到培智教育，在相当长的一段时期里，特殊教育的对象以"盲生、聋生和培智学生"为主，特殊教育教师的工作地点以各类特殊教育学校为主。[1]受这一原因的影响，早期设有特殊教育专业的师范类院校师资培养模式比较单一，[2]具体表现为：进行盲生、聋生和培智学生教育的特殊教育教师较多，从事其他类型特殊儿童教育的教师较少。我国于2009年正式发文，要求逐步解决"重度肢体残疾、重度智力残疾、孤独症、脑瘫和多重残疾儿童少年"[3]的教育问题，特殊教育的对象已经从狭义的三类障碍类型扩展到了全体有特殊需要的学生，尽管各个有关院校也采用了课程调整等多种方式，开设了孤独症儿童教育、多重残疾儿童教育等课程，但是与实际需要相比还存在着很大差距。从教育阶段来说，特殊教育师资力量主要集中在义务教育阶段，而在非义务教育阶段却很少。这是由于义务教育阶段特校教师是高校特殊教育师资培养的主要方向，而对非义务教育阶段特别是学前教育阶段特殊教育教师培养的关注则不够。在特殊教育专业课程中，又更多的是关注特殊教育专业理念、学生发展知识、教育教学的基本知识与技能，而对学科知识与学科教学技能的学习重视程度比较低，这会造成特殊教育师范生在复合型知识与技能方面普遍存在不足，[4]对在普通学校融合教育及资源教师岗位上任职的毕业生而言，因为没有接受过系统学科知识训练，想要胜任普通学校特殊需要学生的学科教学与辅导工作就存在一定困难。

（三）高质量特殊教育师资匮乏

教师是教育事业的根本，是学校教育教学质量的保障，也是学生健康成长的重要基础。建设一支优质而壮大的特殊教育师资队伍是建设高质量特殊教育体系，确保特殊教育普惠化

---

[1] 刘春玲.新时代特殊教育师资培养的反思与建议［J］.教育学报，2021，17（2）：74-82.
[2] 徐知宇，王雁.学习《全面深化新时代教师队伍建设改革的意见》——加快建设高素质专业化特殊教育教师队伍［J］.教师教育研究，2019，31（1）：24-30.
[3] 参见中华人民共和国教育部网站，《国务院办公厅转发教育部等部门关于进一步加快特殊教育事业发展意见的通知》（国办发〔2009〕41号）。
[4] 王辉，顾培玉.我国特殊教育师资职前培养模式研究的回顾与展望［J］.中国特殊教育，2006（5）：57-61.

发展的关键。近年来，我国特殊教育师资建设发展取得了显著成绩，但与特殊教育高质量、普惠化发展的要求还存在一些差距。特殊教育教师学历整体较低，目前学校里的部分教师没有特殊教育培训背景，高学历教师占比很小。这种情况在地域上表现尤为明显，以西部地区为例，教师学历以本科和专科为主，甚至有些学校还有一定占比的高中学历教师。以东部地区为例，教师学历以本科为主，部分为研究生学历，也存在毕业于特殊教育相关专业的高学历教师不足的现象。[①] 总体来看，特殊教育专业教师队伍在数量和质量上都不能跟上专业发展的需要，缺少高学历、与专业相匹配、具有较强科研能力的专业化人才，这给学科发展造成了很大的影响。"十四五"期间，在进一步提升特殊教育师资培养能力的过程中，要对现有本科、专科的培养比例进行调整，扩大本科比例、缩减专科比例，实现资源的有效配置。原则上不再增设专科层次院校的特殊教育专业，现有专科层次特殊教育专业要逐步将培养目标转向特殊儿童学前教育阶段师资的培养。同时，国家积极鼓励部属师范大学和部分省属重点师范大学积极开展特殊教育硕士研究生教育，适度扩大博士研究生招生名额，从而为开展特殊教育师资培养的高等院校提供更好的人才支撑。

二、特殊教育学校新教师不同发展阶段特点

特殊教育教师的发展是指在自己的职业生涯中，学习和掌握特殊教育的知识和技能，培养特殊教育的专业精神，表现出专业自主性并完成自己专业职责的过程。对每一位即将从事特殊教育教学工作的新教师来说，在他们进入职业预备期的那一刻，他们的特殊教育教学工作就已展开，并将一直伴随着他们的整个职业生涯。教师的不同阶段理论表明，从一名特校新教师到一名成熟型（专家型）教师，要经过四个阶段——顺应阶段、适应阶段、发展学习阶段和专业化阶段，每一个发展阶段都有各自的特征。[②]

（一）顺应阶段

从已知到未知，从熟悉到陌生，从观察者到积极的参与者，所有的这些转变都是对刚刚涉足真实教学领域的新教师的写照。这一时期的特点是，新教师既有向下一时期转变的觉悟，又有来自于其他教师的教学方法、教育理念等方面的压力。尽管在此阶段，他们没有过多地自由发挥自己的能动性与创造性，但是每个人都能用自己的方式表达出对做出贡献的殷切期待。

特校新教师在刚入职时会面临较多的焦虑与困境，会发现自己的教学理念与实际教学生

---

① 吴宝华.特殊教育学校教师队伍建设的现状及其对策研究[J].中国教师，2021（8）.
② 李方强.教师成长阶段理论对我国师资培养的启示[J].继续教育，2002（4）：26-27.

活脱节。他们需要考虑如何激励学生、处理个体差异、评价课堂表现，以及进行班级安排等重要问题。同时，教师意图与学生理解之间也存在错位。教师意图与学生诠释之间的差距越小，获得预期的学习结果的机会就越大。[①]但是，尽管错位的情况是不可避免的，也没有必要完全对它进行否定，这种差异可以成为教师和学生知识构建的源泉。同时，这也为教师创造了学习的机会，使其对复杂的、不可预测的课堂教学变得敏感，有助于平衡日常教学与社会生活压力两者之间的关系。

因此，新教师首先要学习进入特殊教育教师的角色，适应自己的身份。在这一时期，教师不仅要继续努力学习专业知识和技能，还需要获得精神上的支持，包括他人的理解、肯定和帮助等。通常新教师会通过与老教师结对的方式得到具体的指导与帮助，以逐步认同自己特殊教育教师的角色。

（二）适应阶段

特校新教师工作一年左右便进入了适应阶段。在这一阶段，新教师对班级学生的整体情况有了大概的了解，可以独立处理日常教学中的一般问题，遇到特殊情况时，新教师也会尝试着自己去解决。在这一时期，新教师的工作重心可能会转向如何组织教育教学活动，以及如何更加有技巧地处理学生的特殊问题。在这个阶段，新教师的主要任务是适应教师角色和增强自信心。

教师的角色认同指的是教师对教育事业进行深入的认识，包括教师是一种什么样的职业，它所肩负的社会责任有哪些，它在历史和现实中处于什么样的位置，等等。在调适期，教师对自己应负的社会责任有了更多的认识，并以此对自身行为进行约束。对教师角色的认同，既包含对教师行为规范的理解，也包含对教师社会价值和评价的理解。在情感体验方面，教师在这一阶段具有强烈的对教育事业和对学生的热爱等职业情感，因而表现得更职业化，更有竞争力。在这个过程中，新教师努力争取来自同事及学生对自己个人和职业的认可，以解决作为教师固有的复杂问题。[②]新教师要教学，同时还要学会教学。不管职前教师培训体系多么完善，仍然有很多事情需要新教师在现实工作中去学习。

（三）发展学习阶段

工作四五年之后，新教师便进入了发展阶段。在这一阶段，教师的整体素质得到了很大的提升，他们已经越来越多地注意到特殊教育的新趋势、新观点和新方法，并且不断进行着

---

① 段冰，施春阳.新教师成长研究综述[J].天津师范大学学报（基础教育版），2007，8（4）：13-16.
② 段冰，施春阳.新教师成长研究综述[J].天津师范大学学报（基础教育版），2007，8（4）：13-16.

知识的更新，从而使自己的素质和水平进一步提高。在发展学习的阶段，教师们已经拥有了自己的职业信念，也有了一定的实践经验，并且在教学实践的基础上，还拥有了一定的以教学实践为基础，对教学理论进行批评和扬弃的能力。这个阶段，是从公共教学理论到个性化教学理论的重要阶段，它的教学理论和实践之间的关系属于一种解释层次的理解关系。教师专业成长的最直接表现就是提高了教学反思的能力，从而达到对教育理论进行反刍的目的。

处于发展学习阶段的教师很重视对所学知识的灵活应用，在教育实践过程中，将所学的知识持续内化，并持续总结出自己的教学经验，还会将其转化为自己的教学技能。教师们会进行系统性的理论研究，并不断提升自身的业务能力，将自己在教学中所获得的教育实践智慧转变为内化的知识。发展学习阶段中的教师需要以自身领悟为依据，将自己的教学个性类型作为前提，用一种系统的思考方式来整合所学知识，抓住薄弱环节，把握关键期，突破"瓶颈"，达到将理论和实践相结合的目的，从而变成一名准学者型教师。

（四）专业化阶段

不同的特校教师进入专业化阶段的时间有所差异。进入专业化阶段的教师，对特殊教育学校学生（以下简称"特校学生"）的身心发展规律、教育教学规律有了更加深刻的认识，可以融会贯通，并与自己的实际工作相结合，主动探究更深层次的问题，通过反思、学习来提升自身的教育教学能力。进入专业化阶段的特殊教育教师具有以下特征。

第一，专业化的特校教师是研究型教师。他们会对教育对象进行深入的观察和分析，依靠专业知识进行判断。他们会着眼于学生的长远发展，能灵活开展教学实践，并使教学理论蕴含其中。他们会自觉、主动地发现并研究特殊教育实践中遇到的问题，运用自己的专业知识和实践经验，努力探索解决问题的方法，以期实现更高质量的教育教学。

第二，专业化的特校教师是反思型教师。他们会就当前及以后可能发生的问题进行思考，分析问题产生的缘由，探索解决问题的方法。

要想成为一名"专家"，仅仅依靠理论的整合与技术的发展是远远不够的，必须立足于自己的学科特色，对自己的教学个性进行精雕细琢，从而形成自己特有的教学观念或教育观念，建立起完整的教学系统和教学风格。

三、特殊教育学校新教师理论学习与实践教学的特点

随着师范教育体制改革的逐步深化，特殊教育师资的职前培养已从 20 世纪的中等特殊师范教育模式，经由专科教育培养模式向本科特殊师范教育模式过渡。[1]

---

[1] 冯帮，杨茜. 中美特教教师城乡一体化的比较研究 [J]. 中国特殊教育，2015（3）：59-64.

从高校特殊教育专业开设的课程类型来看，理论课的占比比实践课大得多，而且课程的内容也相对单一，以教育学、心理学、课程论、教学法等有关课程为主。特殊教育专业的学生在学习完这些课程后，如果实际操练能力没有得到有效提高，也很难将理论知识运用到特殊教育的教学中去。许多大学为了让学生有更多的实践机会，把核心课程安排在大二、大三，这就给学生们的学习带来了很大的压力，经常旧知识还没有消化吸收，新知识就已经接踵而至。另一方面，刚走上工作岗位的新教师，有美好的教育理想，但带着理论知识去开展教学工作时，却又无法将其转化为实践能力，不利于未来的教学。当新教师进入到一个真实的课堂中，常常有困惑，感觉所学的东西往往没用。究其根源，是多数初学者将所学的公共教育理论直接套用于实际工作，而实际情况如学生和课堂等问题并没有纳入到教学环节当中。一旦教学理论和实际脱节或产生冲突，新教师就容易做出变化，向现实妥协，或用教学理论来改变事实。因此，在这种培养模式下，教师虽然拥有较高的特殊教育理论素养，还掌握了大量的特殊教育理论知识，但在教学环节还存在着一定的欠缺，很难将大量的理论与实践紧密结合。而且到了基层学校之后，教师还需要一段很长的时间，才能真正地融入特校教师的角色。在分析了我国高校特殊教育专业职前培养中存在的问题之后，我们认识到，即使它有许多需要改进的地方，但其潜力仍然非常大，这也是我们继续努力发展特殊教育的动力。[①]

目前，特殊教育教师在职后培养的内容上还是偏向于特殊教育理论，培训内容较为零乱，对特殊教育教师而言缺乏针对性。[②] 大部分内容都是公共基础知识，带有一定的概括性，无法凸显特殊教育的特殊性。教师们原本应当在此过程中吸取新的知识，获得新的技能，实际上却没有达到预期的培训效果，这与他们参加职后培养的初衷相悖。这样导致教师在实际授课过程中，对残疾儿童的诊断和评估、掌握残疾儿童的心理、采用相应教学方法等方面不够专业，很难保证教学质量。[③]

根据新教师实践情境学习的关键特征，只有在经历了认知情境、认知冲突、解决冲突、反思总结四个阶段的认知发展后，新教师才能最终完成知识转化，胜任教学实践。在终身教育理念的影响下，新时期的教师教育需要注重理论与实践的一体化建设。

（一）认知情境阶段

在实践情境中，新教师认知发展的第一阶段是认知情境，即以理论学习的知识认识校

---

① 周欢.英国特殊教育教师职前培养的发展历程与特点研究［D］.南昌：江西师范大学，2015.
② 王辉，陈琳，李晓庆.江苏省特殊教育学校教师职后培训情况调查［J］.中国特殊教育，2009（2）：52-58.
③ 曹梦瑶.河北省特殊教育教师专业化发展研究：以保定市特殊教育中心为例［D］.保定：河北大学，2017.

园、认识学生、认识教学，在记忆的知识库里筛选出一些重要的概念。随着教学实践的增多，实践情境的模糊性、复杂性与不确定性不断显现，使得新教师逐渐出现理论知识与实践经验脱节的问题。例如，新教师知道学情的重要性，但是在学生分组讨论时却没有巡场观察；新教师常常脱口而出"以学生为主体"，课堂上却充满了教师的讲授。新教师之所以出现"说一套、做一套"的现象，是因为自身并不能将实践经验与概念、理论真正结合起来。

（二）认知冲突阶段

面对模糊、复杂、不确定的实践情境，进入教学现场的特校新教师们有很多需要克服的困难，从理论学习到实践运用，会遇到许多具体问题，其中比较典型的有：误以为上课就是读写好的教学设计，不能有效运用教育教学理论，以知识为中心而不太关心如何教学，热衷于一成不变的教学理论与教学模式……为了解决这些问题，新教师要么完全照搬理论知识，导致教学无法与实践情境的特征与需求相符合；要么就是因为找不到与实践情境相关联的知识，而使学过的理论知识成为无法调用的"惰性知识"。这就是新教师认知发展的第二阶段，此时的新教师也坠入"困惑的深坑"。例如，特殊教育专业的新教师都学习过特殊教育学这门必修课，学习过关于特殊儿童教育和康复的理论，然而不少新教师却不能将专业知识很好地运用到不同类型特校学生课堂教学中去。又如，新教师有大量观摩课堂的机会，但在教学初期往往按部就班地模仿优秀教师。对于新教师来说，只有真正理解教学规律和熟悉教学方法，才能在自己的教学中灵活使用这些理论知识。

（三）解决冲突阶段

出现困惑后，新教师可以通过自我思考、师傅相助、同伴讨论等多种形式逐渐提高自我认识，解决认知冲突，这是新教师认知发展的第三阶段。在这一阶段中，从符号概念到具体经验，多数新教师难以将概念与经验相联系；从"是什么"到"怎么用"，多数新教师难以将情境与知识建立联系；从分门别类到统整联合，多数新教师难以在各类知识之间建立联系；从过度学习到多元呈现，多数新教师难以分析、比照、整合其他观点。例如，新教师在师范院校学习期间，一般都学习过特殊教育学、心理学、课程论、教学论、特殊儿童概论等多门课程。在不同学科的教学实践中，教材内容解读、学生类型分析、教学设计、课堂教学、教学评价是一个整体，需要围绕课堂教学整合多学科的专业知识。因此，以实践目标为中心的知识之间的横向联系与纵向拓展，是新教师在实践情境中要学习的重要内容。

（四）反思总结阶段

多数新教师通过解决冲突提升自我效能感，但还需要对整个过程进行梳理、反思、总结，才能通过具体的情境解决认知冲突，建构起对情境、策略和自我的认知，真正从理论学习"封闭的话语"走向对实践情境"深刻的理解",进而实现认知的提升与超越。这是新教师认知发展的第四阶段。在这一阶段,多数新教师的反思总结还仅仅停留在某个技术或能力层面,缺乏通过从符号概念到具体经验、从"是什么"到"怎么用"、从分门别类到统整联合、从过度学习到多元呈现这四个维度对知识应用的指涉性、条件性、整合性、多元性等方面进行系统的自我审查,从根本上找到解决的方案。例如,多数新教师仅从教学设计的技术维度反思教学设计的有效性,缺乏从素养维度反思课堂整体育人的实效。

舍恩(Shern)认为,实践者要是依据技术理性产出的严谨知识解决实践问题,就只能对实践中不确定的却是主要的问题视而不见;要是依据现象而即兴创造艺术性方法,则又不符合专业知识的科学严谨标准。因此实践者往往面临这样的选择:"要么留在高硬之地,坚守严谨的科学知识,解决次要问题;要么放弃严谨的科学知识,到低处解决更具挑战性、更加重要的问题。"[1]实践情境是模糊的,需要新教师在操作时进一步厘清情境的特征,从而自行判断选择合宜的方法;实践情境是复杂多变的,需要新教师在操作时从实际出发,具体问题具体分析;实践情境是不确定的、变化的,需要新教师在操作时能够随机应变、灵活应用。

四、特殊教育学校新教师职业道德发展特点

教师职业道德是教师在从事教育劳动时所应遵循的行为规范和必备的品德的总和,是调节教师与他人、与社会等关系时所必须遵守的基本道德规范和行为准则,以及在此基础上所表现出来的道德观念、情操和品质。对一名特校新教师而言,持续学习将使他保持精神的高尚,使他具有一个文明人的操守。[2]新教师因为年轻需要被引导也容易被引导。因此,对于基本没有教育教学实践经验的新教师,需要为其绘制一幅"师德高尚、教学相长"的美好蓝图。

特校新教师进入工作岗位后,以职业人的身份走上讲台,担负起教师的职责和任务。但从心理学发展的视角来看,新教师正处于向成人过渡的成年早期,充斥着职业要求与自身心理的不成熟之间的矛盾。这一时期,新教师仍尚未摆脱学生的稚气,既忙于个体的独立和成熟,又面临着学生角色向教师角色的转换,以及对教学环境工作的适应。有大量研究表明,新教师工作压力大、自我成就感低、极易产生职业怠倦。[3]因此,关注新教师的职业适应就是关注教师个人的成长所面临着的压力和挑战。

既然选择教师这个职业,我们就要有投身教育和扎根一线的精神品质以及争做有理想信

---

[1] Donald A. Schön. The Reflective Practitioner: How Professionals Think in Action [M]. New York: Basic Books, 1983: 42.
[2] 吴非. 致青年教师 [M]. 北京:中国人民大学出版社, 2015: 16.
[3] 刘敏, 王玉, 冯维. 特教新手教师的问题与支持性策略研究 [J]. 绥化学院学报, 2015, 35 (1): 20-24.

念、道德情操、扎实学识和仁爱之心的好教师的目标追求，更要在教育教学的征途上规划一条适合自身发展的路线图。[1]作为一名青年教师，无论是在教学上还是对学生的教育上都需要更多更丰富的经验，要认真学习新师德规范的精神所在，探索如何把每一项要求落实在教学教育工作中。

五、特殊教育学校新教师教科研活动特点

"教而不研则浅，研而不教则空。"教学是教师的首要任务，科研则是提高教学水平的有效途径。掌握正确的科研方法，不仅可以拓宽教师的教学思维，也能帮助教师有的放矢地提高学生的学习能力。新教师在职业生涯中不仅要高度重视特殊教育教学工作，认真把握教学规律，而且要积极投身教学研究，"德""业"并重，不断提高教学能力和科研水平。

（一）特殊教育学校新教师教学活动特点

教师的教学执行能力直接关系到学生能否掌握所学的知识，因此教学活动是教师的一项重要工作。教学活动主要包括以下几个方面：① 以教室为载体，向学生传授知识、技能；② 在教师的解释下，加深学生对所学内容的理解；③ 在教师演示的基础上，使学生更好地理解所学内容。在特殊教育学校中，学生课堂积极性不高，课堂纪律较差，突发事件也较多，经常会出现学生身体不适或学生注意力被其他事情吸引的情况。新教师在课堂上的教学能力极大地影响着学生的课堂参与度和学习效果，以及和谐师生关系的建立。[2]刚入职的特殊教育教师，由于教学方面的经验不足，以及从事工作的时间较短，在教学过程中，往往会遇到以下几个问题。

1. 课前准备不充分，缺乏合理性

新教师往往对学生认知水平的认识存在偏差，对学生的能力预估不准。由于实践经验相对较少，而且不少特校教师都不是特殊教育专业毕业的，没有接受过专业的训练，因此他们对编写一套教学方案无所适从。如何根据教学大纲中的要求，结合不同障碍类型和能力特征的学生展开一套分层设计方案，成为许多新教师需要思考的问题。

新教师备课会存在以下问题：对教学内容分析不准确，对教学过程的设计不完善，缺少学情分析及学生学习过程性评价等。如果对教学大纲及教学内容没有掌握好，很可能会造成教学目标把握模糊、教学任务不匹配、教学重难点分析不当、教学内容缺乏针对性等问题。有些教师在教学过程中，往往会按照自己的偏好展开教学，对于自己感兴趣、有把握的内容讲得多，

---

[1] 孟大军. 新教师成长的问题及应对策略 [J]. 教师教育论坛，2018，31（12）：45-47.
[2] 徐晶. 培智学校新教师教学能力现状及对策研究 [D]. 大连：辽宁师范大学，2020.

对于自己不熟悉的内容讲得少，这样就容易造成详略不当、重难点不突出。教学过程的设计实际上就是教师在脑海中对课堂教学的一种演练，它可以帮助教师及时地对教学过程和教学环节进行检验和调整，以确保学生在课堂上能够获得更好的学习效果。但是如果教学过程设计不合理，很可能会造成教学环节的不完善，教学问题的呈现方式不明确，教学方法的选择单一或者不够新颖，教师和学生之间的活动也不明确，从而导致教师和学生之间缺少互动。[1] 如果新教师在课前没有进行任何的设计和演练，往往在课堂上的表现容易与预期有很大的偏差，对教学语言的表达、教学内容的呈现、教学过程的连续性和流畅性都会造成一定的影响，甚至会出现对教材和课件的完全依赖、照本宣科等现象。在教与学这一双向的活动中，学生是学习的主体，因此，在教学过程中，应该以学生为本，对他们的学习基础、学习需求和学习效果进行全面的考虑。如果缺乏对学生学习状况的分析与评估，很容易造成"教书"与"育人"相脱离，教师只顾自己的教学而忽略了学生的学习。教学内容与学生的实际情况相脱节，学生的学习基础和学习水平不相适应，对学生的学习需要也不够重视，教师与学生之间缺少互动与交流，这些都不能使学生有效参与到课堂学习中来，造成课堂教学枯燥乏味。

2. 课中教学方法单一，课堂沉闷

教学方法的合理使用是顺利完成教学任务的重要保证，它能够激发学生的学习兴趣，使学生在学习过程中有更多的收获，从而提高教学活动的有效性。孔子提倡的启发式教学，强调"不愤不启，不悱不发"，以启发学生思维为根本，通过学生的参与和讨论，让学生自己去发现问题、思考问题、解决问题。夸美纽斯（Comenius）在《大教学论》中指出"教学就是把一切知识传给一切人的艺术"，他认为教育人是艺术中的艺术，教师应该充分发挥自己的优势，运用多种教学方法来培养学生，使他们能够获得更多知识和技能。因为缺乏丰富的教学经验，新教师对教学方法的认识和把握还不够透彻、到位，因此他们在选择教学方法的时候，很容易忽略对教学内容和教学目标的呈现，更多地选择比较保守、比较容易掌握的讲授式教学，这样很容易造成教学方法单一。如果一名教师本身性格开朗，思维比较活跃，语言有魅力、表达有技巧、课堂充满激情，他就可以更好地吸引学生。在课堂上营造一种积极、富有创造性的气氛，才能使特殊教育学生得到充分的发展。教师在教学过程中要灵活使用各种教学方式，比如启发式教学、探究式教学等，充分调动学生的参与性和主动性，使他们能够进行深度的思考、探究和体验，这样才能提升学习效率和教学效果。另外，在特殊教育课堂中，还应加强师生间的交流和协作，以更好地达到教学目的。

3. 课后教学反思不足，缺乏持续性

教学不仅仅是授课，讲授结束了并不是教学就结束了，而是一个开始。勤于反思、善

---

[1] 魏伶俐. 地方高校新教师教学能力培养路径研究［J］. 湖北工程学院学报，2017，37（5）：79-83.

于总结，是教师要坚持做的事情。教师借助总结和反思，可以规范教学行为，使其更符合科学规律，并实现教学过程最优化和教学效益最大化。教学反思是运用已有的知识和经验发现教学活动中存在的优势与不足、困惑与问题并进行深入分析，继而通过行动解决问题并进一步积累教学知识、重构教学经验的过程。其目的在于解决教学实践中的具体问题，进一步积累经验、深化认识、提高能力，这是教师自我成长的重要路径之一。许多新教师教学任务繁重，更多地将精力放在应付或完成课堂教学任务上，难以顾及对自身教学的反思。同时，由于缺乏相应的条件性知识和实践性知识的支撑，新教师也无从反思，找不到反思的方法和方向。即使有课后小记或教学反思，大多也只是停留在表象而未深入到内核，更谈不上对教学设计及教学经验的重构。另外，由于没有硬性规定和要求，新教师也缺乏自我反思的内驱力，从而难以持续。

（二）特殊教育学校新教师科研活动特点

现代特殊教育的发展对特校教师提出了更高的要求，特校教师不仅是知识的传递者，也是知识的创新者。教育科研能力是特殊教育教师职业能力的重要组成部分，是必备的素质之一，但新教师在特殊教育领域的科学研究还较为滞后。

新教师刚刚踏入一座全新的校园，他们对自己的教学环境并不熟悉，缺少教学经验，因此他们需要在课程教学上投入更多的精力与时间。而新教师由于精力有限，教学投入的时间越多，科研活动的时间就越少，难以实现两者的平衡，因而导致了顾此失彼的结果。

许多新入职的特校教师认为，科学研究工作应该由教研室、高等师范院校的专业人士来完成，这种观点是不准确的。一线教师们都在做着最有创造性的工作，方方面面都存在着科学研究的可能性。从某种程度上讲，没有哪个行业的研究能比得上教育行业的研究，随时随地而且覆盖了所有的领域。特殊教育的研究更加离不开一线教师，在基层工作中，很多问题都是由他们自己来探讨和解决的，这就扩大了特殊教育研究的范围、内容和方法。比如，我国目前还没有建立起一套完整的特殊教育教材。在发展校本课程方面，处于最一线的教师们就最有话语权。

教育科研能力的发展需要在对教育科研的理论知识的学习和实践中进行提升。完成一项教育研究活动需要研究人员具备多种具体的能力，它表现在教育科研的各个阶段，如选题能力、进行研究设计的能力、研究方法运用的能力、资料的分析整理能力，以及撰写研究报告的能力，等等。[①] 因为目前大多数教师的教育专业知识偏重于应用的教育学、心理学和学科

---

① 申小杰.小学教师教科研素质发展现状与提升策略研究：以扬州市为例［D］.扬州：扬州大学，2012.

教学等知识，而这些知识难以保证他们具有研究教育科学的学术水平。[1]特校新教师有较强的参与教育科研的意愿，但由于教育科研知识和能力的欠缺，不能满足进行教育科研的一般要求，因此，他们在研究过程中碰到各种没办法解决的困难时，会感到力不从心。

特校新教师参与教育科研培训的机会少，科研培训存在供求矛盾。教育科研的培训与指导对教师提升教育科研能力具有非常重要的意义，我国2014年颁发的《特殊教育提升计划（2014—2016年）》就明确提出，要"加大国家级教师培训计划中特殊教育教师培训的比重。采取集中培训和远程培训相结合的方式，逐级开展特殊教育教师全员培训和校长、骨干教师培训"[2]。调查结果显示，出于科研知识和能力欠缺的原因，近90%的教师表示愿意参加教育科研的相关培训，但特殊教育教师能参加教育科研培训的机会并不多。有研究显示，特殊教育教师参加培训的次数越多，其职业能力越高，产生的职业倦怠水平越低，培训对教师的理论知识、运用理论指导教学的能力有重要的促进意义。[3]虽然我国特殊教育教师学历层次在提高，但整体学历还是偏低，[4]因而教师的教育教学能力有限，还有的教师是从其他行业转入特殊教育教师行列的，特殊教育教学经验不足，教育科研能力有待提高。因此，培训为教师提供了一个很好的提升自身科研素养的途径，通过培训，可以促进教师科研能力的提升，提高教学效率和教学质量，增加教师的自我价值体验。

六、特殊教育学校新教师班级管理特点

特校学生是指与正常儿童在各方面有显著差异的各类学生。然而，因为每位学生的病理类型和程度都有很大区别，学习水平和学习能力也不一样，因此即使是同一障碍类型的学生，在许多行为习惯上也会有较大的差别，这种差别在特殊教育学校中表现得更加突出。每个孩子的成长都有其特定的规律，即使是特校学生，他们的成长过程也遵循着这个规律。这些学生可能在某些技能的发展上出现了滞后、停滞甚至倒退的现象。因此，特殊教育教师不仅要掌握普通孩子身心发展的规律，更要深入了解不同障碍类型学生的个别发展特点，以此为基础，结合实际情况进行有针对性的教学，以便更好地帮助他们实现自身潜能。[5]但是对于刚刚走出校门，进入特殊教育学校的初任教师和新班主任来说，很难按照自己意愿有效地

---

[1] 陈世荣.小学教师不宜搞教科研[J].中小学管理，2001（9）：9-10.
[2] 徐帅，赵斌.特殊教育教师专业发展与其培训需求的关系研究[J].教育导刊，2015（10）：79-82.
[3] 魏欣，章永.四川省特殊教育教师职业发展的现状与职业倦怠的关系[J].中国特殊教育，2013（12）：26-30.
[4] 王雁，肖非，朱楠，魏寿洪，李欢.中国特殊教育学校教师队伍现状报告[J].现代特殊教育，2011（10）：4-9.
[5] 关璐璐.特殊教育学校初任教师入职适应现状研究[D].大连：辽宁师范大学，2020.

进行班级管理，对班级学生了解得不充分以及经验不足就是主要问题所在。特校新教师班级管理具有以下特点。

（一）适应——持续不断学习

刚刚进入班主任队伍的特校新教师，一般都踌躇满志，在接触学生之前心中就已经勾画出未来的美好画面。然而，从理论到实践的跨越，里面一定会包含着种种的不适应，新教师需要持续规划，摆正位置，看到自己的不足，在工作中虚心学习来充实自己。

班主任首先是科任教师，其次才是班主任。俗话说："打铁先要自身硬。"班主任想要获得学生的理解、信任、钦佩和爱戴，首先必须注重广学博览，不断加强教学业务的学习和基本功的训练，以满足学生各种求知欲望。此外，还要充分考虑到学生的年龄特点和接受能力，以及学生的认知水平，在教学中要采用多样化的教学方法，注重以学生为主体的教学理念，充分发挥教师的引导作用。另外，要坚持以科学严谨的态度来对待每一节课，注意知识内容的联系和贯通，努力把每一节课都上成有意义、有深度、有吸引力的优质课。由于教师和学生最多的交流是在教室里，所以学生对教师的评价首先是看教师的课堂表现如何。若教师有扎实的基础，有高超的教学技巧，有较强的课堂组织与语言技巧，那么学生不仅会钦佩你、爱戴你，更会了解你、信任你。因此，身为一名年轻的班主任，要对自己的教学业务进行刻苦钻研，对自己的教学方法进行认真探索，要灵活运用自己的教学理论，探索适合学生的学习方法，努力提升自己的教学质量，这是新教师必须要过的第一关。新教师要做的就是抓住每一堂课，充分利用每一分、每一秒，充分调动每位学生的积极性，做到教为不教。

作为一个初次带班的新手，新教师是在摸索中前进的，而那些有经验的班主任则是带领新教师少走弯路的领航者。任何一个班主任都有值得学习的地方，他可以来自你身边的同事，也可以是网络上、书籍中先进班主任的经验之谈，等等，关键在于新教师是否好学善学。新教师要做生活中的有心人，善于从平时的交谈中吸取精华。例如，班主任和科任教师关于学生的对话，就包含着许多班级管理经验和处理学生问题的方法。新教师要善于抓住机会，并及时总结。新教师还要注意聆听学生的心声，不管是不是自己班级的学生，在聊天的时候都可以让他们畅所欲言，聆听的过程中将适合班级管理的东西记下来，在工作中加以应用，这样也可以增加自己的经验。只有在实践中学的东西多了，才能把班上的事务处理得有条不紊。

（二）勤奋——坚持踏实肯干

班主任工作非常辛苦和琐碎，例如：每天要督促学生打扫卫生、检查作业、组织早读、督促学生做眼保健操和上早操等。另外，每周晨会、每周班会、平时不定期的班团干部会、布置教室、出黑板报、主题班会、各种文娱活动、班主任手册的填写、各项收费等工作，班主任也需要做到位。加上经常有偶发事件，时不时要与家长交流沟通学生的情况，十分耗费精力。

新班主任在班级的很多工作中可能会显得有些笨拙，虽拥有热情和活力，但缺乏经验，很多事情不知道从何做起，结果常常不尽如人意。新班主任应勤于学习经验，当班级任务展开的进程中出现一些棘手的、没有经历过的、无法及时处理的事件时，应及时向一些有经验的班主任讨教，向他们取经，并倾听他们对问题事件提出的指导性建议，这样能少走弯道，在一些问题上扬长避短。

班主任工作的辛苦，还体现在一个"勤"字上：每天早晨，天还没亮就赶到学校，晚上深更半夜才能回家，白天还要数次到班查岗。在教育上，"勤"无止境。勤能补拙，只有勤到岗才能够弥补自己经验的不足，勤到班才可以有更多的时间和机会与学生待在一起，了解班级的动态、学生的思想状况，一旦发现异常现象，就及时解决。一个勤奋的班主任能够以身作则，为学生树立良好的榜样，促使学生奋发图强。勤奋的班主任，可以提升班级纪律，为学生营造良好的学习氛围。

（三）适度——管理宽严有度

新班主任的普遍困惑是：如果教师和蔼可亲，那么学生就不怕你，班级纪律就得不到保障，教学质量也会跟着滑坡；如果教师不苟言笑，那么学生就会怕而远之，难以走进他们的心灵，课堂气氛死气沉沉，让人难以忍受……究竟以怎样的方式与学生相处？这是许多新班主任都会思考的问题。

作为教师，对待学生，应该做到严而有度，宽而有格。如何把握这个度与格，就要看教师对教育、对学生、对自身的认识和理解了。我们每天面对的是形形色色的学生，一个个鲜活而有思想的生命。他们有的乖巧懂事、贴心聪慧、人见人爱；有的却是令人头疼、顶撞教师、经常迟到、对同学有粗鲁行为……这可能会使教师感到迷惘、挫败，甚至感到恐惧。在与学生相处的过程中，最好能保持亦师亦友的关系。要让学生既觉得跟你很亲近又不会肆无忌惮，最基本的一点，就是要以真挚的情感去关心学生、爱护学生、尊重学生，才能赢得学生的心，让他们自觉愉快地接受你的教导。在日常的班级管理中，班主任面对整个集体时，强调的应该是教师的身份，而在与学生个人相处时不妨放轻松点儿，与学生谈论他们感兴趣的人和事，与学生寻找共同语言，消除师生之间的距离。当然，对于犯错的学生，优秀的班主任各有各的高招，如著名班主任魏书生在学生犯错误时，只用三种方式"处罚"：唱一支歌、做一件好事、写一份说明书。唱歌可以陶冶性情，净化心灵，许多教育成功的案例都是通过音乐来改变人生的，如《放牛班的春天》中的马修老师用音乐融化了孩子心头的坚冰，让一群顽劣的孩子懂得感恩，懂得付出；做好事将功补过，让学生在做好事中体验到快乐，感受到自己的价值；写说明书，是一种自我的反思，关照自己的内心，从而达到自我教育，这是教育的最高境界啊！所以，我们也可以活学活用，更好地教育我们的学生。

教育是"心"的教育：只要我们有一颗爱学生的心，学生的心也会投影下我们的爱——有爱，严亦是风景；无爱，多美的微笑也只如浅游的浮萍，吹不远亦扎不深。教育需要真诚，需要爱心与智慧。

（四）沟通——保持平常心态

谁都会做错事，班主任也不例外。血气方刚、容易冲动的新班主任，有时候会为了一些事气得自己心情不好。在有些情况下，学生固然错了，但是不沟通就可能激化师生矛盾。如果出现了这种现象，就一定要在事后放松心态、反省自己，想想是不是还有其他办法可行，是不是真的已经到了不可收拾的地步，避免出现对学生失去信心、厌烦的消极情绪状态。其实静下心来想班级里面存在问题是必然的，当出问题的时候，我们应该冷静地处理问题，用智慧启迪学生，让学生吃一堑长一智，以后不再犯类似的错误，但做到这一点有一个前提：必须要有一颗平常心。

七、特殊教育学校新教师自我支持特点

成长不是单向线性过程，而是一个持续的、漫长的、复杂的动态过程。新入职的特校教师对教育教学理论基础的理解与运用和教育教学实践的要求还有较大差距。新教师在发展上也面临几大问题，主要表现在"学""领""促"三方面。其一，"学"存在问题。实践证明，对于刚走上教育岗位的教师而言，"到底为什么学？要学什么？应该怎么学？"这些问题一直困扰着他们。很多新教师在学的态度上，过高估计自己，不想学，认为自己现有的知识任教小学或中学绰绰有余。在学的方法上，不会学，只会简单地死搬硬套；在学的内容上，不深学、没有针对性，不能很好地从自身需求出发开展学习。其二，"领"存在问题。现在不少学校对新教师的培养过多地关注培养的形式，完成任务式地走程序，缺少对培养过程、方法和成效的跟踪管理，使培养的过程性管理变成了盲区。实际上，不少新教师虽然参与了结对帮带，但只是在形式上参与教育管理活动，角色还是有经验的教师的"跟班"和教学的"帮手"。其三，"促"存在问题。有些学校在对新教师的岗位安排上，没有充分结合新教师的特点，没有真正实现人岗相适。此外，后续跟踪培养目标不明，措施不实，让一些新教师无法最大限度地发挥自己的专业特长，在一定程度上削减了他们对教育教学的热情，影响了他们的工作积极性、主动性和创造性。[1]

普通学校以素质教育和学业发展作为主旋律，而特校学生无须应对考试，以适应生活、适应社会为主，这可能使得特校教师对自身教学能力的要求和预期取得的教学成果普遍不高。新

---

[1] 孟大军. 新教师成长的问题及应对策略 [J]. 教师教育论坛, 2018, 31（12）: 45-47.

教师没有清晰的职业发展规划，对于教学能力的提升不够重视，平日工作就是上课和完成学校布置的任务，例行公事，工作的价值取向以谋生为主要目的。这会导致教师自己对教学工作的意义及教学水平提升的认识缺乏内生动力，对教学能力提升和专业发展缺乏积极主动性，因而不可避免地会影响教学能力的提升。如果教师具有较强的自我发展动机，则会从教学中学习，不断反思并学以致用，进而使自己的教学能力不断进步，教学质量得到不断提升。[1]

对于一名新入职的特校教师来说，要先健全自己的特殊教育专业知识结构体系，要对自己所学学科的知识有一个全面的了解，要对特校学生的变化有一个准确的把握，还要学会对不同层次学生进行教育和指导，要尽力纠正他们的不良行为，要对他们的学习能力和心理水平进行持续关注。年轻的特校教师要在一系列的教学交流中，不断提升自己的教学技巧，包括教学流程的安排、板书的设计、课堂的控制等。在新教师刚刚来到学校的时候，往往会得到有经验的教师的指导，在这段时间里，新教师要学会积极思考，找出自己的不足之处，并向其他教师积极请教。新教师可以经常去观摩那些优秀教师的课堂，多跟他们沟通，从而找到自己的教学方法和风格，在与他人的互相沟通、互相帮助中，也为自己及时获取有用的知识、技巧奠定基础。同时，教师要建立起教学敏感性，及时捕捉一些教学案例和学生案例，并对这些案例进行分析和反思，从而更好地总结出特殊儿童发展的规律，为他们的教育工作打下坚实的基础。[2]

特殊教育已经成为一个国家文明水平的重要指标。近些年，国家出台了一系列的政策，显示出国家对它的关注和重视。特殊教育的进步有目共睹。而特校教师在推动特殊教育事业发展中起着举足轻重的作用，所以提升特校教师专业化发展水平是一个迫切需要解决的问题。构建特殊教育学校教师专业共同体无疑是一个提高其专业化发展水平的重要途径。在共同体模式中，大家可以一起交流经验、分享资源，共同提升专业知识和技能水平。通过这种方式，特校教师和学校能够一起成长，从而达到提高特校教师专业化发展水平的目的。[3]

---

[1] 徐晶.培智学校新教师教学能力现状及对策研究[D].大连：辽宁师范大学，2020.
[2] 陈华纯,张桂鑫.特殊教育学校新入职青年教师成长的影响因素及策略[J].学周刊，2018（2）：34-35.
[3] 赵丽娜.论特殊教育教师学习共同体建构[J].教育导刊：上半月，2013（2）：45-47.

第二章　特殊教育学校新教师专业素养

新时代，我国特殊教育已经步入了规模与质量并重的发展阶段。[①]近年来，广东省特殊教育也进入快速发展阶段。而特殊教育事业的发展关键在于师资。特殊教育教师肩负着促进残疾儿童全面发展，促进社会公平正义的重要责任。"加强特殊教育教师队伍建设，提高特殊教育教师的专业化水平"已成为当前推进特殊教育事业快速发展的首要保障。教师专业化最基本的含义是指教师群体或个体应该适应教师的职业特性和要求，培养高水准的、全方位的职业素质与能力。特殊教育工作的特殊性和艰巨性、特殊儿童需求的多样性和复杂性对特校教师的专业化提出了更高的要求。[②]教师们除了应具备普通教师应具有的一般品质外，还应该具备特殊教育职业所特别要求的职业素质。2015年，教育部印发了《特殊教育教师专业标准（试行）》，其中提出作为特校教师，应遵守师德为先、学生为本、能力为重、终身学习的基本理念，同时在专业理念与师德、专业知识、专业能力三个领域应达到各项基本要求。

第一节　特殊教育学校新教师专业理念与师德

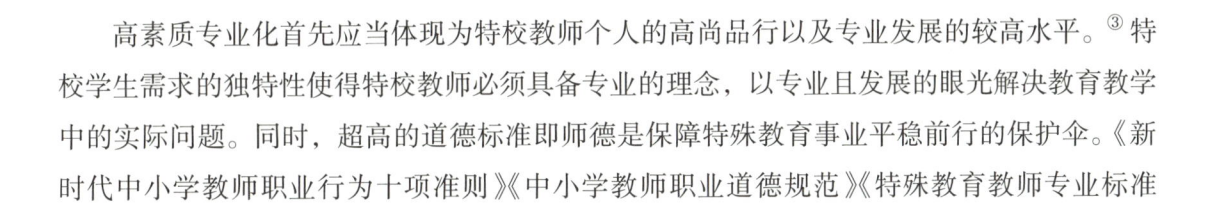

高素质专业化首先应当体现为特校教师个人的高尚品行以及专业发展的较高水平。[③]特校学生需求的独特性使得特校教师必须具备专业的理念，以专业且发展的眼光解决教育教学中的实际问题。同时，超高的道德标准即师德是保障特殊教育事业平稳前行的保护伞。《新时代中小学教师职业行为十项准则》《中小学教师职业道德规范》《特殊教育教师专业标准

---

① 王雁，徐知宇.建设一支高素质专业化的特殊教育教师队伍［J］.现代特殊教育，2018（23）：1.
② 丁勇.专业化视野下的特殊教师教育———关于特殊教师培养目标和培养模式的研究［J］.中国特殊教育，2006（10）：69-73.
③ 王雁，徐知宇.建设一支高素质专业化的特殊教育教师队伍［J］.现代特殊教育，2018（23）：1.

（试行）》等文件中都提出，师德是教师的灵魂。[①②] 作为新教师，更应牢记在心，将专业的理念与高标准的师德作为其踏入特殊教育事业、成为一名合格的特校教师的门槛。

一、职业理解与认识

爱岗敬业是对教师职业道德的本质要求。[③] 职业是重要的人生选择。特校教师应对自身的职业具有良好的职业认同和理解，对于特殊教育工作具有积极的态度。

（一）遵守国家法律，热爱特殊教育事业

贯彻党和国家教育方针政策，遵守教育法律法规。[④] 依法践行教师权利与义务，主动学习教育教学法规，增强法律意识，做到守法、懂法，在依法执教的过程中提升教师的职业道德。[⑤]

理解特殊教育工作的意义，认同其专业性。热爱特殊教育事业，具有职业理想和敬业精神。教师应具有强烈职业使命感，正确感知自己所从事职业的意义，同时具有较高职业认同感，提升工作积极性，形成自身坚定的信念，做到"专业自爱"，[⑥] 对特殊教育事业充满认同、理解、忠诚，这是特校教师做好教育教学工作的前提和思想基础。

认同特校教师职业的专业性、独特性和复杂性，注重自身专业发展，做到"专业自信"。特校教师要认同其职业身份，并坚信特校教师职业的专业性；对特校学生充满期待，并坚信特校学生的可发展性。[⑦]

（二）具有良好的个人职业素养，发挥团队精神

具有良好的职业道德修养和人道主义精神，为人师表。教师的职业道德是师德的重要组成部分，是从事教师职业的人所应当遵循的行为准则和必备品德的总和。[⑧] 特校教师需具备高尚的道德情操，具备敬业精神和奉献精神，以身作则，为学生树立榜样，秉持着高度使命感和人文关怀情感，以学生利益为重，不计较个人得失，这是教师职业道德的内在要求。[⑨]

具有良好的团队合作精神，积极开展协作交流。特殊教育的学科交叉性要求特校教师积

---

① 参见中华人民共和国教育部网站，《中小学教师职业道德规范》。
② 参见中华人民共和国教育部网站，《新时代中小学教师职业行为十项准则》。
③ 参见中华人民共和国教育部网站，《中小学教师职业道德规范》。
④ 参见中华人民共和国教育部网站，《教育部关于印发〈特殊教育教师专业标准（试行）〉的通知》。
⑤ 赵明月.培智学校教师职业道德表现研究[D].大连：辽宁师范大学，2021.
⑥ 王雁，徐知宇.建设一支高素质专业化的特殊教育教师队伍[J].现代特殊教育，2018（23）：1.
⑦ 王雁，徐知宇.建设一支高素质专业化的特殊教育教师队伍[J].现代特殊教育，2018（23）：1.
⑧ 朴永馨.特殊教育词典[M].北京：华夏出版社，2015：313.
⑨ 参见中华人民共和国教育部网站，《中小学教师职业道德规范》。

极谋求同事、领导、家长的共同合作，争取制度、人员等多方面的支持，形成全校共同育人机制。

二、对学生的态度与行为

学生是教育的对象，也是教育的主体，"学生为本"是特校教师的基本理念之一。关爱学生是教师职业道德的灵魂，是成为一名好教师、仁师的基础。[1] 要了解学生，尊重学生权益，遵循学生的身心发展特点和特殊教育教学规律，关爱和帮助学生，为每一位学生提供合适的教育。

（一）关爱学生，平等对待学生

关爱学生，将保护学生生命安全放在首位。重视学生的身心健康发展。不对特殊教育岗位工作有畏难情绪、排斥心理，用良好的工作责任心和耐心，及时关注学生的日常行为表现，发现学生存在的悲观、失望、自卑等情绪，排除学生心理健康方面的问题和隐患。平等对待每一位学生，尊重学生人格尊严。维护学生合法权益。不歧视、不讽刺、不挖苦学生，不体罚或变相体罚学生。一视同仁，不因学生能力高低而差别对待学生。[2]

（二）理解学生，正确引导学生

理解残疾是人类多样性的一种表现，主动了解和满足学生身心发展的特殊需要，充分尊重生命的差异与缺陷。同时引导学生正确认识和对待残疾，对学生抱有积极的期望。理解特校学生的性格特点，在教育教学中自觉维护学生的人格和自尊心，从而增强他们的自信心，引导学生自尊自信、自强自立。[3] 坚信每一位学生都能成功，积极创造条件，促进学生健康快乐成长。

三、教育教学的态度与行为

教育教学是教师在学校的主要活动，也是实现育人目标的主要途径和手段。教师的教育对象是处于发展中的人，艰巨的教学任务、复杂的教育对象要求教师必须树立严谨治学的态度，遵循教育教学规律，这是教书育人的前提和基础。

---

[1] 参见中华人民共和国教育部网站，《中小学教师职业道德规范》。
[2] 赵明月.培智学校教师职业道德表现研究［D］.大连：辽宁师范大学，2021.
[3] 赵明月.培智学校教师职业道德表现研究［D］.大连：辽宁师范大学，2021.

（一）育人为本，尊重特殊教育规律

树立德育为先、育人为本、能力为重的理念。将学生的品德养成、知识学习与能力发展相结合，潜能开发与缺陷补偿相结合，提高学生的综合素质。尊重特殊教育规律和学生身心发展特点。特校学生强烈的独特性要求教师根据不同学生的不同特点展开针对性、个别化的教育，为每一位学生提供合适的教育。

（二）重视生活经验，全面育人

重视生活经验在学生成长中的作用。注重教育教学、康复训练与生活实践的整合。激发并保护学生的好奇心和自信心，引导学生体验学习乐趣，培养学生的动手能力和探究精神。

重视学校与家庭、社区的合作，发挥好少先队、共青团组织的教育引导作用。综合利用各种资源，自觉把教书和育人结合起来，使特校学生在学习科学文化知识的同时，养成良好的道德素养。

四、个人修养与行为

特校教师自身的性格、修养很大程度上影响了其在工作中所表现出的态度、能力与发展潜力，同时影响着学生发展。教师应从品德、学识、言语、举止、生活等各方面以身作则，做学生成长道路上的示范者。

（一）多"心"并存，善于调适

首先，教师应富有爱心、责任心、耐心、细心和恒心。由于教育对象的特殊性，特校学生经常在课堂和生活中出现行为问题，影响教育教学秩序。[1] 特校教师需要比普校教师更加具有爱心、耐心、乐观向上、热情开朗、有亲和力，以积极向上的心态面对和解决工作中出现的问题。

其次，具有良好的耐挫力，保持平和心态。良好而稳定的心理素质可以帮助教师积极面对教育教学中的各种事件，高质量地完成工作，对特校教师而言尤其如此。教育对象的特殊性使得教育工作中出现较多的突发事件，此时特校教师要比普校教师付出更多的努力。特校教师的心理素质主要由自我调适、品德、师生关系、个性、自我提高和基本心理素质这六个方面构成，教师需在提升此六个方面上做出努力。其中，自我调适心理素质体现在克制、情绪调节力、乐观开朗、适应力、应变力、抗挫力和承受力等因素上；品德心理素质体现在尊重学生、宽容、责任感、心胸开阔、真诚、期望感和有恒性这些因素上；师生关系心理素质

---

[1] 王翠艳，徐林康，薛岚，等. 一线特殊教育教师的专业化发展：现状、困境及启示 [J]. 贵州师范学院学报，2021，37（3）：45-52.

包括热情、乐于奉献、可信赖、移情、非权势和激励性等因素；个性心理素质包括兴趣广泛、幽默、淡泊名利、果断和情感丰富等因素；自我提高心理素质体现在进取心、合作、正确的自我评价、成就动机、热爱学习和良好的人际关系等因素上；基本心理素质包括耐心、爱心、公正和诚实等因素。①

（二）勤于学习，不断反思

创新能力已成为当今教育发展形势下教师必备的一种职业素质。特校教师不能墨守成规、闭门造车，应具备主动发展的愿望和终身学习、研究、反思的意识与能力；具备一定自主发展的决策权，以成为骨干教师、卓越教师、教育家型教师为发展目标。②综合运用已有的专业知识、教育教学技能和方法，更新教育观念，改进教学方法，培养勇于探索、积极进取的能力和精神风貌。不断发展全新的教育理念、教育思想、班级管理理念和方法、独特的教学方法和教学风格、课程的设置和开发、科学研究能力等。③积极参加教师培训，掌握当下教育时事热点，拓宽自身的知识视野，主动构建知识体系。

第二节　特殊教育学校新教师专业知识

我国2017年修订的《残疾人教育条例》中明确提出，从事特殊教育工作的教师，必须掌握残疾人教育方面的知识技能。特校教师的知识构成，决定着特校教师的专业化水平，也直接影响到学校的教育状况，掌握扎实的专业知识是特校教师职业素质的基石。《特殊教育教师专业标准（试行）》从学生发展知识、学科知识、教育教学知识、通识性知识等四个领域对教师专业知识做出了要求。特校新教师应拥有宽广的学科知识和系统的专业理论。

一、学生发展知识

学生是教育的起点，教师只有充分了解学生，才能有针对性地开展教育教学。

---

① 熊文琴，李颖. 对特殊教育教师心理素质认知的对比研究[J]. 南昌教育学院学报，2011，26（11）：152-153.
② 王雁，徐知宇. 建设一支高素质专业化的特殊教育教师队伍[J]. 现代特殊教育，2018（23）：1.
③ 李晓娟，王辉. 特殊教育教师职业素质的基本要素与特征[J]. 现代特殊教育，2014（5）：29-31.

（一）了解有关法律法规及政策和学生个体差异

首先，特校教师应了解关于学生生存、发展和保护的有关法律法规及政策。如《中华人民共和国教育法》《中华人民共和国义务教育法》《中华人民共和国教师法》《中华人民共和国未成年人保护法》《中华人民共和国残疾人保障法》等。

其次，了解学生身心发展的特殊性与普遍性规律，掌握学生残疾类型、原因、程度、发展水平、发展速度等方面的个体差异及教育的策略和方法。此外，除掌握普通教育学、心理学、教育心理学等必要的知识，更为重要的是要掌握与特殊教育相关的理论知识。需知晓学生的发展存在差异性，科学看待特殊需要学生的差异和需求，观察其日常表现，科学诊断，根据实际制定出适合不同特殊需要学生的教学方法。[1]

（二）了解青春期教育及危机干预知识

特殊教育高中教师面临的教育对象处于青春期发育阶段。教师需了解学生青春期教育的知识和方法，如青春期学生常见的情绪和心理问题，以及相应的控制、管理或疏导办法。对于智力障碍学生和孤独症学生而言，危机下的自救十分重要。对于学生可能出现的各种侵犯与伤害行为、意外事故和危险情况下的危机干预、安全防护与救助，教师需掌握基本知识与方法，如青春期性教育、如何防止性侵害，以及在遇到火灾、地震、袭击时如何求救等。

（三）了解学生安置与转衔特点

特校学生在入学前和毕业后均面临着安置和转衔问题，智力障碍学生和孤独症学生容易出现入学不适应的情况并产生情绪问题。特校教师应了解学生不同安置形式和不同教育阶段衔接的知识，知道学生在各个安置环境和教育阶段的特点和表现，掌握帮助学生顺利过渡的方法，如及时提供一日视觉辅助帮助学生适应学校常规，定时进行心理疏导缓解学生紧张、焦虑的情绪等。

二、学科知识

学科知识是教师应具备的重要基本素养。特校教师应掌握所教学科知识体系的基本内容、基本思想和方法，掌握学科教学的理念等。

（一）掌握学科系统知识与方法

首先，教师应掌握一类或几类特校学生相关学科（如语文、数学、体育等）系统的教学知识，要能够基本熟悉学科的知识框架、组织结构以及教学的方法，还应该有跨学科讲授知

---

[1] 李胜强，左守雷.特殊教育教师应具备的知识素养[J].河南教育（教师教育），2021（3）：59.

识的能力。① 如教授生活数学学科的教师首先应熟读《义务教育数学课程标准（2022年版）》《培智学校义务教育生活数学课程标准（2016年版）》，知道数学学科本身的知识体系，包括数与运算、图形几何、统计、综合活动等。

其次，应知道生活数学中各模块知识的分配，如1—3年级学生在数与运算模块需要认识1—10的数字，而对更高年级的学生则有更高阶的要求。如特殊教育高中教师则需要在此基础之上为学生设计合适的内容。同时，教师要熟悉生活数学学科知识内容适用的教学方法，如练习法、实操法、小组合作法，结合特殊教育生活数学学科特点，应用特殊教育生活数学教学法。

（二）掌握学科生活化和跨学科教学知识

首先，特殊教育各学科教学都应特别注重生活化教育、情境化教学，让特校学生在情境中学习，将所学生活化知识应用于日常实际。因此，特校教师还必须了解所教学科内容与社会生活的联系，以便将生活教育理论融入日常教育教学。

其次，特校课程设置采取分科性与综合性相结合的原则，在分学科教学的同时特别强调学科的综合化，共同为提升学生的生活适应能力而服务。为了更好地进行教学，使学生的情感态度、社会交往、生活技能得到全面发展，特校教师需要整合生活语文、生活数学、运动与保健等各科知识，在整合的过程中要从学生的学习特点出发，注意各学科的特点，进行主题单元教学。② 因此，教师应知晓所教学科与其他学科的关系，提升综合学科素养。

最后，学生障碍类型不同，所开设的课程也不同，与之相对应的标准也有差异。因此，教师须熟知本学科的课程标准，既要了解所教学科的性质、理念、设计思路，又要准确掌握所教学科的课程目标及课程内容，从而依据标准，结合每位学生的个别化教育计划，在日常教育教学中及时调整教学目标、内容，选择适合所教学科和学生的教学策略与方法，以便学生能更好地接受。教师应通过开展课程本位评估、整合知识与能力、解析与重构、对应生活情境、统一教材因素、完善目标表述③等过程进行有效的教学调整。

三、教育教学知识

由于教育对象的特殊性，特殊教育学校日常教育教学工作十分复杂，不仅涉及课堂教学，也涉及综合评估、康复训练、品德教育等。这要求教师具备综合性的教育教学知识，并

---

① 李胜强，刘焕俭. 浅谈特殊教育学校教师专业素养的提升与发展[J]. 基础教育论坛，2019（32）：25-27.
② 李胜强，左守雷. 特殊教育教师应具备的知识素养[J]. 河南教育（教师教育），2021（3）：59.
③ 孙强. 新课标背景下培智教师教学目标调整策略探析[J]. 文理导航（中旬），2021（8）：83-84.

在实际中灵活应用。

（一）掌握特殊教育教学的基本理念

在特殊教育教学中，除了基础的教育原理，特校教师还必须掌握生活化教育、分层教学等多种基本教育教学理论。

《培智学校义务教育课程标准（2016年版）》的基本理念强调特殊儿童的生活适应性，强调教育对特殊儿童融入社会的作用。我国教育家陶行知提出"生活即教育"，强调为生活需要而办教育的观点。与日常生活有紧密联系的课程教学，能够帮助特殊儿童学会生活的基本技能，使其过上幸福康乐的生活。[1] 教师应将生活化教育理念融入日常教育教学，能够利用生活化情境，开发生活化教具。

分层教学是特殊教育日常教育教学中所采用的基本方式。分层教学即遵循差异化、循序渐进、动态性原则，以适应学生的特殊性、改善教学方式、提升教学质量。教师可以根据学校的现实情况选择合适的分层类型，综合学生的表现进行适时调整，在此基础上，关注分层教学的微观环节——对学生进行分层。分层的依据要多元，在进行分层之前，教师要对学生进行精准客观的评估，可以通过家长、教师等多方了解学生的能力。不仅要评估学生的学习能力，还要从兴趣爱好、生活习惯等方面考虑，多元综合开展对学生的评估，精准掌握学生现阶段的能力。最后，以"学生分组"的形式呈现出来，一般将学生分为A、B、C三组：A组学生能力较强，对所学内容有一定的基础；B组学生能力中等，知道所要学习的内容；C组学生能力较弱、认知水平较低，需要较多的辅助。开展分层教学对学生进行分组时，可用表格呈现，且对学生的分层应采取动态调整的方式，因为不同学科分层可能不一致，不同阶段学生的能力也不同，避免固化。

（二）掌握康复训练的基本知识与方法

我国《培智学校义务教育课程设置实验方案》提出，应面向智力障碍学生开展综合康复训练。由此可见，特校教师还应具备相关的综合康复知识与方法，以满足不同类型特校学生的康复需求。首先，教师应了解康复训练前诊断评估的方法，如实施智力测验、听力测查、视力检查、绘制学生进步曲线等，通过了解学生成长史、病史等基本情况，以基本的医学检查为基础，通过心理和教育测验，运用观察法或作业评估法，组织家长、教师、医务人员、心理专家等进行"会诊"，从而做出诊断性或终结性评估，在此基础上制订教育计划。[2]

---

[1] 郭元祥，胡修银.论教育的生活意义和生活的教育意义[J].西北师大学报（社会科学版），2000（6）：22–28.
[2] 李胜强，刘焕俭.浅谈特殊教育学校教师专业素养的提升与发展[J].基础教育论坛，2019（32）：25–27.

其次，教师应秉持将缺陷补偿和潜能开发相结合的原则，尊重特校学生个体间的内在差异，在缺陷补偿的基础上，充分挖掘学生的潜能，促进其身心健康发展；知晓康复主要涉及医学、教育、职业和社会四个领域，涉及智障、视障、听障、肢体障碍和病弱儿童以及语言和言语障碍、多重障碍、孤独症等类型的学生；掌握包括物理疗法、运动疗法、音乐疗法、感觉统合疗法、美术疗法、游戏疗法、作业疗法、心理疗法和言语疗法等特校学生康复的常用方法。在言语康复中，教师应掌握语言康复的操作流程、手段和原则，呼吸、发声和共鸣功能的训练技巧，口部运动、构音运动和构音音位的训练技巧，以及超音段音位训练、音段音位训练等技能和方法。①

（三）掌握特殊教育的评估知识与方法

评估素养是各国特校教师专业标准的重要内容之一，是指了解如何评估学生所知和所能，如何解释评估结果，以及如何运用评估结果去提升学生学习和教学效果的知识。②这也是教师了解学生起点、为其制订合适的个别化教育计划的重要方法。

对于特殊教育而言，评估包括各式各样的评鉴、估计、评价以及判断有关特校学生需求的技术与程序。③特校教师的评估对象是个别差异大、异质性高的群体，每个学生都有所不同，因而与普通教育的评估过程不同，特殊教育评估特别强调调整过程以符合个别学生的特殊需求，而不是让学生符合既定的评估程序。

评估领域内容主要蕴含三个取向：① 心理计量的评估取向，即从一位特校学生身上获得的量化原始分数，只有与具有参照点的常模做对照，转换为量表分数，才能判断受测者所达到的水平。心理计量评估的核心特点就是实施和计分的标准化程序。② 课程本位的评估取向，即以学生现有课程内容、学习上的持续表现来决定其教学需求的评估方式。③ 生态的评估取向，即通过直接观察、资料记录、心理评量等方式，直接针对学生在其所属的家庭、学校及社区等环境中所表现出的各项能力进行分析评估，根据评估结果为学生设计教学内容及设定教学目标。④

（四）掌握学生品德和教学心理的基本原理和方法

对于特校学生而言，他们在迈进学校时可能在短时间或者较长时间内无法适应学校生活习惯，从而逐渐走向极端：孤独、不与他人相处、不关心集体、不团结同学、不思上进、遇到问题时采取的解决办法总是躲避甚至走向极端等；当学生有心理问题时，教师应该及时采

---

① 李晓娟，王辉. 特殊教育教师职业素质的基本要素与特征[J]. 现代特殊教育，2014（5）：29-31.
② 柳笛. 特殊教育教师评估素养：意义、构成和取向[J]. 全球教育展望，2017，46（4）：67-75.
③ 王辉. 特殊儿童教育诊断与评估[M]. 南京：南京大学出版社，2015：3-5.
④ 柳笛. 特殊教育教师评估素养：意义、构成和取向[J]. 全球教育展望，2017，46（4）：67-75.

用较专业的心理学知识进行指导和帮助，恢复他们的心理健康状态，积极引导学生适应学习生活。因此，教师应该具备较专业的心理学知识、心理干预和引导机制，并能将理论转化到行动中，[①]加强与学生的沟通交流，运用丰富的沟通技巧，避免学生产生自卑心理，抚平学生内心焦躁，以及解决厌世、轻生等心理问题，[②]针对不同学生的心理状况给予针对性的帮助。

四、通识性知识

（一）掌握一般的科学文化知识

一名合格的特校教师首先应是一名合格的普校教师，因此，特校教师首先应掌握一般的科学文化知识，具有相应的自然科学和人文社会科学知识，具有相应的艺术欣赏与表现知识。如在人文社会科学方面，知晓中国历史朝代、经典唐诗和宋词；在艺术欣赏方面，了解中外常用乐器的名称，知道对称与均衡、节奏与韵律、多样与统一等形式美原理；在自然科学方面，知道地震、台风的发生原理，环境保护的方法等。

（二）了解教育事业和特殊教育事业发展的基本情况

在教育事业方面，知道我国教育事业总体进展情况，了解学前教育、义务教育、高中教育、高等教育、成人教育等各阶段的发展特点与各种办学模式等。在特校学生教育方面，了解我国特殊教育事业的发展历程、现状和特点。具体而言，了解残障学生入学率，经费投入、资源建设和安置方式，以及支持保障体系建设；了解目前我国特校学生教育在融合教育程度、发展均衡度上的问题；知道目前我国特殊教育安置形式有随班就读、送教上门、特殊教育学校就读等。

（三）具有现代化的信息技术知识

掌握适应教育内容、教学手段和方法现代化的信息技术知识。了解获取信息的工具，如搜索引擎、专业网站等；掌握加工处理信息的工具，如编辑文档的 Microsoft Word、开发多媒体课件的 Authorware、处理数据的 Microsoft Excel、制作动画的 Flash 等；掌握传递和发布信息的工具，如 PowerPoint、E-mail、BBS、FTP 等；可使用保存信息的工具，如网络硬盘、服务器空间、光盘、移动硬盘、U 盘等；了解协作学习的工具，如新闻组、聊天室、网上传真、论坛等；掌握资源管理的知识，如本地资源的查找、分类、储存、提取，为网络资源建立收藏夹、多窗口浏览、资源下载等。

---

① 吴萍.新时期中职特殊教育教师应具备的素质［J］.职业时空，2011，7（10）：100-101.
② 罗笑.高职特殊教育教师职业素养提升策略研究［J］.太原城市职业技术学院学报，2019（11）：61-62.

要想成为一名合格的特校教师需要具备强大的基础知识，同时应具备超强的灵活性，以应对实际工作中出现的复杂问题。尤其对于刚进入特殊教育学校的新教师，在入职前打好基础，掌握精深、系统、扎实的特殊教育相关知识，在入职后不断通过自我学习和参加培训更新自我，才能强大、扩充知识库，真正满足每一位特校学生的特殊需求，适应特殊教育发展的需要。

第三节　特殊教育学校新教师专业能力

教师是课程的创生者与实践者。教师能力是提高教学质量的先决条件和决定要素。教学能力水平的高低决定了特殊教育教学质量的好坏，是体现教师教学能力的重要指标，是特校教师职业素质的核心要素。教师教学设计、教学实施、教育研究与教学反思的能力是特校新教师专业成长的核心要素。

一、教学设计

特殊教育教学设计是指教师根据特校学生的学习能力、现有水平与发展需求而对教学目标、教学内容、教学策略和方法等进行的规划，以实现有效教学。这种规划既包括长期发展目标、学期目标、单元目标、课堂教学目标的制定，也包括教学活动、策略与方法的设计。[1] 特殊教育教学设计是特校教师要掌握的重要技能，是教师实现教育目标的重要媒介和基础。尤其对于特校教师而言，教育对象的复杂性要求他们具备更加全面、综合、有针对性的教学设计能力。

（一）运用合适的评估工具和方法，综合评估学生需要

特校学生的特殊需要往往十分多样，在进行教学设计时，应基于特校学生在学业、生活自理、社会适应、语言与认知等方面的实际水平，发现其需求，进行评估。

1. 选择并运用多元评估方法与策略

教师应能选择合适的评估工具和方法对学生不同方面的需要进行评估。如测试学生在

---

[1] 于素红.特殊教育教学设计［M］.上海：华东师范大学出版社，2016：12.

学习阅读与写作、数学等主要课程时已经具备的知识与技能，教师应选择合适的学科测试工具。除了书面知识测试，还有口头、动手操作等评估形式，根据学生具体情况采取合适的方法，尤其对于重度障碍学生要采取灵活多样的形式，如读课文、读生字。障碍程度最重的学生可以跟读课文，或联系生活实际进行动手操作能力的考查。[①] 对于在日常生活中自我照料的基本技能，在社会中生存、与他人共处的社会适应能力，教师应设计相应的情境，或采用生活能力、社会适应能力量表等进行测量。总体而言，教师应尊重学生智能的多样性，根据学生学习特点、学习条件、学习状态，选择多元恰当的评估方式，以便客观诊断学生的学习成效。

2. 提供富有建设性的反馈信息

用清晰的、指导性的语言告诉学生具体的真实表现，并给予学生一系列有针对性的建议，以缩短实际学习情况与目标之间的差距；根据评估结果改进教学。教师借助课堂中持续的评估收集教学信息，使其作为教学决策的依据，同时通过相关信息发现评估中存在的问题，及时调整，提高评估质量。

3. 多方参与合作评估

一般评估小组包括特校教师、校长或相关的管理人员、特殊教育专家、心理学工作者、医生及家长。特校教师的职责是提供与特殊儿童障碍有关的资料，参与对评价结果的解释，指出学生参与特殊教育计划的能力与限制，以及需要考虑的特殊教育需求。鉴于特校教师专业知识的有限性，要鼓励多方参与合作，一方面可以为特校学生提供全面系统的评估，促进学生在不同生活情境和不同学科领域的发展；另一方面，有助于特校教师在彼此的交流合作中得到发展。

4. 正确解读评估结果

教师根据特校学生的评估结果，用简明的语言对特校学生及其相关人士清楚地解释该生的能力表现，以及有待加强或开发的潜能；遵守评估伦理。在评估过程中，教师应尊重学生的多样性、能力的不足之处，确保学生的参与不受多样性和能力的限制；保护学生在评估中的隐私，避免对学生形成偏见；在评估任务与程序上，避免性别、文化、经济等方面的偏见。[②]

（二）制订学生个别化教育计划

教师对学生的生活、心理等方面的健康状况进行诊断与评估后，才能制订学生个别化教育计划。个别化教育计划是指由教师、家长等人员共同讨论，根据特校学生个体的身体特征和发

---

① 安莉.特殊教育如何实现差异性教学［J］.甘肃教育，2019（24）：104.
② 柳笛.特殊教育教师评估素养：意义、构成和取向［J］.全球教育展望，2017，46（4）：67-75.

展需要而制定的针对每位特校学生的具体教育方案，是满足特校学生个别需要的教育方案，也是促进家长、教师等不同人员进行沟通的工具，是评价学校与教师教育绩效的重要依据。

1. 个别化教育计划的结构

个别化教育计划一般包括：① 特校学生的现实情况；② 年度目标，包括短期（如一个月或半年）的教学目标；③ 特校学生接受教育的方式和相关服务的内容，以及他们适应正常环境的能力；④ 学生接受个别化教育和各类服务的起始日期和结束日期；⑤ 客观的测量标准及其过程。[①]

2. 教师所需能力

由于个别化教育计划的个别化、综合化，特校教师需要具备为学生制订个别化教育计划的各项能力。

一是具有良好的沟通能力。在了解学生的基础情况时，需要教师协同学生、家长、其他学科教师、行政人员等进行信息搜集和反馈，因此教师必须具有良好的合作能力。二是具有医学、教育、教学评估素养，能熟练使用各类测试工具对学生的基础能力和学科需求进行诊断，以获取学生基本信息。三是具有较强的信息综合和文本能力，具有良好的计划制订能力。在制订个别化教育计划时，教师需要考量短期目标在一年内完成的可能性、学生学业能力、残障程度、当前的适应性行为、年度教育目标或短期目标、特殊教育的形式、内容和相关服务、完成计划所需的时间等。因此教师必须具备良好的规划能力，为特校学生做出合适的规划。此外，教师还要熟悉各学科的知识结构体系，以便在制订个别化教育计划时做出一定的综合考虑。四是在获取教育评估的相关结果之后，教师需要综合分析各项结果，并将其与课程内容相结合，因此教师需要具备良好的信息整合及应用能力。

（三）合理地调整教学目标和教学内容，编写个别化教学活动

特校教师要直面智力障碍学生的生存状态，不仅要看到智力障碍学生本身的异质性、复杂性，还应用包容的心态总结智力障碍学生的学习规律，通过教学实践和探索，促进学生的成长与发展。

1. 合理调整教学目标

在了解学生的特殊教育需要，明确学生的学期目标之后，教师应将其落实到每一节的教育教学活动当中。教学目标是教师在制订教学计划时，选择教学内容、资源、方法、活动等的重要依据，指引着教师的教学和学生的学习，也是评价学生学习情况的重要依据。学生能否达到既定的教育目标，需要教师依据学科相关要求，分解学期目标、单元目标，基于每位

---

① 艾春. 中美中小学特殊教育教师职业素养比较研究［D］. 长春：东北师范大学，2008.

学生目前的发展水平及未来的环境要求，降低目标的难度，改变目标的表述，设置目标的数量，选择恰当的目标表述维度和模式，制定规范、科学而明确的个别化教学目标。[1] 教师在学生分组的基础上进行目标分层，细化不同组学生对应的教学目标。确定分层目标的依据包括：课程标准、教科书的内容设计、学生的最近发展区、学生能力水平（三维目标的可达成程度）、目标层次的递进性（不同课时之间）等。要从抽象的教育目的到具体化的课时目标，并根据学生目前的学习困难与障碍进行序列化分解，确立学生的学习起点，进而参考个别化教学目标设置对应的分层练习、分层评价等。[2] 同时教师要立足学生的个别化教育需求，必要时做好备注，如某同学对某些事物反应较为敏感或对相关内容比较擅长等。

2. 设置个别化的教学内容和活动

教学内容和教学活动相辅相成，共同为实现教学目标而服务。特殊教育学校的教育对象极为不同，现行教材已不能完全适应其需要。这就要求教师积极研究，认真取舍，选择适合学生特点的教材或制定校本课程。这类教材分两部分：一是基础内容，作为统一教学时的要求，是每位学生经过努力可达到的最低标准；二是机动内容，作为小组或个别教学的要求，可根据学生的学习能力，通过卡片形式布置个别作业，使每位学生能领略成功的喜悦，克服失败带来的影响。[3] 教师要知道如何从性质、数量、难度上调整教学内容，了解学生可以参与的、感兴趣的教学活动，有丰富的教学活动储备库以备从中选择每位学生所能适应的个别化教学活动。

二、教学实施

（一）创设适宜的学习环境和氛围

在特殊教育中，情境教学法能够创设有助于学生更好地掌握生活技能的学习环境，实现学习内容的迁移。它适用于各个年级的各门学科，灵动的方式能够弥补学生在感知上的不足，不仅能激发他们的好奇心和求知欲望，还能使他们意识到学习是一件很愉快的事情，开始享受学习的过程，发自内心地喜欢上学习。[4]

教师应创设与课程内容相符合的情境，吸引学生主动参与课堂。这要求特校教师具备相

---

[1] 于素红.特殊教育教学设计［M］.上海：华东师范大学出版社，2016：25.
[2] 耿悦.分层教学在培智学校中的运用探讨——以生活适应教学为例［J］.现代特殊教育，2022（21）：34-40.
[3] 安莉.特殊教育如何实现差异性教学［J］.甘肃教育，2019（24）：104.
[4] 张贵霞，陈秀丽.谈信息技术在特殊教育课堂教学中的运用［J］.小学教学研究，2011（19）：56-57.

应的情境创设能力：首先，对每节课的重难点知识进行深入研究，掌握所学内容的深刻内涵及其与真实情境的联系；其次，积累情境素材，制作情境道具，增强动手能力和信息技术能力，在实践中创设适宜而真实的学习环境和氛围；最后，在情境教学过程中，具备情境演绎和引导能力，力求带领学生融入真实的情境中，促使学生全身心投入学习，激发其学习兴趣和热情。

（二）选择合适的教学策略与方法

教师是教学的领导者，特殊教育对象的复杂性要求教师能够具备运用多种教学策略和方法的能力，有效实施教学。

在教学组织形式上，教师要能根据学生差异情况和教学活动要求，相应地采取集体教学、个别教学和小组教学的形式；在教学策略上，教师要能够利用直接教学法，教授在学科课程内容以及课程之间运用得最为广泛的、作用最为基础的概念和技能，邀请学生公开而积极地参与。在教学过程中，教师要及时关注每个学生的反应情况：在学生有需要时，及时采用支架教学，提供必要的支持，如视觉提示、手势指引等；根据学生之间的关系、能力之间的差异，在适当的时候选择合作学习的方式。同时，重视与其他教师的合作，有效开展协同教学；合理选择教学方法，灵活运用教学手段。

教师要提高创新意识，并结合学生的学习兴趣以及学习需求进行教学内容与模式的创新；勇于开拓新的教学方法，并在日常教学中注重培养学生的创新意识，不断提高学生的创新能力。例如，在课堂采用情境教学，通过让学生参与课堂来调动学生积极性，激发学生的学习兴趣，从而有效提高课堂效率。[1] 这要求教师不断积累自身教学策略和方法，并能够有效应用于实践，实现课堂教学的有效实施。

（三）整合多学科、多领域的知识与技能

特殊教育学校的教育对象主要为智力与发展性障碍学生，尤其在学生障碍程度越来越重、障碍类型越来越复杂的趋势下，学校课程的实施更需要通过对课程的系统整合来实现其多重教育意义。特殊教育学校的课程整合有其特殊性。对于智力与发展性障碍儿童，尤其重度、多重障碍儿童，采取课程统整，实施综合性学习不仅适应其身心特点，更有利于突出学科的功能性，即一些重要的技能必须通过跨学科的整合才能形成。

教师需具有从学校层面、年级或班级层面、课堂层面和学生个人层面进行课程统整的能力。学校层面的课程统整即对全校的课程进行总体规划，既纵向涉及不同学年的课程和领

---

[1] 刘旭. 特殊教育教师专业化发展的问题和对策探析［J］. 教学管理与教育研究，2019（18）：122-123.

域，也横向关联同一学年不同的课程和领域；年级或班级层面的课程统整即根据学校的整体安排，针对本年级或本班学生需要，采用主题教学及所有学生跨级走班的形式等；课堂层面的统整涉及课堂教学时如何整合不同的知识技能，实现课堂教学的优化；学生个人层面的统整主要反映在如何根据学生的个别化教育计划，将不同的学习需要整合在一日例程中。在课堂和学生层面，教师要针对学生的特殊需要，通过围绕大概念的主题式综合教学，或采取类化、嵌入、渗透等方式，将不同学科的知识和技能（包括康复性的需要），整合在一个有意义的、符合学生真实生活经验的学习活动之中。总之，走综合教学之路，推进综合课程建设，是教师提升专业素养的必由之路。①

（四）合理安排每日活动，促进教育教学、康复训练与生活实践紧密结合

根据教育对象的实际情况，特校教师应能为每位学生合理安排日常教育教学活动。对于有康复训练需要的学生，教师需协助相关人员，制订年度、月度、日常康复训练计划，明确康复训练目标，并将其与教育教学、生活实践紧密结合。如：针对肢体障碍学生，要更大限度地提高其运动能力和日常生活能力；针对智力障碍学生，要以提升其语言、认知、运动、感知、生活自理和社会适应等能力为主；对智障学生的运动技能、精细及粗大动作、言语、注意力及情绪等障碍进行综合康复训练；对视力障碍学生进行定向行走、盲态纠正、运动协调、语言等多项训练；对听力障碍学生进行沟通与社会交往能力训练。综合而言，教师要采取能够融入物理治疗、言语治疗、心理咨询和辅导、职业康复和社会康复等手段对特校学生进行教育与康复相结合的训练。②

（五）应用合适的现代教育技术及辅助技术

由于特校学生受到视觉、听觉等多种因素的限制，难以全部掌握所有知识，因此整个教育过程充满困难。科技辅助工具让特校学生学习成为可能，使之更有自主感和成就感，而互联网、5G、人工智能则为科技辅助工具在特殊教育领域的应用带来了新前景。因此，教师的信息技术和辅助技术应用能力对于有效提高特殊教育的教学效率起着至关重要的作用。

1. 信息技术

互联网中有丰富的教学资源，可以利用图片、声音、动画、视频等形式将知识呈现出来，这对学生来说有着极强的吸引力。

特殊教育可用的信息技术手段多样，包括多媒体技术、教育技术、辅助技术、虚拟现实技术、远程教育、平板电脑、图书馆个性化设计、无障碍学习平台、云技术、移动学习、智

---

① 张燕，盛永进. 培智学校课程统整的理据与路径［J］. 现代特殊教育，2022（13）：10-13.
② 赵斌，陈红. 特殊教育教师专业素养探析——基于特殊教育学校课程标准［J］. 教师教育学报，2017，4（6）：17-22.

慧康复、物联网技术、智慧教育、"互联网+"教育、大数据、人工智能、增强现实技术等视觉类、听觉类和交互式混合的信息技术。

不同障碍类别的学生适用的信息技术手段不同。智力障碍学生可适用康复训练管理系统、虚拟现实技术、康复云等交互式信息技术手段；而虚拟现实技术让孤独症学生在虚拟环境中减少不适，有助于提高他们的生活技能、语言表达能力和行为能力，可适用绘画建模、体感游戏、特殊教育训练技术、教育游戏、语言康复训练等交互式信息技术手段。这要求教师熟练掌握多种信息技术，并能应用于日常教学实践当中。[①]

在日常教学中，教师利用信息技术将课本中枯燥的文字信息以丰富的形式呈现，将原本抽象的内容具体化，借助音频、视频的方式吸引学生的注意力，使他们全神贯注地将目光放在大屏幕上，跟随灵动的事物展开思考，感受外界传递的信息，在动静结合中强化感知能力。这样学生更愿意主动探索本节课的课程内容，在兴趣的驱使下主动加入到活动中，学习效率也得到提升。[②]

2. 辅助技术

教育部等七部门印发的《第二期特殊教育提升计划（2017—2020年）》明确提出，要"提高教育教学的针对性"，并要求"重视教具、学具和康复辅助器具的开发与应用"，充分利用视觉辅助、听觉辅助、学生辅助、沟通辅助、计算机辅助技术以及通用设计下的环境支持系统，并对不同类别学生使用相应的辅助技术，进行器具适配的评估。

教学中的科技辅具可以分为两大类：一类让教育成为可能，涉及摆位与移行、视觉、听觉、日常生活活动、学习安排、休闲娱乐、认知、社交等方面；另一类使教学更为有效，涉及书写、阅读、沟通、数学、写作等方面。

具体而言，运动辅具能更好地支持肢体残疾和脑瘫学生走进课堂，如各类轮椅、摆位辅具、步行辅具等。感官辅具可以支持听障、视障儿童进入融合教育课堂，包括触觉辅具（如盲文、盲人教学具、点显器）和听觉辅具（如各类助听器、电子耳蜗等）。沟通辅具可以提高沟通效果、提升教学效益，如替代性扩大沟通系统、高端沟通科技、沟通卡、图片交换系统等。

学习辅具的应用则涉及阅读、作文写作、数学、计算机运用等方面。其中，涉及阅读的学具，如提供翻书辅具、阅读跟踪辅具、识字辅具、二维码、思维导图等；涉及写作的学具，如建立写作支持架构，提供各种帮助识字、读写和语言发展的游戏、视频，各种扩大视

[①] 顾丽丽，杨琳. 信息技术促进特殊教育发展的研究综述［J］. 教育信息技术，2020（10）：45-49.
[②] 张贵霞，陈秀丽. 谈信息技术在特殊教育课堂教学中的运用［J］. 小学教学研究，2011（19）：56-57.

野、提供知识的资料、视频，帮助学习作文的视频与网站，以及助力外文写作的软件等；涉及数学的学具，如提供幼儿数学游戏与学习的视频、义务教育段的电子教材与虚拟教具资源、教师自制的数学教具和学习软件等；涉及计算机运用的学具，如提供眼动仪控制鼠标移动，通过改进鼠标、键盘或类似装置以实现用手或用脚来操控计算机，以及借助脑波与肌电探测技术来操控计算机等。

教师应根据学生的个体需求和障碍特征为其选择辅具，并根据学生当前状况使用教具进行干预。针对语言匮乏的发展性障碍学生或有部分语言但不能自发使用的学生，教师可以使用便携式电子沟通系统（MECS）帮助他们建立有效的沟通，促进他们的口语发展，通过MECS引导全班学生进入该系统的"上课模式""自由活动模式"等。教师应根据学生需要，具备针对性的辅助用具申请、开发和使用能力。[①]

（六）为学生提供必要的生涯规划和职业指导教育

特殊教育高中学生面临的最为重要的抉择之一是融入社会甚至进行职业选择，因此生涯规划对他们而言十分重要。为特校学生提供生涯规划和职业指导并非易事，教师需要做出人性化、全程化的考量。

就人性化而言，每位学生都是独一无二的，生涯规划必须就个人的能力与特质，并尊重学生的自主意识，进行个别化的设计。就全程化而言，教师应具备发展性的眼光，为学生做人生全程性的考量，不可只考虑现阶段的问题。教师应从就业、居家安排、社区融合、经济独立、自尊自重、生理与社交需求、休闲娱乐等各方面进行综合考虑。

在做决策与制定目标时，以终身受用为最高原则。如孩子的学科能力表现不佳，情绪控制与遵守常规等能力也有待加强，以长远眼光来看，为了融入社会与职场，首先应积极介入情绪控制能力，而非花时间在超出孩子能力的学科学习上。规划的事项要具体可执行，兼具理想与现实。在执行规划时，教师应具备良好的计划执行能力和沟通合作能力，教师必须与家长和其他学科教师合作，共同培养学生的职业技能和就业能力，同时不断进行评估，关注是否达到期望的目标，以便计划的修正与再设计。

三、教育研究与教学反思

（一）教育研究

特校教师的科研能力是促进特殊教育事业进步与繁荣的巨大力量。2017年教育部印发

[①] 刘志丽，许家成. 辅助技术——特殊教育发展值得关注的新趋势［J］. 中国康复理论与实践，2007，（4）：334-336.

的《第二期特殊教育提升计划（2017—2020年）》明确提出"加强特殊教育教师培养培训，提高专业化水平，增强特殊教育教科研能力"的要求。当前，特校新教师初入职场后，为了能更快地适应工作岗位，通常首先接受的是教学能力的培养和课堂基本功的训练。[1]而教学研究是教师专业成长的重要途径，也是评价教师专业能力的重要标志，亦不可忽视。特校教师应从意识到知识与技能再到方法与实践全方位提升自身的教育研究能力。

1. 提升研究意识

面对教学中的繁杂性和变动性，特校教师应逐步提升研究意识，进而解决教学中出现的重重问题。在教育、教学中如不开展教育科学研究则难以发现问题、总结经验。特校教师树立起一种全新的观念，即特校教师不能仅仅满足于当一名"教书匠"，而应当立志当一名教育专家，立志要在教育事业上有所建树。这样才能不断提高特校教师对教育科学研究重要性的认识，不断增强其参与意识。这是培养特校教师科学研究能力的前提条件。[2]日常中，特校教师可通过参加科研活动、学术研讨会，阅读专业期刊或专著等方式提高自己的科研意识和水平。[3]

2. 加强知识与理论学习

特校教师必须加强理论学习，一方面学习教育学、心理学、课程论等基础理论，另一方面学习教育康复等特殊教育领域专业理论，努力保证教育教学、康复训练与科研融入特殊教育学校一线工作。

同时，特校教师要学习科学研究方法，包括科学研究的选题、抽样调查、实验的开展、问卷的设计、资料收集数据的处理、经验总结及报告和论文的撰写等；寻求多元化途径提升理论素养，如主动通过读书、聆听讲座、网络课程学习等多元形式，提升自身理论水平；认真听课研课，为开展教科研积累实践经验。观摩听课对于新教师特别重要，新教师要常观摩经验教师的课，从中学习行之有效的教学方法。

3. 注重方法与实践

针对特殊教育教学工作中的现实需要与问题，特校教师可通过多种形式进行教育科研。教学研究的重要形式包括撰写教学日记，开展行动研究和案例研究等。[4]教师行动研究，即教育行为研究，它是行动研究在教育领域的应用，特别指在教育情境中，由教育专业工作者进

---

[1] 巩立君，李燕峰. 特教学校青年教师教科研能力的培养探究[J]. 中学课程辅导（教师通讯），2020（23）：102-103.
[2] 祁立刚. 论特殊教育学校教师科研能力的培养[J]. 中国特殊教育，2005（12）：89-92.
[3] 李晓娟，王辉. 特殊教育教师职业素质的基本要素与特征[J]. 现代特殊教育，2014（5）：29-31.
[4] 郭方玲. 山东省特殊教育学校教师专业发展的现状与思考[J]. 中国成人教育，2017（7）：142-145.

行，用以改善教育专业实践并获得教育理想的行动研究。根据学生的实际情况与需求不同，教师不仅要能利用各种环境，还要自己动手去设计、改造和布置环境，更要会自主选择适用于学生的课堂管理策略。特校教师的行动研究可以帮助他们发现新课程所蕴含的新理念、新方法并解决新课程实施过程中的新问题，[1]即从自己的实际教学工作中发现问题，积极分析与思考，并针对这些问题写出自己的解决方案。同时，教师应注重研究的有效性、资料的客观性、过程的扎实性，通过研究不断提升自己解决问题的能力，更好地汲取当前最新的康复与教育的理念和方法，从中总结自己的教育教学经验，有效促进教学理论和实践相结合。

同时，特校教师要以课堂教学为抓手，认真做好研课，研学情、教材和教法；以研学生为基础，做好学情分析；认真做好反思总结，形成自己的教科研成果；积极撰写高质量的教育教学论文或专著，定期将自己的所思、所感、所学、所悟形成文字，形成自己的教科研成果。[2]在有相关成果时，教师还可积极主动地向《中国特殊教育》《现代特殊教育》《特殊教育研究》等特殊教育专业刊物投稿，与特殊教育同行进行交流。[3]

（二）教学反思

美国学者巴里·波斯纳（Barry Z. Posner）认为，"没有反思的经验是狭隘的经验，至多只能形成肤浅的知识"。他提出了教师成长的公式：教师的成长 = 经验 + 反思。反思贯穿特殊教育学校教育教学的始终，教师对学生各个方面能力进步的反思，对自己教学方法的反思，对于其专业成长来说至关重要，是专业成长不可缺失的一环。

特校教师应具备反思的意识、反思的视角、反思的内容、反思的方法和途径等，从多角度、全方位进行反思，回顾自身教育教学，提升自身教育教学能力。如：在反思的意识上，将反思习惯融入日常教育教学，在班会主题教育、学科课堂教学、学校主题教育活动后形成主动反思的习惯；在反思的视角上，应从教师、学生、家长、同事的角度出发，收集和吸取来自班级学生及其家长、学校其他同事和领导的意见；在反思的内容上，对于教学策略、教学技能、教学内容的适用性及教学效果应进行全面的反思；在反思的方法和途径上，反思传统的教育观念、教学模式，在教育实践中淬炼创新观念。特校教师应反思自己的教学行为，主动收集、分析特殊教育相关信息，通过大量的听课和研课，结合自身课堂，与优秀老教师

---

[1] 李瑞根，刘小清. 特殊教育学校教师职业素养的研究［J］. 学子（教育新理念），2014（4）：7-8.
[2] 巩立君，李燕峰. 特校学校青年教师教科研能力的培养探究［J］. 中学课程辅导（教师通讯），2020（23）：102-103.
[3] 王悦，王雁. 优秀特殊教育教师核心素养的个案研究［J］. 绥化学院学报，2018，38（1）：113-117.

课堂对照，找出不足、问题，撰写课后反思，积累案例及素材，[1] 也可以通过写反思日记、教学总结、读书和培训等多种方式进行。[2]

总而言之，特校教师在刚步入工作岗位时，在教学设计、教学实施、教育研究和教学反思等方面都缺乏实操经验，需要通过不断实践、磨炼和反思来提升自身能力。这是特校教师实现自身专业成长的重要途径，更是提升特殊教育学校教学质量的保障。不论是特校教师自身还是学校领导、其他同事，都应充分认识其重要性，并落于实处，在长时间、高频次的教育教学实践中不断打磨特校教师的专业能力，提升其能力素养。

---

[1] 巩立君，李燕峰.特教学校青年教师教科研能力的培养探究［J］.中学课程辅导（教师通讯），2020（23）：102-103.

[2] 魏亚亚.新建特殊教育学校教师专业发展问题及对策研究——以甘肃省Y学校为例［D］.兰州：西北师范大学，2019.

第三章 特殊教育学校新教师培养

卓越教师的培养是学校建设和发展的重要内容，而新教师的培养则是教师培养中的重要一环。本章将在总结前文的基础上，结合现有的研究介绍特校新教师的培养方式、培养路径、培养模式和职前职后衔接。

第一节 特殊教育学校新教师培养方式

特校新教师的培养一般分为职前培养与职后培养两个领域，两者相互促进，缺一不可。

一、职前培养

职前培养亦是师资培养，主要指学校以特殊教育专业课程和专业教学法为主要内容，以教育实习为基本途径，以培养具有良好职业素养的特殊教育教师为目的的教育活动。[1]20世纪90年代后，我国特校教师职前培养呈现出以下特点。

（一）培养日益法制化、专业化

我国特校教师培养政策经历了由非专业化到专业化的发展，每个特校教师培养政策都与特定历史时期的政治、经济、文化背景和受教育群体相关联。20世纪90年代末至今，特校教师培养政策呈现出由重数量向重质量、由培养单一"教育"型人才向培养"教育—康复"复合型人才、由培养传统三类残疾人教育师资向培养多种类别残疾人教育师资转变。[2]

---

[1] 赵心怡. 四川省高师生物学教师职后培养研究[D]. 成都：四川师范大学，2010.
[2] 王培峰. 残疾人教育政策之伦理正义及其局限——基于罗尔斯差别原则的分析[J]. 教育学术月刊，2016（7）：43-50.

（二）培养目标由单一、定向型向多元、复合型转变

特校教师培养目标是决定人才培养方向和质量的主要因素。随着高等教育大众化时代的到来，单一、定向型的特校教师已不适应社会发展的需求，取而代之的是多元、复合型的师资，特殊教育专业化不断增强，特校教师培养类型也日益多样化，其培养目标的转变是社会发展对特殊师范教育提出的新要求。在融合教育时代背景的作用下，原有特殊教育师资培训制度遭到了颠覆，特殊教育师资的培养目标转变为，在重视特殊教育师资本身所具有的专业道德、知识与能力之外，还要关注与家庭和社会协调的能力、行动研究的能力、个别化教育计划的制订与实施能力、与其他教育系统相协调的能力，以及帮助特殊需要学生融入普通教育的能力等。特校教师的培养目标要在一元与多元、专才与通才、专业教育与通识教育、科研与社会服务等方面找到最佳的平衡点，打破以往封闭的培养目标状态，建构开放的综合性师资培养目标。

（三）课程设置由单一向综合转变

课程质量直接决定着教师培训的教学质量，课程是教师培养目标的关键载体。我国高校在特殊教育专业最初建设时就基本遵循了传统补偿性医学发展理论的分类模式，即以特殊教育学为基础，以智力发展落后、视觉功能发育失调、听觉功能障碍等三类儿童的心理健康教育为主干课程，并辅以教学法类课程及孤独症儿童教育、超常儿童教育等课程。改革开放后，随着社会各界对特殊教育认识的深入，特殊教育专业发展也与时俱进，以心理发展模式设置新专业，并拓展专业类别，推出了运动康复、作业康复、感觉统合训练等课程。20世纪90年代至今，在融合教育的背景下，强调把学科性的知识技能与学生的实际生活相联系的功能性社会学生态模式，对课程重新整合架构，优化课程内容，改革课程体系，如对必修课与选修课、通识课与专业课的整合，使其比例协调、合理。教学过程向着模块化、弹性化和个性化的方向发展，最终逐步建立起划分清楚、交叉结合的完整性课程体系，由过去单纯的课堂学习向注重教师的检测、评价发展，以及个别的以教学方案设计和教师综合素养提升为核心的多元整合型方向拓展。

二、职后培养

职后培养又称职后培训，是指教师入职之后接受的长期的教育及训练。目前，我国特校教师的职后培养还存在培训机会少、培训时间安排不合理、培训内容无法满足个性化需求等问题。[1] 未来发展趋势可从以下几个方面分析。

---

[1] 李美美，杨柳.慕课背景下特殊教育教师职后培训路径探析［J］.中国成人教育，2018（1）：131-135.

（一）培训形式逐步拓宽

教师培训形式由单一走向多元，可以充分发挥政策主导作用，采取多种形式、多种渠道对特校教师开展知识与专业技能的培训，拓宽师资培养的范围。短期非学历教育、长期函授教育、教师校本培养、与特殊学院和高校合作的教师协同培养、互联网教育等，已经成为当今中国特殊教育院校师资培养的主要方式。普通高校、师范院校、特殊教育师范院校、特殊学院，还有一些民间特殊教育专业组织也开始通过短期的非学历教育形式，对特殊教育专业师资队伍开展培养工作。

（二）培训时间趋于合理

将根据特校教师的实际情况，以教师为本，通过多种形式、多种途径展开多元化的培训，并根据培训课程的性质、特点以及教师已有的知识、技能基础决定培训的时间。

（三）培训内容逐步完善

针对特校教师的岗后教育，在师资培训内容方面将逐步完善。学校通常会根据师范学生具体的训练目标，挑选重要练习内容，以提高前瞻性、针对性和实用性；抑或是在选定训练的专题内容以后，再选择最适合的教师接受有目的的训练。培训项目大多是选取学生实际面临的特别情况、现实的需求等问题。同时，在对特校教师开展技术培训中，要突出临床性、实践性，做好理论知识与实际的衔接。对特校教师开展技术培训的宗旨是让教师在具体的教育任务中可以合理地操作应用。

（四）培训评价趋于多元

对参训教师的评价将以发展性评价为主，建立起多元的评价机制。在对教师进行评价时首先注重教师的自我评价，教师作为参训的主体，最清楚自己通过培训获得了哪些收获，还存在哪些不足。通过自我评价，教师可以反思自己学习的过程，取长补短，获得弥补的方法。其次注重同伴评价，由于同伴也经历了相同的培训过程，故同伴更了解双方的学习态度、学习方法等，通过这种评价不仅有利于教师的提升，还能让评价和被评价的教师认识到自身学习的优缺点，学习同伴的长处。再次有条件的机构还可以运用质性评价的方式，为参训教师建立培训档案袋，将参选教师的学习情况、心得体会、平时作品等记录下来，记录教师的努力程度和成长过程，并以此作为评价教师参训效果的依据。最后在评价时还要注意教育具有延时性。培训的效果可能在培训过程中不能立即显现出来，这时培训评价的重点就可以放在对教师实际教学所起的作用上，长期跟踪参训教师的教学过程，由参训教师所在学校的领导、教师、学生根据教师上课的变化进行评价，更直观、更科学地评价培训的效果，将培训时的评价与培训后的评价有机地结合起来，从而体现培训的真正价值。

总之，特校新教师的培养是终身学习的过程，无论是职前培养还是职后培养，都越来越趋于完善和稳定。

第二节　特殊教育学校新教师培养路径

科学把握新时代特校教师队伍建设要求，正确认识新时期特校教师队伍的基本特点，努力培养一批思想政治素质精良、社会服务技能娴熟、教育能力精湛的优秀特校教师队伍，是当前和今后一个时期中国特殊教育工作的重大使命。

特校新教师的培养路径可以从以下几个方面探讨。

一、加强师德师风培训

立德树人是我们对道德基本问题的重要回答。特校教师同样肩负着培养中国特色社会主义事业合格建设者和接班人的重大责任，是学校实施立德树人推动功能的主要责任主体和实施主体。通过进一步加强特校教师的职前职后师德师风建设，努力培养一支有理想信念、有道德情操、有知识能力、有仁爱之心的特殊教育师资队伍，是学校实现立德树人推进功能的主要工作重心。

2013 年，教育部出台了《关于建立健全中小学师德建设长效机制的意见》，明确将教师职业道德培训纳入教师教育课程体系，强调师范生培训、新教师的岗前培训、在职教师培训等都必须开展职业道德培训，以引导广大教师认真践行社会主义核心价值观，更好地履行教师教书育人的职责。特殊教育学校对师德师风的要求更高，应把师德师风建设摆在更加重要的位置，引导特校教师更加认真地遵守立身、立学、施教的基本准则，全心全意地关爱特殊儿童的成长，并不遗余力地投身于特殊教育的教学工作，从而提高自身职业道德水平和教学能力，争取办好中华民族伟大复兴时期群众普遍满意的特殊教育。

二、构建普特教师一体化专业能力培养体系

推进特殊教育的发展，教师是根本，打造高素养、专业化的特校教师队伍是关键。特殊

教育学校正加速转型，特殊教育学校正逐步成为特殊教育资源中心，特校教师应该具备融合教育能力。所以，构建普特教育一体化专业能力训练系统是普通教育学科发展的内在需求，同时也势在必行。

教师的专业能力是指教师为了充分达成教学目的而在教学过程中应用专业知识和技能，不断更新教学理念、改善教学方法的能力。这种专业能力包含口语表达、文字表达、教学设计、情境创设、评价总结、自我发展、终身学习、教学创新等。[①]但因为教学对象的特殊性，特校教师在具有普通教师所必须掌握的专业知识能力之外，还必须掌握语言康复训练等专业技能。特校教师在教育教学的过程中，既要面临各种残疾类别、各种残疾程度学生的问题，也要面临教学理念、教育技术手段和教学器材不断更新的挑战，这些问题都需要教师在教学工作过程中不断掌握新知识、了解新技能，并不断提高自身的教学专业能力，以适应特校学生的教育康复需要。

近年来特殊教育行业成长很快，但特殊教育师资培训仍面临基础薄弱、培训不均衡、教育培训活动单调、培训成效低等一系列困难。特殊教育师资的培训水平是教师队伍建设提高的关键保障。所以，要合理提高特殊师范教育教学实践环节的比重。教学实践环节，是师范生掌握课堂教学经验、提高课堂教学水平、培养学生专业能力的重要途径，对师范生专业水平的培养有着十分关键的作用。特殊教育师范院校要合理安排实践性课程，并相应增加实践性课程学时，使师范生能够积累较丰富的课堂实践，并比较熟练地掌握专业知识；要重视实训室、实习基地、微格课堂的建立，让师范生有较多的时间培养动手技能，不但要学会如何讲课，同时要掌握并熟练运用各种专业知识；要重视开展课堂教学总结评价工作，科学、正确、真实地评价学生在课堂实施活动中的各种表现，以培训合格特殊教育师资为目标，不断完善教学实习制度，以保证学校的全面发展。同时要强化特校教师入职后的培养工作，对不同教龄、不同学科背景的教师，进行各种形式、不同内容的针对性培训，力求使每个参与培训的教师都能在短时间内迅速地丰富自身的知识，进一步提高专业技能。

三、完善职前与职后评价体系

科学的评价机制不但可以合理评价教师的整体素养与水平，更可以帮助教师确定成长目标，并进一步鼓励教师主动发展。建立全流程的特殊教育师资的评估体系和激励机制，是推动特校教师队伍可持续发展的关键切入点和有效措施。评价体系应当把全面培养全国优秀特殊教育师资作为重要的激励导向。

[①] 参见中华人民共和国教育部网站，《教育部关于印发〈特殊教育教师专业标准（试行）〉的通知》。

由于课程对象的特殊性、教学方式的复杂性、教学方法的多样性，特殊教育组织对教师的培养和评价必须以能力的评价为主，成绩性评价为辅。教育成绩和评价指标方面，要贯彻"质—量"结合、"内隐—外显"结合、"长期—短期"结合的指导原则，并在《特殊教育教师专业标准（试行）》的指导下，不断完善教育绩效考核体系，逐步健全评价指标。既要遵循现代教学思想，又要体现特殊教育的特色，使之更加具体化，更具有可行性。只有这样，才可以正确、科学、全面地评价特校教师的素质和能力，也可以让每位教师的努力付出得到相应的评价，从而激发教师们自我发展的积极性。

党的十八大后，许多事关师资培训与建设的政府文件陆续颁布，培养了一批新时期高水平、专业化、创新型的特校教师队伍，今后还要强化师资职前职后全过程、全方位、全领域培养与训练，进一步发挥人才协同教育的积极功能。

第三节 特殊教育学校新教师培养模式

要全面提高特殊教育教学质量，教师是关键，教师培养模式的改革与建设可以从实践层面推动特校教师专业化发展，本节将从职前与职后两个层面展开讨论特校新教师的培养模式。

一、职前培养模式

目前我国有两个层面的职前培养模式，一个是中等学历培养模式，另一个是高等学历培养模式。

（一）中等学历培养模式

中等学历培养模式又称"专门化"或"定向"培养模式，它的优点是在学科教学中学生教学能力较强。[1] 如全国一般特殊教育师范学校、部分地方普通师范学校的特别班一般都直接录取普通初高中毕业生，毕业后分派到基层的特殊教育学院、民办机构、地方普通高等院校的特别班等作为师资，主要承担对特校学生随校学习的辅导工作。在这种教学模式下培训

---

[1] 张文京. 特教师资培养与高师特教专业建设思考和行动［J］. 现代特殊教育，2009（9）：15-17.

出来的特校教师，缺点主要是教育理论基础较薄弱、不扎实，以及教育判断力不强、专业知识不系统、教学能力较差等，后被大专以及普通本科教育的培养模式所代替。

中等学历培养模式共有三种。一是利用现有普通中等师范学校条件，设在普通中等师范学校的特殊教育师范班。依靠集体力量办特殊班，这样投资少，见效快，不需要太多专业人员，这种模式最符合当时的教育发展形式。因此，这种方式成为培养特校教师的一种主要形式。二是单独设立特殊教育师范学校。这是正规的培养特殊教育师资的主要形式。虽然这种培训方式投资大，培养周期长，但是针对性强。随着我国经济的发展，这种模式逐步从非主流进入到主流模式。三是开办短训班。这是新中国成立以前的主要师资培养形式。短训班可设在特殊教育学校、特殊教育师范学校或普通中等师范学校，招收小学教师或普通中等师范学校应届毕业生进行1—3个月的速成培训，使其掌握特殊教育的基本知识、基本理论和特殊教育教学方法之后，再到特殊教育学校、特殊教育机构、普通小学中有特校学生的班级中任教。这种方式灵活多变，不受固定编制、场地的限制，按当地的学科或残障类型培养急需的特校教师。

中等特殊师范教育虽注重对特殊教育师资方法技巧方面的训练，但忽略对教师课程知识广度与深度的训练，影响了教学思想、教育评价以及对整体课程的全面掌握与运用水平，导致其知识领域狭窄、专业化水平低下、适应能力也不足。因而该种模式在面对21世纪的人才需要和社会主义市场经济体制建立的需要时，必然会被大专或本科学历培养模式所取代。

（二）高等学历培养模式

随着九年义务教育的进一步深入普及和在全国范围内的全面实施，以及中等特殊师范教育的不断完善和发展，社会对特校教师的学历和层次要求不断提高，促使原有培养机构的升级和学制的变革，推动了我国高等特殊师范教育的诞生和发展。我国高等师范院校在20世纪80年代以前没有设置特殊教育专业，特校教师培养缺乏专业性。特校教师主要是由中等师范学校培养的。20世纪90年代后才开始渐进性改革，对高等师范院校建立特殊教育专业提出相应的要求，高等师范院校开始承担培养特校教师的任务，由此推动了我国高等特殊师范教育的发展。在高等师范院校的教育学院下设特殊教育系或特殊教育专业，招收高中毕业生，经过四年的学习，将其培养得能够胜任中等特殊师范院校、普校特师班、师资培训中心等机构教育教学任务。我国特殊师范大专专业的培养目标定位为直接从事特殊教育教学的师资。1993年国内第一个特殊教育大专专业在重庆师范大学成立，开始为基础教育培养师资。[①]

高等特殊师范教育模式层次分明，培养目标明确面向中等特殊师范学校，虽然各高等师范院校的特殊教育专业对培养目标的表述存在较大差异，但基本方向却是一致的。主要培养

---

① 陈云英.中国特殊教育学基础[M].北京：教育科学出版社，2004：78.

具有较高理论水平,能够胜任特殊教育的通才,使其能够成为中等特殊教育师范学校、社会相关特殊教育机构的合格教育教学人员、研究人员以及管理人员等。[①] 这样的特校教师培养体系,既满足了我国社会对大量特校教师的需求,也促进了我国特殊教育事业的发展。为满足特殊需要学生在普通小学阶段随班就读的需求,目前我国已规定在普通师范院校中设置特殊教育专业或者教授有关内容,让普校教师了解特殊儿童教育的相关内容,目的在于让学生毕业后既能教一般学生,也能教育不同类型的特殊儿童。

高等学历培养模式培养出的师资具有较强的理论功底,但缺乏实践能力。为此,各地都在加强实践,如延长教师的见习时间,以便训练教师的实践技能。

二、职后培养模式

(一)"师傅带徒弟"和"短期培训班"模式

这两种培养模式属于职后培养,是最初的特校教师培养模式。[②] 在新中国成立初期,仍然没有专门的组织和机构,就是这两种简易的师资培养模式也屈指可数,地点也主要集中在沿海城市,只有沈阳、武汉、绥化、西安等少数内陆城市有特殊教育学校和特殊教育师范班,[③] 这种师资培养状况一直到20世纪80年代后才得以改善。

这一时期,虽然和早期的培养模式趋同,但是,相较而言短期培训班的种类、内容更加丰富和多样化,并开始逐步完善。由于现有条件不足、资金短缺、专业教师匮乏、人才培养目标单一,课程主体仅是一些学科基础理论课,特校教师培养的主要途径和方式,不是职前培养而是职后培养。培训的方式则采用"师傅带徒弟"和"短期培训班"的培训模式。在整顿创新阶段,我国特殊教育师资少量来源于旧有学校,大部分的师资都来自普通学校和普通师范学校毕业生。这些补充到特殊教师队伍中的教师,因为没有特殊教育师资机构的专门培养,缺乏特殊教育知识和技能。但是这一培养模式是针对当时现实的举措,时效性强,为今后特校教师培养模式的多样化奠定了基础。

(二)集中培训模式

集中培训模式是指教师参加集中授课、接受统一培训的培训模式,这种培训模式往往在主题拟定上没有兼顾教师的个别差异。教师的培训需要沿着一定的专题展开,但不同特殊教

---

① 王辉,顾培玉.我国特殊教育师资职前培养模式研究的回顾与展望[J].中国特殊教育,2006(5):57-61.
② 郑晓坤.中国特殊教育师资培养研究(1978—2016)[D].长春:东北师范大学,2018.
③ 李拉.我国特殊师范教育制度研究[M].南京:南京大学出版社,2016:50.

育学校教师的个人素质、所处环境等方面是不同的，对培训的需求就有差异。

特校教师的在职培训往往因主题的陈旧，或在很大程度上没有兼顾特校教师知识与技能的不同需求，导致教师参加培训的动机不强。[1]集中培训的内容中基本原理的应用存在脱离教育教学具体实践的现象。如国外特殊教育发展的动态、教育教学模式、特殊儿童的心理等，这些知识虽然对教师有一定的实用性，但对于多数教师来说，他们可能更多的是想学习如何运用这些理论来指导课堂教学与组织课外活动等，需要直接联系具体的工作，学会工作的方法与技巧等。培训的授课方法缺少灵活性，集中授课往往是教师讲、学员听，这种方式虽然能够使教师在短暂的时间内掌握大量的知识，但也使教师缺乏一定的互动与参与，导致教师处于被动地位。这种方式由于追求培训的授课进度，限制了教师的个别辅导时间。部分教师虽然接受过培训，却并没有掌握到对自己教育教学有用的知识，培训的效果事倍功半。

（三）校本培训模式

校本培训是指特殊教育学校通过理论、课堂实践、基本功和论文方面的学习和培训，采取理论和实践相结合、自学和拜师相结合的方式，把教师培养成懂理论、重实践、有能力、会科研的科研型特校教师。[2]该模式可让受训教师在教学实践中通过有经验的教师或者专业骨干教师的带领，学会特殊教育方面的专业技能，掌握相应的专业知识，既不受规定课程教材的影响，又能避免理论脱离实际的弊端，让受训教师在实践活动中提高自己的能力。所以，这是一种更为有效、更为经济、更为灵活的教师职后教育方式，不受地域和时空的限制，具有很强的实用性与针对性，可提高学校教师的整体水平。

（四）远程研修培训模式

远程研修培训模式是指借助现代信息技术方法在网络上建立一个网站作为平台，技术人员将课程专家、优秀教师等的一些先进课例、精彩讲座等以视频、文本等方式上传至平台，学员凭借自己的账号和密码登录网站进行学习，由专家团队和指导教师做指导。通过观看课例视频、学习课程文本、在线研讨、提交作业或发表评论、专家与指导教师点评、制作研修简报等方式，集专家引领、同伴研讨、自主提升为一体，以促进教师专业化成长的培训模式。[3]

远程教育的主要特征在于可以运用现代计算机技术，用生动、形象的方式将最丰富的资料展示于受教育者面前。这也是建立知识经济时代下终生学习系统的一种手段，通过实时与非实时的教学系统、课后辅导、问卷、习题、自测等，使已受训的特校教师们打破时间限制，随时接受最新的、丰富的特殊教育信息和资料，以实现教育资源的共享。从职后教育的

---

[1] 马仁海.湖北省特殊学校教师在职培训模式的建构［D］.武汉：华中师范大学，2007.
[2] 高磊.特殊教育学校青年教师校本培训体系的构建［J］.中国特殊教育，2005（12）：84-88.
[3] 孔猛.远程研修：教师培训模式的当代创新［D］.曲阜：曲阜师范大学，2009.

方法、途径等方面来看，远程教育师资培养模式同时也是针对我国特殊教育资源相对落后的中西部偏远地区、乡村区域，是提高职后特殊教育师资培养教学水平和质量、提升教学规范化程度的一种途径。

（五）研究型培训模式

20世纪80年代以来，"教师成为研究者"的观念广为流传，这种观念来自"专业人员即研究者"的启示，目前人们几乎把"教师成为研究者"当作了教师专业化的同义语，而是否具有较强的研究能力，又成为区分一个教师是否是专业教师的根本标志。[1]特校教师尽管大都具备丰富的课堂教学实践经验，但由于种种原因，往往缺乏相应的教育科学理论研究水平，无法将课堂教学成果合理地转化为教育教学的科研理论，所以帮助教师了解如何进行选题准备、信息收集、信息获取与运用、科学结论归纳等，以便其了解教育科研方法，掌握教育科研的基本步骤、手段，对于树立必要的教育科研意识和提高教育科研水平，进而提高教师教学管理水平是十分必要的。在教授教科研课程时，还应鼓励教师根据自己在教育教学过程中已取得的成果和教育教学热点中的问题进行进一步探讨，以提高特校教师的课堂教育意识与教学科研水平。而这些方式的主要优点，就是教师能够针对学校教学现实问题的具体情况进行剖析，并总结教学经验，提出问题的具体解决路径，实效性较高，从而可以在学校教学的课堂教育和研究中建立起良性互动。

（六）短期培训模式

短期培训，是由高校或特殊机构设立的特殊师资培训中心、教师培训部等组织的不同类型、期限的教师提高班和特殊班级管理干部进修班，从而对已变换工作岗位、新上岗（未接受特殊教育培训）的特殊教育学校班主任、教师骨干和管理干部等进行培训的方式。短期培训主要就特定问题进行心理、文化、教学方法等方面的训练，使受训者能够对培训内容有更加深刻的认识与掌握。培训教师一般由高校或特定院校的普通教师兼任，它主要是通过中外专家学者面授当前国际、国内特殊教育的某些新理论、新技术和新动向，使师资骨干和管理人员能够准确有效地掌握，使学校在办学思路和实施活动中能够紧跟国际、国内的新动向。

另外，特殊教育学校人员也可以通过接受当地普通教育机构的师资进修、夜大、函授、业余教育、由群众组织或其他单位（如残疾人联合会）等不定期组织的各类培训活动、教学座谈会等方式，进行短期培训。

---

[1] 曹红卫. 我国特殊教育教师职后培训模式新探[J]. 中国特殊教育，2004（11）：72-74.

第四节　特殊教育学校教师职前职后衔接

特校教师职前职后的衔接主要包括职前培养、入职教育、职后提高，这是教师专业化发展的重要内容，也是教师一体化发展的核心内涵。保罗·朗格朗（Paul Lengrand）在20世纪60年代提出了"终身教育"这一概念，其基本含义是要求实现教育时间和空间的统一，之后终身教育思想很快得到世界范围的广泛认可，成为一种国际性的教育思潮。[1]终身教育思想促进了师范教育观念的更新，将整个教师教育由职前教育扩展为职前培养、入职教育和职后提高三环融为一体、互相联系、连续统一的完整系统。我国原有教师教育体系由两大部分构成：一是普通性质的师范院校，也就是普通中等师范学校负责培养小学教师，师专培养初中教师，师范学院和师范大学共同培养高中教师；二是教育学院负责教师在职培训，也就是县级教育学院培训小学教师，地（市）级教育学院培训初中教师，省级教育学院培训高中教师。此外，还有电大、夜大、函大、自大等机构辅助教师的培养和培训。[2]这样的教师教育体系看似合理，实则条块分割、彼此分离，培养与培训之间缺乏沟通与合作。

所以，为完善特校教师队伍建设，提升教师人才培养质量和培训效率，就需要从师资培训的一体化思想建设入手，通过教育政策改革和制度创新，积极探索特殊教育师资职前培养和职后培养的高效衔接。

一、职前职后培养目标一体化

培养目标体现了特校教师的职业需求、职业规范及职业观念，要确立一个统一的特校教师教育目标体系，体现教师教育的专业化和终身教育的理念，并以此为根据培养出一支能够胜任特殊教育工作、具有职业理想、德才兼备的特校教师队伍。

职前、入职、职后处于教师职业周期的不同阶段，其教育目标具有连续性，但在各自的时期也具有特殊性。因此总目标一以贯之，各阶段目标相互补充。[3]

---

[1] 李建群，丁杰，李敏.简析终身教育思想的若干问题[J].吉林教育科学（普教研究），2001（3）：29-31.
[2] 周洪宇.教师教育论[M].北京：北京师范大学出版社，2010：64.
[3] 王悦同.河南省特殊教育学校体育教师一体化培养研究[D].郑州：河南大学，2021.

（一）特殊教育教师培养总目标

根据教师教育一体化的相关理论，特校教师教育一体化培养的总目标是通过职前培养、入职培养和职后培养三个阶段，最终培养出能够胜任特殊教育实际需求的，具有终身教育理念的特校教师。

（二）特殊教育教师职前培养目标

特校教师职前培养侧重于基础学科知识、专业学科技能方面，为其从事特殊教育职业奠定基础。通过分析对比多所开办特殊教育专业院校的培养方案，可以总结出多数学校致力于培养专业型、综合型的特殊教育人才，同时注重道德思想及职业观念的培养。

据此可认为，特校教师职前培养目标基本为：培养学生具有良好的思想品德，熟悉国家残疾人相关事业，具有终身学习及创新意识，富有为残疾人教育事业奉献的精神；培养学生成为能够从事特殊教育及相关专业性工作的专门型人才（或应用型人才）。可以结合各培养学校的特长，发挥各高等学校优势，从不同侧重点调整职前学历教育的培养目标。

（三）特殊教育教师入职培养目标

入职培养在教师转变角色、适应教学环境、投入教学工作的过程中起着重要作用。可将特校教师入职培养目标设定为：对于特殊教育专业毕业的新教师，使其将学历教育过程中掌握的教学知识和技能运用于教学实际，尽快融入教学环境，进入教师角色；对于非特殊教育专业毕业的新教师，帮助其学习完善相关特殊教育能力，适应特殊教学模式；帮助各位新教师顺利完成教学任务，克服教学挑战，提高教学能力，向"熟手"阶段发展。

（四）特殊教育教师职后培养目标

职后培养主要是查缺补漏、自我提升、解决实际教学问题。对于非特殊教育专业毕业或特殊教育专业毕业的新教师来说，是进一步积累和提升特殊教育相关专业知识的过程；对于有丰富教学经验的教师而言，是不断学习教学方面新方法、新观念的良好途径，可结合自身教学经验对特殊教育的改革与发展提出思路及建议。

特殊教育教师职后培养的基本目标可以设定为：对于非特殊教育专业毕业或教龄较短的教师而言，通过对教学工作实践的不断反思及总结，在指导下不断学习积累教学经验，丰富特殊教育知识，提高特殊教育教学水平，以便有能力解决教学实践中遇到的问题；对于有一定经验的教师而言，提高教研、科研能力，升华实际教学经验为特殊教育专业理论，向专家型教师方向发展；对于全体特校教师而言，能够与时俱进地学习探索特殊教育教学相关的新规律、新政策，学习专业领域的前沿知识。

二、职前职后课程设置一体化

教师教育应当是一个连续的、发展的过程。职前学历教育培养出的不是一个成熟的教师；职后培养也不是一次性完成的，而需要多次、多角度地进行重复培训，不断注入新的养分。因此，要建立一个符合终身教育理念的开放式特殊教育学校师资培训体系，这是实现特校教师教育一体化模式的核心途径。

特校教师教育一体化课程的设置需要融合职前教育课程与职后教育课程的优势，进行优化互补。总体上对一体化课程有以下要求：第一，要注重特校教师职前教育课程与职后教育课程的衔接。职前教育旨在让新教师做好职业准备，需要着重基础性知识的教授，并注重思想品德、职业意识及专业情感的培养；职后教育课程应当注意特校教师专业化的发展，由实践发展理论，由理论指导实践，注重对方法论、技能的提升，注重教学经验的升华。第二，要树立终身学习观念。职前教育过程中应当注意教授学生学习及发现问题、解决问题的方法，培养自主学习能力，养成良好的学习习惯，树立良好的学习观念；在职后的培养过程中，也应不断强化终身学习的能力，及时传递最新的学科成果，引导教师保持对新知识的追寻。第三，要重视实践课程的功能。在职前教育阶段，通过实践整合理论性知识，使所学习的技能、教学理论能够应用于真实的教学场景，为日后更好地进入职业状态打下基础；在职后培养阶段，教师在实践中发现问题，培训方也应在实践中解决问题，具体地帮助教师提升教学效果。

（一）职前培养课程设置

特校教师职前教育目标要求职前教育的课程侧重于学科基础知识的学习、专业基础能力的培养、基础教育技能的获取，通过学习使学生能够进行一定的教学实践，初步形成系统的特殊教育教学思维，并具有一定的反思能力，不断充实自我，为从事特殊教育行业奠定基础，并具备一定的职后发展能力和自我学习能力。在目前开办特殊教育专业的高等院校中，职前教育主要涉及公共课程、专业课程和实践课程，但还需注意加强对以下几点内容的关注。

1. 实践类课程的开展

教师强大的专业能力一方面在于具有充沛的理论性知识，另一方面也在于可以进行熟练优质的教学实践，二者并非各自独立，而应呈现融会贯通、相互支撑的状态。通过在实践类课程中不断锻炼，学生能够更好地将理论运用于实践，也能通过实践更深入地理解理论知识。目前特殊教育师范生开展实践类课程主要采用在某一学期集中安排教育实习的形式。应适当增加教育实习在整个职前学历教育过程中所占的比重，可以考虑采用全程的实习安排，将理论教学内容和特殊教育教学实践紧密结合并按照相同的教学进度进行安排，用理论指导教学实践，用实际情况解释理论教学。

2. 科研反思能力的培养

在职前培养阶段，要重视对未来特校教师反思能力的提高，为培养其问题意识、提升其科研能力打下基础。反思能力的提高可以帮助教师在日后的职业生涯中，通过对已有经验的总结反思，取得长足的专业化进步。可以通过多种方式培养科研、反思能力，比如通过加强师生反馈、学生间交流，联系个人实际，促进经验的总结与沟通；还可以通过论文、反思笔记、汇报展示等形式，鼓励学生在写作过程中发现问题、研究问题并尝试解决问题，熟悉科学的思维过程，完善理论知识结构，锻炼科研反思能力。

3. 良好学习习惯的养成

特校教师的职前培养阶段只是教师终身专业化发展的开端，是为日后持续自我提高的学习生涯奠定基础的阶段。首先，提高基础知识掌握程度，应当注意课程设置的难易和范围，为将来步入职业生涯做好充足知识储备，夯实基础；其次，培养自主学习能力，做好知识积累，掌握学习研究方法，为参与更有自主性的职后培养打下学术基础；最后，树立终身学习观念，职前培养阶段的教育应当注重观念的传递和方法的练习，激发学生对学习的兴趣，是实现基于终身学习观念而建立的一体化培训机制的关键。

（二）入职培养课程设置

入职培养阶段的主要任务是帮助特校新教师尽快转变身份角色，适应教育环境及教学节奏。目前特校教师多为非特殊教育专业毕业，在入职培养阶段还应当注意对特殊教育专业知识的补充。可以从以下几个方面考虑入职培养的课程内容。

1. 对职业道德的强调

教师职业素养的培养应当贯穿教师教育的始终，尤其是在入职培养阶段更应当强调新教师具备职业责任感。由于特校学生的特殊性，课堂组织存在难度，学生相较于普通中小学生更为难管、难教，教师对学生的影响更大，需要承担的责任也更大，更需要重视提升职业道德。同时，在职业起步阶段就应让特校教师对自身的使命有清醒的认知，调整好心态，做好职业规划。

2. 对校园环境和教学任务的熟悉

由于特殊教育学校多为寄宿制学校，除了承担对学生的教学及社团指导任务外，还需照顾学生的生活，需要对校园环境有所了解并尽快适应。另外，非特殊教育专业的教师，在入职培养阶段也应通过学习实践，尽快熟悉适应特殊教育学校的教学模式。

3. 对缺失的专业性知识的查缺补漏

虽然大多数教师具备了一定教育能力，但在特殊儿童心理、特殊教育教法，以及盲文、手语等方面存在先天不足。在入职培养阶段应开设相关的课程，通过入职后的短期集中培训使教师尽快弥补知识的缺失，以进入教学状态。同时，制订一学年或更长的中长期计划，联系校本课程指导新教师课堂教学的实践，利用新手教师的过渡期，让其不断熟练特殊教育对象的教学方法，提高教学实践水平。

特校教师的入职教育除了由教育主管部门组织专门的培训外，学校也应当发挥更重要、更直接的作用，应设置密切联系学校实际情况的培训课程，主要针对校园环境、学校特色及校本课程等进行详细的介绍，帮助新入职教师尽快完成身份角色转变，投入教学工作。

（三）职后培养课程设置

职后培养是解决具体教学过程中遇到的问题，进一步落实终身学习理念，进一步完善一体化的教师培养机制的过程。在课程设计过程中，既要把握特殊教育当下存在的不足，又要兼顾教师未来发展的需要；既需要对教师应掌握的基础知识、基本技能有所巩固且要求一致，又需要满足各个教师个性化的发展需要。

总的来说，特校教师的职后培养课程应当具备先进性、多样性、实用性、系统性等特点。具体建议如下。

1. 教授专业领域内最新的研究成果和专业发展动态

引导特校教师对传统的教学过程不断反思，并尝试提出改进措施，这不仅能鼓励特校教师将新思维、新技术运用到课堂当中，也能够通过良性循环进一步推进特殊教育专业的发展。如目前"医教结合"在康复领域的研究及应用开展火热，在职后培养的课程中也应及时补充相关领域前沿知识。

2. 适应不同的学习需求

在教师的生命周期中，处于各阶段的特校教师对专业化发展的需求不同，职后培养作为提升教师专业化的有效手段，应当满足不同的需要。首先，在展开培训前应当提前收集相关信息，并进行分组，以便后期有针对性地进行教学。其次，由于不同类型特校学生进行学习的方式不同，应针对盲生、聋生、培智生的教学特点开展不同内容的教学培训。最后，可以考虑通过不同的组织形式（如线下教学、网络授课等）开设必修课程或选修课程，通过灵活的课程内容及授课方式，从不同的角度为教师提供职后的学习空间。

3. 解决教学实际中存在的问题

帮助教师更好地完成教学、指导任务，提升教学效果，是开展职后培养的重要目标。因此，能够有效地解决教学实际中存在的问题是职后培养课程设置过程中需要着重注意的一个方面，即应当保证课程内容的实用性。与此同时，应当重视听评课、教研讨论等方式方法在职后培养过程中的作用，这是能够直接指导特校教师合理开发课程资源、获得更好的教学效果的有效手段。

4. 围绕具体的课程目标形成全面的系统

职前培养是一个系统的培养过程，入职培养需要在短期内迅速取得效果，职后培养是一个零散分布于漫长周期的过程。每一职业阶段、每一次培训的主题都不尽相同，也体现了教师专业化发展需求的多样性。同时也要求职后培养课程拥有一个完整的系统，既能考虑到各阶段、各层次的特校教师的学习需求，使之有解决当前问题的能力，又要依据教师的成长规律和社会对特校教师的要求，内容不遗漏也不重复，与职前培养和入职培养密切联系又互为补充。

三、职前职后考核评价一体化

建立贯穿于特校教师教育培养全过程的评价体系，是构建一体化的特校教师培训模式的重要内容，可以对教师教育质量、教师培训机制结构做出客观衡量。它不仅能提供教学的反馈信息，以便教师自我反思、及时调整、改进教学方法及手段，促进教师专业化发展，也为学校、培训组织提供有效的参考信息。

将对特校教师的考核评价贯穿于职前、入职、职后三个阶段，有助于通过积极反馈促进特校教师专业素质的发展。可考虑采用全程式、开放式的评价体系，有如下建议。

第一，考核评价内容全面。除了考核特校教师的专业知识、职业素养，还需考核沟通合作能力、学习能力等。由于教师职业发展各阶段的培养目标不同，职前培养阶段的考核评价应侧重于基础知识及技能，为教师职业发展做好技术准备；入职培养阶段应侧重于职业责任感等方面的考核，为教师职业发展做好心理准备；职后培养阶段综合性更强，且重视具体实践过程，为教师专业化发展提供助力。

第二，考核评价主体多元。除了专门组织的专家团队，还应包括领导、同事、学生等主体，以获得更为全面的评价信息。在职前培养过程中，以培养单位及资格认定机构为主要评价主体；在入职培养的阶段，以学校及资格认定机构为主要评价主体；在职后培养阶段，以培训组织为主要评价主体。

第三，考核评价方式多样。除了常规的听评课外，还要利用自评、互评、综合面谈、定性评价等方式，对特校教师做出全面评估。职前学历教育阶段多以考试考查为主；职后培养阶段考虑采用书面考试与实地检测相结合的方式。

第四，考核评价标准多维。在考核评价过程中，应当综合考量教师所处的职业发展阶段、受教育程度等差异，以及不同的教学风格和教学思路，灵活地采用多维的评价标准，使之更契合教师的实际情况，得到的评价结果也更具有参考价值，以实际的建议助力特校教师专业素质的提升。在职前培养阶段，标准权重更倾向于公共知识、基础教育知识、特殊教育知识等专业课程的掌握，对于实习效果的考核标准也更基础化；在入职培养阶段，标准权重侧重于新入职教师的心理状态、教学能力、学习能力及职业道德；在职后培养阶段，在评价之前要搜集详细信息，根据被评价教师的实际情况（如受教育程度、特殊教育教龄、往常教学设计风格等），在评价过程中对评价的方案进行细微调整，以保证评价结果的客观公正。

第五，考核评价反馈及时。无论是职前、入职还是职后的考核评价，都应及时向被评价者进行结果反馈，指出存在的问题，并给出一定的改进措施和规划建议，以供被评价者及时调整学习方向，不断提高专业水平。在入职培养和职后培养过程中，学校也可根据考核评价结果设计教师的进修计划，并及时以组织教研活动等方式对评价结果进行讨论，以提出更具针对性的改进建议。

四、职前职后管理保障一体化

明晰而全面的保障机制是特校教师培养机制一体化得以实现的基础。

（一）教师教育机构管理

目前我国特校教师培养机构的设置不利于建立一体化的培养模式。结合国内外优秀经验，针对特校教师机构管理提出以下建议。

1. 各类大学、教师培训机构及特殊教育学校共同承担特校教师的培养

这种管理主体的统一能够使正规的职前学历教育与自主的职后培养有机整合，实现教育培训主体的连续性，实现各个阶段的有效沟通，为实现特校教师终身教育奠定组织基础。

2. 搭建稳定的实习平台

由大学、培训机构及特殊教育学校为特校教师共同搭建实习平台，一方面使学生在职前学历教育过程中能够在共同指导下有更多实际操作的机会，另一方面也使没有特殊教育经验的新教师在正式投入教学活动之前得到缓冲。尤其是对于新教师而言，入职培养是他们转变心态、迅速汲取知识、获得经验的重要环节，在稳定的实习平台中，由联动的管理组织方提供辅导，通过经验的传授及自身的实践，可帮助其提高自身的教学水平。

3. 建设稳定的培训网络

形成省、市、校连接的层级分明的培训网络，由省一级具体研究并指导下级开展特校教师教育培训；市一级具体组织特校教师参与培训，并加强校与校之间、市与市之间的联系与沟通；校一级具体开展培训，并积极探索开展校本培训。下级落实上级命令，且及时进行反馈，以形成一个运行良好、信息畅通的组织网络。

4. 充分利用校本培训的优越性

目前我国特校教师中非特殊教育专业的教师占大多数，且国内缺乏针对性的培训。学校应当根据具体情况，合理利用本校资源，通过自行设计或寻求培训机构、高等学校帮助的方式开展入职或职后培养。这可以更加关注到本校教师教学实践的具体需求，实际而高效地帮助教师寻求专业化发展。

（二）教师教育培训保障

政府和学校也应为教师参与教育培训提供相应的助力，以促进师资队伍的专业化发展。

1. 提供组织保障

首先，由于学习特殊教育专业的学生较少，在特殊教育学校吸纳教师时严重缺乏专业人才，应酌情开展更多的特殊教育专业教育，鼓励学生修习该专业，鼓励该专业毕业生步入特殊教育学校，从事相关工作。其次，考虑开设针对特校教师的国家级、省级职后培养，改善教师缺少培训课程的困境。最后，学校在选派参与培训人选时应制定详细的方案，保证每位教师都有参与职后培养的机会，同时多利用校本教研等活动，带动全部教师进行培训学习。

2. 提供时间保障

时间保障主要针对入职培养及职后培养而言。新教师在接受入职培养时，虽然可以利用较短的时间补充学习与特殊教育相关的新知识、新技能，但也需要足够长的时间逐步适应教学实践并积累足够的经验。因此，特殊教育学校在组织新教师入职培养时应考虑到中长期计划，最基本的是要留给新教师一年的过渡期。在职后培养过程中，更应考虑到教师日常教学和指导任务同参与培训之间的冲突，一方面学校应当在课程时间安排调整的过程中给予规范化的支持及协调，另一方面培训机构在组织特校教师职后培养时也应尽量选择在周末或假期期间。

3. 提供物质保障

多数特校教师在参与职后培养时均存在经济方面的顾虑，涉及参与培训的费用、工资或职位的保留等方面。学校应充分考虑到教师的各项需求，在规定的合理范围内给予充分的保障。

第四章 特殊教育学校新教师专业共同体构建

教师专业学习共同体是一种教师就教育工作共同学习的学习型组织，是一种促进教师专业发展的有效途径。[①] 特殊教育学校发展正面临着更加复杂的内外环境，这对特校教师的专业素养提出更高的要求。在特殊教育高质量发展的背景下，建构一个具有内生动力的特殊教育学校新教师专业共同体（以下简称"特校教师专业共同体"）对于特校学生的成长、特校教师的专业发展和特殊教育学校的建设至关重要。依据建构主义学习理论、具身认知理论和学习金字塔理论，建构"四维一体"的特校教师专业共同体，可以整体提升教师专业素养，从而提高教师教学效能感。

第一节 特殊教育学校新教师专业共同体理论研究

美国学者帕克·帕尔默（Parker Palmer）在他的代表作《教学勇气》一书中提到，一个教师想要通过实践去成长，无非两条路，一条是通过长期实践积累并不断探究自己的内心世界，另一条是通过与同行组成教师专业共同体，从同事身上更多反观了解自己和教学。对于特校新教师而言，如何在有限的时间内快速适应自己的身份，进入特校教师角色，并不断发展提高自身专业素养，这个问题十分重要。在反思自我的同时加入教师专业共同体，是一个有内在动力、有温度、有效率的举措。

[①] 孙琦，徐继存.教师专业学习共同体的功用及其构建[J].中国成人教育，2022（18）：66-70.

一、基本概念

（一）共同体理论

"共同体"一词起源于欧洲，现在说的"共同体"强调的是一个关注人与人之间联系的组织形式，重视成员之间的合作、归属感和认同感。[①]

但是"共同体"的起源可以追溯到人类的诞生，在人脱离动物状态的时候，就因为食物、自卫等需求进行群体性活动，并形成了氏族、部落等形式的"自然共同体"。马克思（Marx）认为，人类经历了最初的"自然共同体"，以及受到资本剥削的"虚幻的共同体"后，将能够达到"真正的共同体"。他认为的共同体中，人的关系建立在共同的利益之上，人与人的关系是民主、自由、平等的。

从社会学领域到教育领域，"共同体"内涵可以追溯到美国教育家约翰·杜威（John Dewey），他虽未明确提出共同体这一概念，但他的"学校即社会""教育即生活经历，而学校即社会生活的一种形式"的理念与当前"学习共同体"的理念一致，认为学校不单只是一个学习的场所，也是一个社会活动的组织。[②]

（二）教师专业共同体

"专业共同体"一词可以追溯到圣吉（Senge）的"学习型组织"[③]和莱夫与温格（Lave&Wenger）提出的"实践共同体"[④]。直到1997年，霍德（Hord）第一次完整提出了"专业学习共同体"应该具备共享支持性的领导、共同的价值观与理念、共同的学习和应用、共享的个人实践和支持性条件五个特征。[⑤]

教师专业学习共同体（Teacher's Professional Learning Community）也常被称为"教师专业共同体""教师学习共同体""教师学习型组织""教师协作学习共同体"等，但其实质相同，教师专业共同体是在教师专业发展的背景下应运而生的教师学习组织形式。[⑥]曾小丽认为教

[①] 薛焕玉.对学习共同体理论与实践的初探[J].中国地质大学学报（社会科学版），2007（1）：1-10.

[②] 薛焕玉.对学习共同体理论与实践的初探[J].中国地质大学学报（社会科学版），2007（1）：1-10.

[③] Senge PM. The Fifth Discipline：The Art and Practice of the Learning Organization[M]. New York：Doubleday，1990：420.

[④] Lave J, Wenger E. Situated Learning：legitimate Peripheral Participation[M]. London：Cambridge University Press，1991：14.

[⑤] Hord S. Professional Learning Communities：Communities of Continuous Inquiry and Improvement[M]. Austin：Southwest Educational Development Laboratory，1997：5.

[⑥] 邓虹婵.专业发展视域下教师学习的实践样态研究[J].开封教育学院学报，2016，36（5）：135-136.

师共同体是教师群体基于共同的信仰或目标而自愿形成的，在和谐的环境下，旨在通过合作、对话、反思和共享等活动来促进全体教师相互参与、相互依赖、相互作用的一种整体、和谐、开放、有序的生态系统，它是一种教师与教师、教师与环境多方、双向互动形成的较为复杂的有机融合系统。[①] 从文化生态学的角度来定义教师专业共同体，可以将其视为一个系统的学习环境，成员之间有着共同的实践活动、共同的话语、共同的工具资源等。其中个体学习和社会学习得到了统整，重在整合周边的自然、文化、社会环境，在环境的相互作用中创造一个良好的学习氛围。有研究证明，教师专业共同体能够推动个体教师的专业发展。[②]

（三）特殊教育教师专业共同体

专业共同体强调通过合作性探究、反思以及行动试验等方式共享个人实践，而实践共同体中的学习则强调新手通过合法的边缘性参与，从共同体的边缘走向中心。[③] 新教师在专业共同体中，能够加强与其他教师和学校之间的联系，更好地融入集体环境，获得人际方面的联结和参与集体教研活动的机会，从而促进自身专业发展。

特殊教育工作涉及多学段、多种障碍类型的教育对象，教师相关教育教学工作复杂多样。特校新教师将面临专业发展、职业道德、班级管理等多方面的挑战，但有限的特校教师专业资源难以及时满足教师的各类具体需求。因此，特校教师专业共同体应以特校教师为主体，构建良性互动、共享支持的环境或关系。

本书所指的特校教师专业共同体是特校新教师在特殊教育学校为主的生态环境中，基于教师个人学习、学校集体教研等活动，密切教师与教师、教师与学校之间的互动联系，形成一个促进特校教师专业发展的整体环境。

二、特校教师专业共同体探索

教师专业共同体是教师一起学习，努力改善学生学习的组织。教师学习共同体是教师自发组织的，以提高教师专业能力和促进教师专业发展为根本宗旨，积极尝试多种自主学习形式，注重成员之间的经验资源共享，实现互促共进的一种教师学习型组织。可以将理想的教师专业共同体看成是一个生活和学习的社区。在这种形式的共同体中，通过学校的生活和学

---

① 曾小丽.批判与超越：教师共同体概念的再探析——基于生态哲学的视角[J].当代教育科学，2016（2）：34-37.
② 宋萍萍，黎万红.西方教师专业共同体研究：概念、实践与展望[J].中国人民大学教育学刊，2017（1）：109-120.
③ Levine T H. Tools for the Study and Design of Collaborative Teacher Learning: The Affordances of Different Conceptions of Teacher Community and Activity Theory[J]. Teacher Education Quarterly, 2010, 37（1）：109-130.

习，通过广泛和丰富的活动，实现教师之间的合作，教师们可以更有效地寻找提高所有学生学习和表现的方法。国内外学者普遍认为教师专业共同体的三大理念包括：确保学生学习；创造一种协作文化；专注于结果。教师专业共同体成为教师"教研训"一体化理念的实践载体，被认为是实现特校教师专业发展最高效、实用的途径之一，是持续、实质性地促进学校发展的最有前途的策略。教师学习共同体既是当前教师专业发展研究的热门领域，也是有效提升教师专业能力的重要途径之一。[①]

在实践中，合作学习、促进发展和分享知识，是教师专业共同体的常见作用。教师专业共同体的形式丰富多样，如以读书会、座谈交流会、课堂教学为基础的教师学习共同体等，并且可以不局限于传统的线下模式，也可以在线开展，具有形式灵活、多样等优点。教师专业共同体呈现出一致性价值愿景、自发性组织、共享性资源、经常性反思、民主化氛围以及明晰化建设等基本特征。[②]教师间"对话、分享、协商和反思"将有助于特校新教师获得新想法、新思路，将个别的学习经验和实践探索转变成一种系统的"集群式"协作学习。这种学习形式为学校培养反思型、研究型、种子型教师奠定了坚实的基础。通过整合校内资源，理顺教学与科研、理论与实践的关系，可以从根本上提高教师专业能力，落实立德树人的根本任务。结合时代对特校教师教学、科研素养的要求，坚持以教师为中心的培训理念，通过建立特校教师专业共同体，高效整合教师教学、科研和培训活动，以提高特校新教师专业能力，应对时代和特殊教育发展的需要。

三、特校教师专业共同体要素

特校教师专业共同体是为了发挥特校教师自身能动性，通过集体引导、自主研修、资源共享等形式以提高教师教育教学能力、教科研能力为目标的学习型组织。结合实际，将特校教师专业共同体核心要素概括为主体——教师自身、内容——专业资源、流程——合作协作、支持保障——制度规范。

（一）教师自身

在特校教师专业共同体中，教师既是共同体的参与者也是共同体的组织者。[③]特校教师专业共同体本质是一个包括学校各类教师的学习型组织，组织的主体成员包括各学科教师、

[①] 武亚楠，李波.特教学校教师学习共同体的构建策略探究[J].科教文汇（上旬刊），2018（3）：25-26.
[②] 马瑜，李霄翔."学—研—教"模式下高职院校外语教师学习共同体的实证研究[J].江苏高教，2021（5）：80-84.
[③] 李肖，程红艳.职后教师培训中的对话理论运用策略[J].教师教育论坛，2015，28（7）：81-85.

班主任教师、社工、康复治疗师等学校相关人员。特校教师专业共同体不是简单地将这些教师放在一个小组、一个团队之中即可，而是需要领导者在小组和团队的划分上进行充分的考虑和引导。不同教师的学科背景、相关经验有着较大的不同，合理的分组能够让教师在共同体中将彼此的差异变为互相支持的优势，进而促进共同体内成员的彼此沟通和合作。在某一个项目中，每个成员都可以结合自己的专业和经验进行分享，作为输出者和支持者。同样，每个成员也可以从其他成员的分享中获得经验、专业知识、实操技能等，大家又成了接受者和被支持者。所以，教师始终是构建特校教师专业共同体的核心要素。

（二）专业资源

有研究认为特殊教育学校尚有教学资源重复开发、更新速度缓慢、缺乏共享机制等问题。[1] 资源始终是特殊教育学校建设、特校教师专业发展、特校学生学习的关键。

在专业共同体里，专业资源是特校教师交流的内容和载体。因此，丰富的专业资源能够有效推进教师个体之间的交流互动，也能够促进团队的教育资源积累。

专业资源的呈现方式是多样的，除了成体系的书籍、课程、资料等，还包括具有一定体系的研究论文、报告、汇报材料等，也有较为零散的口头观点、学习笔记等。这些资源都可以在共同体中进行交流，不受形式的限制，成员都能够在分享中获得更多的信息和资源，经过整合能够帮助特校新教师快速适应岗位并获得持续发展的动力。

（三）合作协作

特校教师专业共同体搭建了复合型的教师交流沟通平台，成员可以通过简单的交流沟通进行专业资源分享，也能围绕某主题项目进行合作，通过项目式工作的深度交流、有目的性地分享，培养特校教师的创新能力。教育从来不是靠一个人、一个家庭、一个学校所能完成的，特殊教育更是如此。

在特殊教育学校中，经常会遇到很多从未遇到的新挑战、新问题，例如孤独症学生的突发情绪行为问题等。当这些问题出现时，就需要教师进行合作，共同分析问题，探寻解决策略。

（四）制度规范

任何一个组织的有效运行都离不开完善的制度支持。特校教师专业共同体的制度是源自成员之间达成的共同意见，具体制度应该体现成员的共同价值取向。共同体的制度不只是约束规范所有成员，更多的应该是情感的联结，让成员感受认同感、归属感和获得感。

---

[1] 赵春辉，方芳. 信息化高等特殊教育学习平台的构建[J]. 情报科学，2018，36（3）：58-63.

四、构建特校教师专业共同体的意义

（一）助力学校可持续发展

特殊教育学校作为保障特校学生公平接受教育的核心场所，承担着重要的社会责任。教师专业发展始终是学校发展之根基，对于特殊教育学校发展同样如此。只有具备一支专业的特校教师队伍，学校发展才能在健康、正确的道路上，并真正落实立德树人的根本任务。

特校教师专业能力直接关系学校教育的质量。构建特校教师专业共同体能够将学校集体发展方向与特校新教师的个人专业成长紧密联系起来。构建特校教师专业共同体是一次校本教师培训模式的创新，能够在理论上为特校教师培训指明管理方向与路径，提供值得借鉴的实践范本，为特殊教育学校的可持续发展奠定基础。

（二）提高教师教学效能感

特殊教育进入内涵式发展阶段，并从普及九年义务教育向两头延伸，高中阶段特殊教育的发展成为必然。特校教师的结构、教育理念、事业发展需求等都发生了变化，只有能够激发教师内生动力的新型校本培训模式才能真正实现教师能力的提升、专业的发展，满足"办好特殊教育"的要求。

在特校教师专业共同体中，教师要与其他教师建立起稳定而持久的关系网络，从而构建起微观层次的教师社会资本。[1] 在教师社会资本的中介作用之下，教师通过组织进行沟通交流、教学观摩、课件制作、教学经验分享等，能够帮助特校新教师迅速获取及时可靠的各种信息，获得快速成长。教学效能感是自我效能理论在教育领域的应用与发展，特殊教育高中新教师的教学效能感同样分为一般教学效能感和个人教学效能感。[2] 其中，个人教学效能感是教师自身对教学效果的具体认知，即教师相信自己有能力对学生行为或学业产生积极影响的信念。通过特校教师专业共同体的实践，可以有效提高特校新教师的教学效能感。

特校教师专业共同体能够真正关注到教师专业发展的需求，能够激发教师自主学习积极性，能够综合提高教师在教学、科研方面的能力，并在实践探索中开发具有科学性、教育性、实用性的资源。

（三）促进学生成长与发展

在特校教师专业共同体中，学生可能是组织的研究对象，不同学科教师、班主任等将聚焦于学生个体或群体的行为和发展进行针对性的研讨，这将直接作用于学生的发展。学生也

---

[1] 林雪仪.论中小学教师社会资本及其构建[J].教学与管理，2007（28）：6-8.
[2] 刘凤美，陈明高，高慧，张影霞.教师自我效能研究探析[J].山东教育学院学报，2005（4）：6-9.

可能间接成为组织成效的受益者。特校教师专业共同体的建设促进了学校的可持续发展，提高了教师的社会资本和教学效能感，无论是学校的发展还是教师的发展都将促进特校学生的成长。

第二节　建构特殊教育学校新教师专业共同体循证研究

2021年，深圳市第二特殊教育学校成功立项——"构建特殊教育高中新任教师专业共同体的循证研究"，在课题的支持下，全校有序推进建构特校教师专业共同体循证研究。

一、研究背景

（一）完善特殊教育体系是特殊教育发展的要求

《中国教育现代化2035》《中华人民共和国国民经济和社会发展第十四个五年规划和2035年远景目标纲要》等都对特殊教育、教师队伍等提出具体的发展目标。发展特殊教育，是推进教育公平、实现教育现代化的重要任务，是增进残疾人家庭福祉、加快残疾人小康进程的必然要求。努力让每个孩子都能享有公平而有质量的教育，"特殊教育普惠发展"是党和国家的要求。[1]

广东省认真贯彻国家有关政策文件精神，省委和省政府高度重视，以"创建教育强省、争当教育现代化先进区、打造南方教育高地"为统领，把办好特殊教育作为促进教育公平、推进教育现代化的重要工作来抓，加快特殊教育发展。当前广东省特殊教育事业发展态势良好，残疾人教育普及水平明显提高，教育质量进一步提升。从2015年春季学期起，全省范围内陆续实施高中阶段残疾学生免费教育，免收学杂费、课本费。但目前全省高中阶段残疾学生仅1 710人（含广东省培英职业技术学校学生），提高高中阶段残疾学生入学率仍是广东省提高教育普及水平的重要任务之一。[2]

---

[1] 赵斌，秦铭欢.特殊教育"三型"师资培养模式的探索——西南大学"小班精英化嵌入式课程立体大课堂"培养模式的实践[J].现代特殊教育，2020（16）：13-18、66.
[2] 王莹.立足新起点，实现广东特殊教育更大发展[J].现代特殊教育，2019（17）：5-7.

（二）提高师资质量是"办好特殊教育"的关键

办好特殊教育，师资队伍的完善是关键。[①]特殊教育师资是特殊教育事业发展中最宝贵的资源，特殊教育教师培训是促进教师专业化发展、提高特殊教育质量的重要手段。[②]2012年9月，教育部等多部门联合发布的《关于加强特殊教育教师队伍建设的意见》，明确提出"开展特殊教育教师全员培训"，加强特校教师教研、科研队伍建设，提高培训的专业性、针对性和实效性。2015年8月，教育部公布的《特殊教育教师专业标准（试行）》，要求不断提高特校教师培养培训质量，这一标准明确了特校教师的基本专业要求，也是特校教师培养培训的主要依据。符合要求的特校教师不仅需要具备基本的教育教学技能，还要掌握基本的教研、科研能力，能够在实践中发现问题、解决问题。

当前特殊教育发展仍存在非义务教育阶段特殊教育发展水平偏低，特校教师专业水平有待提升等不足。[③]提高特校教师专业水平，组建高素质专业化的特校教师队伍是持续推进特殊教育改革发展的主要动力，也是特殊教育高质量发展的必由之路。一支高素质专业化的师资队伍，不仅要求教师个人有较高的专业发展水平，教师队伍整体也应是高素质与专业化的，[④]亟须探索一种有助于特殊教育教师队伍整体发展的培训模式，以快速提升特殊教育教师专业水平。[⑤]

（三）创新师资培训模式是应对发展挑战的选择

以我国2021年特校教师数据为例，其中特殊教育学校专任教师中专科及以下学历仍有15 706人，占比约为22.65%；本科学历教师51 431人，占比约为74.16%；硕士研究生学历教师仅2 197人，占比不足3.17%。[⑥]相较于此前，我国特校教师队伍学历结构有所完善，专科及以下学历教师人数仍占据一定比例，本科及研究生学历教师比例持续上升。

除了职前教育外，入职培养和职后培养也是关系到教师专业发展的重要环节。有调查显示，在58%的没有经过特殊教育专业培养的教师中，还有部分教师认为自己在校所学的专业

---

① 李凤英，郭俊峰，沈光银，等.广东省特殊教育学校师资建设现状及对策研究[J].中国特殊教育，2010（1）：64-68.
② 赵斌.教师专业化背景下特殊教育一线教师的培训现状及思考[J].中国特殊教育，2007（4）：57-61.
③ 提升特教发展水平 彰显教育公平——教育部基础教育二司负责人就《特殊教育提升计划（2014—2016年）》答记者问[J].中国特殊教育，2014（2）：6-8.
④ 徐知宇，王雁.学习《全面深化新时代教师队伍建设改革的意见》——加快建设高素质专业化特殊教育教师队伍[J].教师教育研究，2019，31（1）：24-30.
⑤ 邱举标.融合教育视角下广州市特殊教育教师专业发展的探索与实践[J].教育导刊，2018（10）：31-35.
⑥ 参见中华人民共和国教育部网站，《特殊教育专任教师分学历情况》。

知识与现在的工作联系很少,部分教师没有接受过特殊教育职后培养。[1]虽然经过两期特殊教育提升计划的推动,绝大多数特校教师都已接受过不同层次的特殊教育专业培训,但是在职的特校教师专业知识和技能缺乏的问题仍然长期存在,[2]教师们迫切需要提升自身业务能力。[3]

现有的特殊教育职后培养也存在不少问题。刘晓红等研究者对广西440名特校教师进行职后培养调查,发现77.73%的受访者表示培训的理论性太强、缺少针对性;67.5%的受访者表示培训形式单一;30.45%的受访者表示培训具有强制性;26.14%的受访者表示工学矛盾突出等。超过一半的受访者认为工作忙无时间参加、培训内容缺乏吸引力是影响培训参与度及积极性的主要因素。[4]广东省有调查显示,特校教师中对职后培养不满意的占24.6%,原因主要有接受培训的机会太少和培训形式单调,缺乏实际操作。[5]总体来看,当前特校教师培养仍存在以集中面授式培训为主,培训内容缺乏针对性、实操性,培训时间过于集中等问题。

特校教师对培训的内容和形式满意度不高。一方面特殊教育具有较强的实践要求,另一方面,特校教师遇到的最大问题是理念与教学行为难以融合的问题。所以,培训内容要从传统的理论性知识转变为理论与实践相结合,突出教育实践的重要性。从特校教师科研角度来看,广东省的调查显示,绝大部分教师都认同特校教师进行科研的必要性,并认为科研将有助于解决教学实践中的难题,从而实现专业化成长。现实中绝大多数受访者都接受过特殊教育专业知识和科研方法的培训,但是并不能十分熟练地使用某一种科研方法开展科学研究,并不能有效地将自己的教学实践上升到理论高度。[6]

新时代对特殊教育发展提出了新要求和新任务,亟须创新特校教师培训模式,加强特校教师队伍建设。[7][8]"教研训"一体化是当前教师培养工作中较新的理念、路径和方法,强调通过调动教师教学、学习积极性,以教师为培训的中心,提高教师培训的时效性。"教研训"

---

[1] 李凤英,郭俊峰,沈光银,等.广东省特殊教育学校师资建设现状及对策研究[J].中国特殊教育,2010(1):64-68.
[2] 杨广学,杨福义,等.中国特殊教育教师专业发展状况调查与政策分析报告[M].上海:华东师范大学出版社,2014:6.
[3] 赵斌,秦铭欢.新中国70年特殊教育发展:成就与趋势[J].现代特殊教育,2019(18):3-11.
[4] 刘晓红,周艳,廖文杰,韦明耀.广西特殊教育教师职后培训现状调查及课程体系建构的思考——基于对广西82所特殊教育学校教师的问卷调查分析[J].教育观察,2022,11(30):121-124.
[5] 李凤英,郭俊峰,沈光银,等.广东省特殊教育学校师资建设现状及对策研究[J].中国特殊教育,2010(1):64-68.
[6] 陈绪嫔.特殊教育学校教师科研素养的现状研究——基于广州、佛山、汕头三市的调查[J].现代特殊教育,2018(20):30-35,65.
[7] 丁勇.加强新时代特殊教育教师队伍建设若干问题的思考[J].现代特殊教育,2018(6):3-6.
[8] 刘春玲.新时代特殊教育师资培养的反思与建议[J].教育学报,2021,17(2):74-82.

一体化将有效地解决培训与实践"两张皮"、教学与科研脱节的问题。这一理念主张通过整合校内资源，理顺教学与科研、理论与实践的关系，从根本上提高教师专业能力，落实立德树人的根本任务。结合时代对特校教师教学、科研素养的要求，坚持以教师为中心的培训理念，本书将高效整合教师教学、科研和培训活动，尝试建立一个"教研训"一体化的教师专业共同体模式，以应对时代和特殊教育发展的需要。

（四）特殊教育学校专业发展的现实需求

深圳市第二特殊教育学校是深圳市教育局直属的一所全日制公办培智类特殊教育高中学校，成立于2020年12月。学校选址深圳市光明区玉塘街道，现处于建设阶段；目前借址深圳育新学校，于2021年9月开始招生办学。特殊教育高中是指承担高中阶段教育的特殊教育学校，是九年义务教育结束后更高等的教育机构，上承初中、下启大学或社会。按照学校类型以及招生对象的障碍类型，可分为盲、聋和培智高中三类。当前国内的特殊教育高中主要是在义务教育阶段的特殊教育学校中增加高中阶段教育。但深圳市第二特殊教育学校是独立设置的第一所培智类高中，不同于义务教育阶段的特殊教育学校，在发展上具有一定的独特性。深圳市第二特殊教育学校以及其他同类型特殊教育高中的发展，亟须探索一种契合特校自身特点的新教师培养模式和治理策略，尽可能提高现有特殊教育资源的利用效率、提升特校新教师的主观能动性，进而提高教师的专业能力、促进学校的专业发展。

二、研究依据

（一）理论依据

1. PDCA 循环管理理论

PDCA 循环管理（又称戴明循环或持续改进螺旋）理论，最早由美国著名质量管理专家爱德华兹·戴明（W. Edwards Deming）提出。该理论提出，要按照计划（Plan）、执行（Do）、检查（Check）、处理（Act）四个步骤循环进行工作质量管理，使工作不断完善，问题得到解决。本书将 PDCA 循环管理作为研究程序，指导教师专业共同体研究工作的运行。

2. 建构主义理论

专业共同体的理论基础源于建构主义理论。个人的认知发展与学习过程密切相关，获得知识不是通过知识的传授而实现，而是在一定的社会文化环境中，受众利用必要的学习资料和手段，通过学习过程中的意义建构而获得。建构主义强调学习者本身的作用，学习者是信息加工的主体，是意义的主动建构者，应主导知识的探索、发现和解释。[1]因此学习者能够获得的知识多少主要取决于他们根据自身经验去建构相关知识的能力，而不取决于外部的传授。

20世纪80年代，统一科学教学知识基础的教师专业化运动并未取得成效后，教师培训领域开始关注教师教学知识的情境性、实践性和个体性，要求对教师培训的概念和方法进行重新解释与重构，这与建构主义核心观点相吻合，因此建构主义学习理论成为教师教育培训的重要理论依据。特校教师专业共同体的校本培养方式就是通过教师自己建构的环境，在制度支持下通过合作协作流程进行专业共享，进而使教师结合已有知识经验，建构出新知，实现专业发展。

3. 具身认知理论

具身认知理论由美国雷科夫（Lykov）和约翰逊（Johnson）提出，是认知心理学中的一个新取向，该理论强调人类的一切认知活动都既与生理机制相关，也受身体的约束，强调人认识世界中的情境性、生成性和隐喻性。[2]具身认知理论认为认知与个体的心理、身体、环境之间的关系密切，提出认知具有具身的、情境的、发展的和动力学的特点，强调主体间性的互动构建过程。

特校教师专业共同体聚焦于特校教师日常教学生活中的刚需和不足，突破传统培训的局限，重视教师在实际教学中的感受与认知，让特校教师从抽象的教育理论中解放，重返学校与课堂，以学校和教学现场为培训场所，在实际教学中，将自身作为感知的主体投入到被感知的教学活动中，增强特校教师对特殊教育教学活动的感受和认知。[3]

4. 教育循证理论

教育循证理论是一种新型的教育改革范式，指在教育改革中围绕教育问题，基于最佳的研究证据，实现教育决策和实践的科学化，促进教育质量的提升。本书基于教育循证理论，采用科学的证据思维与证据事实对教师专业共同体展开研究，为教师专业共同体发展奠定干预研究基础。

本书主要使用PDCA循环管理理论为研究程序指导，指导特校教师专业共同体研究工作的运行，基于建构主义和具身认知理论开展教师专业共同体实践，并以教育循证理论指导研究的开展。

---

[1] 陈思雁.基于被培训者的小学见习教师规范化培训现状调查研究——以上海市B区为例［D］.上海：上海师范大学，2020.
[2] 李春艳.具身认知理论视域下的新教师培训实践创新［J］.继续教育研究，2020（1）：54-58.
[3] 赵斌，秦铭欢.特殊教育"三型"师资培养模式的探索——西南大学"小班精英化嵌入式课程立体大课堂"培养模式的实践［J］.现代特殊教育，2020（16）：13-18、66.

```
        ┌──────→  PDCA      ──────┐
        │       循环管理理论        │
        │            │指导         │
        │            ↓            │
   教育循证理论 ← 教师专业共同体 → 教育循证理论
        │            │基础         │
        │            ↓            │
        └──────  具身认知理论  ←────┘
```

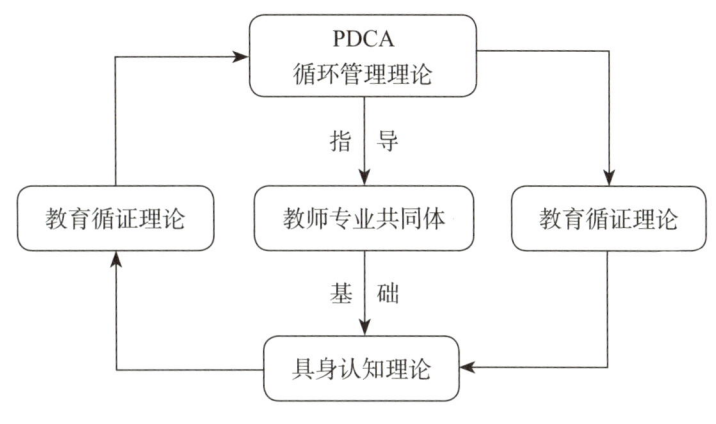

图 4-1　研究理论依据图

（二）实践依据

"教研训"是开展教师培训的三种主要途径，其中"教"是教师结合自身的教学实践加以探索，是落实教育理念的根本途径；"研"是教师参与各类教研活动，是促进教师专业化成长的有效方法；"训"是参与专项师资培训，是提高教学能力和科研能力的重要手段。但当前整个教师培训过程存在着"教的不研，研的不训，训的不教"，教、研、训三者分离的局面。[①]教学、教研、培训三者分离将会造成重复劳动，也会给特殊教育带来不必要的负担。[②]"教研训"紧密相连才是提高教师能力的主要途径。

在特校教师专业共同体实践中，始终坚持教学与教研相结合、教研与培训相结合。[③]有实践证明，组建一个教、研、训一体的专业活动组织，有利于培养优秀青年教师人才，有利于青年教师团队建设，为青年教师培养工作的可持续发展提供制度保证。[④]特殊教育专业资源有限，依托特校教师专业共同体，能够整合现有的教师资源，通过自主的教研方式提高教师的综合素养，在培训过程中也能够重视每一个教师的个别化需求，从而促进新教师快速高效的成长。

[①] 陈建源.构建"教研训一体化"的名师工作室研修机制[J].福建教育学院学报，2017，18（11）：124-125.
[②] 包建国.教研培训一体化：教师专业成长的有效途径[J].学前教育研究，2004（6）：33-35.
[③] 陈国民.教·研·训一体化是提升教科研效能的有效抓手[J].中国教育学刊，2019（6）：101.
[④] 朱宏，陈璞.普通高中"青年教师成长工作坊"的设计与实施[J].上海教育科研，2013（6）：44-45.

三、研究设计

（一）研究内容

本书旨在探索"新时期社会主义先行示范区"和"粤港澳大湾区"特殊教育高中新教师专业发展的新形势和新内容；在特殊教育高中新教师专业共同体构建的不同阶段下，教师的发展水平的变化机制和变化规律，切实提升"双区"特殊教育高中新教师的教学科研能力。

第一，特殊教育高中新教师专业共同体的构建模式。此部分旨在探讨如何在特殊教育高中新教师团体中构建有效的教师专业共同体。

第二，特殊教育高中新教师专业共同体的治理模式。此部分旨在探讨如何运用PDCA循环管理模式来治理特殊教育高中新任教师专业共同体。

第三，探索特殊教育高中新任教师专业共同体与教师的社会资本和教师的教学效能感的关系。

（二）核心概念

除了前文介绍的特校教师专业共同体外，还有教师社会资本和教学效能感两个核心概念需要澄清。

1. 教师社会资本

社会资本在社会学、政治和经济学中被广泛讨论，也是经济合作与发展组织和世界银行等国际组织所研究的重点。教师社会资本对教师的发展具有重要作用，姜同河等人认为，教师社会资本是教师对学校中的人际关系进行投资而形成的关系网络。有研究从获得社会资本的要素出发，认为教师的社会资本包括三大核心要素：理解、信任与合作。[1] 在学校具体情境中，教师社会资本是指给教师提供学习交流机会，增强他们在社交网络中的地位，改善教师之间的交流互动，这被认为能够提高教师的生产力和创新思维能力。国外有研究认为，教师社会资本可以转化为教师掌握的专业资本，提高教师的专业知识和能力。[2] 国内也已有实证研究验证了教师社会资本为教师的科研发展提供了社会支持，特别是有利于学校整体教师队伍的优化。

简单来说，教师社会资本是教师在工作或行业之间的人际关系网络，以及通过这些关系网络所获得的资源，是其专业素质发展中不可忽视的影响因素之一。根据特殊教育的专业特

---

[1] 林秀君．教师社会资本研究综述［J］．河南教育学院学报（哲学社会科学版），2014，33（2）：51-53.
[2] 王晓芳．锦上添花还是雪中送炭：社会资本视角下教师学习机会的分配［J］．基础教育，2018，15（4）：67-75.

点，特校教师的专业发展与其他教师有所不同，促进教师的专业发展不仅需要人力资本的投入，更要注重教师社会资本的积累。

2. 教学效能感

教学效能感（Teaching Efficacy）是教师在教学活动中对其能够成功影响学生学习和教学效果的能力知觉与信念。教师的教学效能感是教师专业素养和教学信念的主要依据，也是衡量教师教学效果和教育质量的重要指标。众多的欧美国家普遍将提高教师教学效能感作为提升教育教学质量和促进教师专业发展的重要目标。本书所指的教学效能感是指教师在特殊教育教学活动中对自身能有效地完成教学工作、实现教学目标的能力的知觉与信念。

（三）研究方法

1. 实验研究法

实验研究法不仅广泛应用于自然科学的各个领域，而且它也是心理学、教育学、社会学以及教育技术学研究的重要工具之一，是实证研究最为重要的方法之一。教育实验法是运用科学实验的原理和具体方法来研究教育现象和问题，并试图揭示教育活动规律或某些教育内容、措施的有效性，是一种综合性的研究活动。本书主要运用教育实验法中的自然实验法，选择特校新教师作为研究对象，以教师专业共同体的实践为自变量，以研究对象的教学效能感为因变量，对研究对象教学效能感进行实验的前后测试，比较实验前后教师教学效能发展倾向的变化。

2. 调查研究法

研究还将使用问卷调查和访谈调查。本研究选取深圳市第二特殊教育学校的教师作为问卷调查对象，使用《教师教学效能感量表》《专业共同体满意度量表》《教师社会资本问卷》，对于该校教师专业能力现状、培训需求等进行调查。此外，本研究中的访谈调查会用到当面访问法，选取部分教师以及学校管理者进行当面访谈。在研究初期，通过访谈了解其对特殊教育教师培训、教研方面的认识、需求和期待；在研究中期，通过访谈了解其对培训模式的困惑、建议等；在研究末期，通过访谈了解其对培训模式的评价等。

此外，通过大量相关文献的研读，了解特殊教育快速发展背景下，社会、学校、学生对教师专业能力的要求，总结国内外特殊教育教师培训、教研等方面的内容、方式、途径、模式和挑战。选取个别教师作为追踪研究个案，通过质性研究的方式对个案的专业成长发展过程进行分析，以反思特殊教育高中新教师专业共同体实践的成效与不足。

四、研究结果

研究运用 PDCA 循环管理模式，经过多轮的实践和调整，在实践中形成一个较为完整的特校教师专业共同体的治理模式，为其他特校新教师校本培训提供参考，具有较强的实践操作性。通过"三轮"循环实践形成"四步管理""五类合作"的特殊教育高中新教师专业共同体，突出了教师的主体地位，发挥了教师的主观能动性。改变传统教师职后培养以培训专家为核心的情况，构建以新教师为中心、跨学科、个别化的职后培养模式，教师群体能够根据日常教学的问题主动发起研讨、培训活动。研究发现，在专业共同体中，教师社会资本发挥了中介作用，有效提高了新教师的教学效能感。

第三节 特殊教育学校新教师专业共同体实践方案

一、专业共同体实践方案

只有构建能够解决特校教师教学问题并与其专业发展相统一的特校教师职后培养课程体系，才是特校教师所需要的。[1]特校教师专业共同体主要聚焦于特校新教师职后培养建设，特校教师专业共同体根植于教师自身发展需求，解决教师日常教育教学、专业发展、教育科研等问题。

韦斯特海默（Westheimer）将专业共同体分为两类：一类更加关注个体自主权，另一类更加强调集体意识形态。[2]理想的教师专业共同体应该兼具个体与集体，基本建立起具有较强集体意识的教学小组、课程小组、学科小组、跨学科小组和课题小组等。

---

[1] 刘晓红，周艳，廖文杰，韦明耀.广西特殊教育教师职后培训现状调查及课程体系建构的思考——基于对广西 82 所特殊教育学校教师的问卷调查分析［J］.教育观察，2022，11（30）：121-124.
[2] 杜静，常海洋.教师专业学习共同体之价值回归［J］.教育研究，2020，41（5）：126-134.

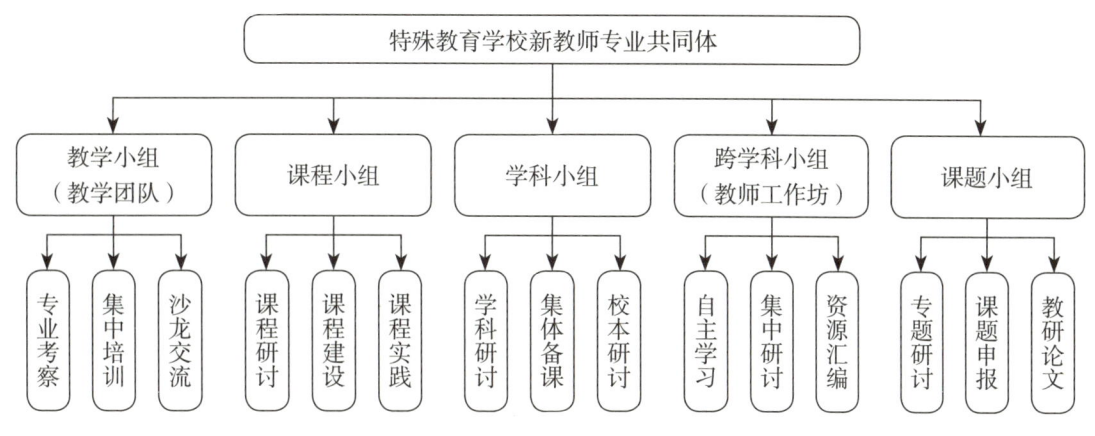

图 4-2　特殊教育学校新教师专业共同体结构图

（一）教学小组：实践协同

在特殊教育学校内，有效教学离不开学科教师、班主任、康复师、生活教师、社工等的多方协作。很多时候，特校教师还需要兼做行政、送教上门、巡回指导等工作。扎实教学是教师的立身之本，因此聚焦于教学实践的需求，需成立包括多数教师在内的教学小组。小组应具有一定的集体意识，由教导处发起、教师自主参加，包括专业考察、集中培训、沙龙交流等具体形式。

专业考察主要以专业学习为目的，以校际间参观交流为主，通过教师之间的交流能够快速了解其他学校教师的优点与特长，能够丰富教师的视野。集中培训是最为常见的方式，可以邀请专家学者围绕某一特定的主题进行专业的讲座，帮助特校新教师掌握相关理论和实践经验，有利于教师的专业发展和教学。深圳市第二特殊教育学校以"名师大讲堂"为载体，开展了有关微课教学、说课、课题开题、教育成果转化等主题的集中培训。"爱特沙龙"是一种较为轻松、活泼的交流方式，参与者能够不受环境、形式的限制，围绕主题集思广益。一方面教师在交流中能够碰撞出思想的火花，激发自身的积极性；另一方面可以围绕特定问题，汇集集体的智慧，共同探寻更优的解决方案。

（二）课程小组：专业协同

深圳市第二特殊教育学校成立了以校长为主任的校本课程建设领导小组，全面统筹校本课程开发与建设工作，并成立校本课程建设工作组，负责具体事宜。另外，结合教学教研、教学任务分工，成立了社会适应组（通识教育、实用语文、实用数学、实用英语、社会适应、职业教育）、休闲生活组、绘画与手工组、信息技术组、体育与健康组、心理健康教育组等 6 个教材编写小组。课程小组主要围绕校本课程建设，通过课程研讨、课程建设和课程实践等具体方式开展教研活动。

（三）学科小组：内容协同

特校教师是教师队伍中的"特殊群体"，特殊教育学校学科教学需要更高的专业化。教师基于相同的学科，组建了16个学科小组，例如通识教育小组、社会适应小组、西式面点小组等。学科小组成员可以通过学科研讨、集体备课、校本研讨等方式进行内容协调。学科研讨主要围绕学科建设展开，例如针对课程标准、课程大纲、课程计划的学习、编制和实施。集体备课是小组成员针对同一个教学内容进行集体研讨、共同准备一份教学课件和教学设计，并共同打磨修改，形成较为完善的学科内容。校本研讨是小组成员依据课程标准、课程大纲等编制配套课程资源，为学生学习、教师教学提供统一的教学内容。

（四）跨学科小组：跨学科协同

特殊教育是综合性学科，医学、心理学、教育学、社会学等学科理论共同奠定了特殊教育学科的基础。面对复杂多样的特殊需要群体，要想能够提供更好的支持，不是一个教师或一个学科所能做到的。因此，跨学科协同对于特校新教师而言至关重要。只有不同专业背景、不同学科教师互相交流、共同探讨，寻求更佳的教育办法，才能真正实现高质量的特殊教育。深圳市第二特殊教育学校以"教师工作坊"为载体，开展跨学科小组协同，如有心理教师、美术教师、音乐教师和特殊教育专业教师共同合作探索，使艺术教育为特校学生提供心理健康方面的支持，在实践中已取得了丰硕的成果。

（五）课题小组：项目协同

教科研活动有助于教师专业发展和教学能力提高，对于教师专业发展具有较为显著的作用。以课题项目为目标导向，组建课题小组，目前深圳市第二特殊教育学校已组建省级课题小组3个、市级课题小组4个、校级课题小组8个。主要通过专题研讨、课题申报、教研论文等形式进行项目协同。专题研讨，不同学科专业背景的特校教师，基于共同的问题或者兴趣，拟组建课题小组，围绕目标问题进行专题的交流，通过查阅文献、现实调查的方式进行研讨交流。课题申报是课题小组成员共同合作，按照相应研究要求进行的研究准备工作，并提交专家评审立项。教研论文撰写是小组成员对研究进行的回顾和总结，是对教师专业发展的改进。

二、专业共同体的逻辑

群体动力学理论认为，每一位教师的专业成长都是个人需求和外界环境共同塑造的，教师根据个人需求选择加入专业共同体，又会受到专业共同体的内驱力、凝聚力、支撑力和持续力的影响而发生变化。

（一）关注教师自我发展

《特殊教育教师专业标准（试行）》要求特殊教育教师"要经过严格的培养与培训，具有良好职业道德，掌握系统的专业知识和专业技能"。教师发展源于教师自身的发展需求，新教师通过选择参与专业共同体，进行集体交流研讨，或者接受其他专家学者的指导，不仅能够进一步开阔视野、提高教学效能感，从而实现自我的发展和提升，还能够在共同体获得教师社会资本，得到集体的归属感和个人的成就感，进一步坚定专业理想和信念。所以，特校教师专业共同体的建设根植于教师自我发展的主动性中。

（二）统一明确的目标导向

特校教师在专业发展过程中有着不同的方向和选择，例如课程建设、教育教学、教育科研、班级管理等方面。在特校教师专业共同体之中，特校教师可以根据自我意志选择其中一个或多个不同小组。每一个小组都有着较为明确的目标任务，例如课题小组中教师们主要聚焦于某一个课题研究，成员们可能是相同或不同的专业、学科背景，但是他们愿意共同沟通、研讨，就是为了能够有效开展、推进这一课题的研究。

统一明确的目标能够汇集教师个人的情感价值，提高集体的主动性和积极性。在目标问题上，教师能够积极交流、对话与合作、分享，成员之间更易形成互相支持。共同体成员不仅会更加注重个人行为与学习提升，而且会培养出和谐的同侪关系，从而达到提高成员沟通的有效性、增加知识丰富性、产生心灵归属感、增强团队凝聚力、升华集体荣誉感的效果。[1]

三、专业共同体的特点

（一）自主管理

特校专业共同体不是严密的组织，没有严格多级的管理层级，成员之间可以直接交流，不用逐级上报信息，以保证共同体的运行效率。特校教师不仅是特殊教育专业共同体的成员，也是特殊教育专业共同体的管理者。每一个人的行为都将影响小组（团队）的成果。只有充分发挥教师们各自优势，共同协作，才能让团队获得永久的成功。[2]

（二）尊重专业

教师应该是一名教育者，而不只是教书匠。面对各种复杂困难的教学环境，教师需要及

---

[1] 赵斌，田文进，张瀚文，等.川渝特殊教育教师学习共同体构建逻辑与发展路径——基于成渝双城经济圈视角［J］.教育与教学研究，2023，37（3）：117-128.
[2] 薛焕玉.对学习共同体理论与实践的初探［J］.中国地质大学学报（社会科学版），2007（1）：1-10.

时做出决定，这种决策能力源于教师个人专业能力的发展。专业共同体是一个双面的概念，一方面积极倡导教师之间开展密切合作，另一方面也尊重教师个人的意见。在现实中，有些教师更愿意选择独立工作，因此我们也尊重教师保留专业自主权。这些灵活的组织安排也是专业共同体的特点之一。

（三）专业发展

教师的主动性将直接影响共同体的运行效率，共同体组织也能够切实地为教师个人带来积极的影响，例如在研究中证实的教师社会资本等，能促进教师教学效能感的提高，因此反过来也能促进教师更加积极参与共同体的活动。

在特校教师专业共同体中，新教师能够获得教育技能的发展和职业生涯的支持。从教育技能来看，在教学小组中，可以通过集体培训向专家学习特殊教育的知识和技能，在专业考察中熟悉日常教育教学方法、了解特校学生身心发展规律等。专业共同体理论的培养方式更加灵活，形式更加多样和丰富，教师本人也有较强的自我选择性。

（四）情感支持

面对社会偏见与道德压力，特校教师需要付出更多的情绪劳动，需要加强心理韧性，坚定自己的专业承诺，应对复杂工作所带来的工作倦怠。[1] 在特校教师专业共同体实践中，新教师通过该渠道进行沟通交流、教学观摩、教学经验分享等，能够帮助其迅速获取及时可靠的各种信息，获得快速成长。[2] 教师们在面对真实任务、解决实际问题的过程中与他人相互交流更易形成相互之间的精神共鸣，更能够互相分享价值观念，更愿意进行情感的沟通。[3] 积极密切的情感关系，将有助于特校教师缓解工作压力和紧张情绪，获得有效的情感支持。

四、创新之处

（一）适应新教师培训趋势

我国特殊教育进入内涵式发展阶段，特殊教育体系正加速完善。以教师专业共同体为实践形式，加强特校新教师的职后培养，反映了时代对高质量特校教师的强烈需求，具有鲜明的时代性。教师专业共同体的形式改变了传统教师职后培养以培训专家为核心的情况，构建以受训教师为中心、跨学科、个别化的培训模式。教师专业共同体由不同目标小组组成，匹

---

[1] 高雅婷，于松梅. 新世纪特殊教育教师专业化发展：挑战、特征及优化路径[J]. 绥化学院学报，2022，42（4）：106-109.
[2] 林雪仪. 论中小学教师社会资本及其构建[J]. 教学与管理，2007（28）：6-8.
[3] 陈静静. 学习共同体：走向深度学习[M]. 上海：华东师范大学出版社，2020：189.

配教师个人自身需求。其以沉浸式参与和行动式培训为主要方式，教师可以聚焦具体实践问题进行阐述、分析和研讨，从而获得正确的特殊教育理念和有效的特殊教育教学技巧。

（二）在真实情境中提升

特校教师专业共同体改变了传统教师培训中知识—技能、实践—反思的培训取向。特校教师的专业素养非常重要，教师成长也离不个人实践和反思。但是在教师群体中形成合作的专业发展文化与模式，是良性互动的、可持续的。[①] 专业共同体与传统的教师发展模式不同，教师专业共同体强调教师在真实的教学情境中，通过持续的合作学习，重新建构对教学和学习的认识。[②]

（三）关注教师主观能动性

在这样的专业共同体中，每一位教师都是"主角"，教师能够根据日常教学的问题发起研讨、培训活动，这不仅能够解决教师教学实际的困难，更能够激发教师接受培训的积极性，提高教师培训的效率。

特校教师通常会面临一些职业困境，针对这些问题，需要增强特校教师的主观能动性，发挥主观能力。一方面认识到这些困境都是阶段性的、暂时的，也是每个新教师都会遇到的挑战，在专业共同体中，我们可以找到合适的同伴，能够共同提高相关专业技能；另一方面，教师可以在专业共同体中激发内生动力，坚定认同特殊教育事业，共同寻找解决方案。

五、实践成效

通过建立具有自主意识、情感支持并富有成效的教师专业共同体，能够有目的、有计划地提升特校教师群体在师德、专业知识、教育教学、班级管理、教育科研等方面的素养，并能够将所获所学运用到教学实际中去。

（一）教师评价

有研究认为从教学的真实世界中建构学习、进行个人反思和协作反思等是促进教师专业发展的有效机会。在特校教师专业共同体中，特校新教师们在教学和个人情感方面都取得了较大的进步。

在跨学科小组中，我们进行了很多的经验分享以及学习的督促，得到了很多有价值的收

---

① 王京华，韩红梅，崔鑫.基于专业学习共同体理论的教师团队建设实践研究[J].河北大学学报（哲学社会科学版），2013，38（2）：139-142.
② Vangrieken K, Meredith C, Packer T, et al.Teacher Communities as a context for Professional Development: A Systematic Review [J]. Teaching and Teacher Education, 2017, 61: 47-59.

获。首先是了解其他课程，我们都是不同专业的教师，通过了解其他专业授课的经验以及知识可以充实自我，还可以从更多的渠道来了解特殊教育的教学。也等于是站在另外的一个角度来看自己，来看自己教学方面的一些不足。小组成员都很年轻，几乎是"90后"的，大家很有活力，也很有干劲。所以讨论问题或者是想解决方案的时候，大家很主动，然后效率也很高，我感受最深的就是这是一个年轻的团队。（摘取自受访者访谈记录）

（二）教师获奖记录

自建立特校教师专业共同体以来，深圳市第二特殊教育学校的新教师累计获得省级奖项8项、市级奖项17项、校内奖项42项；获得各类培训证书46人次；参与省级、市级、校级在研课题18项；发表期刊论文10篇；参与论坛发言4人次。

六、反思启示

（一）组建专家指导团队提供支持

特校教师专业共同体的核心是特校教师本身，小组成员因共同兴趣和自身发展需求走到了一起，遇到具体问题和挑战时可以集体交流讨论。但是遇到比较困难的问题时，可能是教师自身无法解决的，需要寻求更高水平专业人员的支持。这时可以邀请具备先进教育理念和扎实理论基础的高等院校和科研院所专家或研究人员作为特校教师专业共同体的外部指导团队。通过针对性咨询、专家指导等形式引领特校教师专业共同体走向更高质量发展。

（二）线上线下相结合提高效率

随着信息技术的发展，"智慧校园""智慧教育"在学校内生根发芽。在特校教师专业共同体实践中，诸多小组已探索利用信息技术开展在线研讨、资源分享等，已初步展现出在线特校教师专业共同体的优势，但是同时也暴露出在线研讨内容松散随意，教师参与有限等不足。因此，建议在今后特校教师专业共同体建设过程中，高度重视网络在促进信息共享和团队合作等方面的积极优势。在信息技术的支持下，特校教师专业共同体可以扩大范围，进行区域性的合作，甚至可以开展跨区域的交流。但是线下面对面交流能够更加深入、准确，并且有助于教师之间的情感传递，帮助教师的社会资本提升。可以综合线上线下不同的优势，将两者相结合，提高特校教师专业共同体的运行效率。

此外，学校还可以建立特校教师专业共同体的管理和保障制度，进一步支持教师专业发展。[1]

---

[1] 孙琦，徐继存.教师专业学习共同体的功用及其构建[J].中国成人教育，2022（18）：66-70.

第五章 特殊教育学校新教师专业共同体实践

教师实践共同体是作为学习主体的教师通过实践共同体的活动，获得自己专业发展的途径。教师实践共同体秉承了"共同体"理论中的思想精华，以实践性问题解决为导向，十分贴近教师专业知识的特点以及教师在专业发展过程中的身份特征。教师实践共同体的基本特征是：以"共同体"为载体、以"共同的愿景"为导向、以"协商的文化"为机制、以"教师实践问题"为基础、以"实践参与中的身份认同"为标志。[1]

本章将介绍深圳市第二特殊教育学校的多个核心教师专业共同体的实践经历和成长过程，如教学教研组实践探索、跨专业学习小组实践探索、课题组实践探索，以展示教师专业共同体在不同实践阶段下，教师发展水平的变化机制和变化规律，切实为提升"双区"特殊教育高中新教师的教学科研能力提供有益借鉴。

第一节 教学教研组实践探索

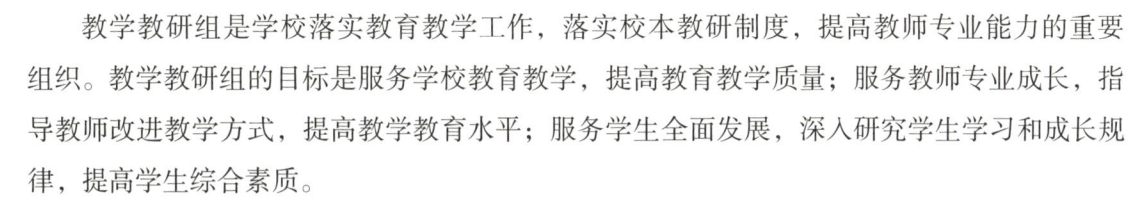

教学教研组是学校落实教育教学工作，落实校本教研制度，提高教师专业能力的重要组织。教学教研组的目标是服务学校教育教学，提高教育教学质量；服务教师专业成长，指导教师改进教学方式，提高教学教育水平；服务学生全面发展，深入研究学生学习和成长规律，提高学生综合素质。

为贯彻落实 2019 年《教育部关于加强和改进新时代基础教育教研工作的意见》的精神和要求，健全立德树人落实机制，强化校本教研，学校结合实际情况设置了 7 个教学教研组：社会适应教学教研组、心理健康教学教研组、体育与康复训练教学教研组、美术教学教

---

[1] 张平，朱鹏. 教师实践共同体：教师专业发展的新视角［J］. 教师教育研究，2009，21（2）：56-60.

研组、音乐教学教研组、职业教育教学教研组、信息技术教学教研组。经过两年的时间，我校各教学教研组摸索出了适合自己专业共同体的学习和工作模式，普遍通过共同制订教学工作计划，研究学生学习特点和学习能力，研究教学大纲、教材和教学方法，共同解决教学问题，组织集体备课，相互听评课，经验分享，总结交流等方式，帮助新教师快速熟悉教学工作，增强教师教书育人的能力。各教研组工作方法和流程保持一致的同时，又各自形成了自己的特色。下面将以社会适应教学教研组、心理健康教学教研组、体育与康复训练教学教研组、美术教学教研组为例，展示相关的实践成果。

一、社会适应教学教研组

目前我校的社会适应教学教研组由 8 名教师组成，其中 5 名教师毕业于特殊教育专业，负责基础类课程的 6 个学科：社会适应、通识教育、实用语文、实用数学、实用英语、日常清洁。

立足于立德树人的根本任务、教育部的文件精神要求和学校的建设发展，在校领导和教务处的指导和支持下，在教研组全体教师的共同奋斗下，社会适应教学教研组在制度建设、课程制定、教育教学、专业发展、教育科研、团队建设等方面形成了一套相对稳定的工作模式和合作方式，各位成员也都获得了不同程度的成长。由于工作表现突出，教研组在 2022 年被评为"校优秀教研组"。

（一）教学管理与教研组发展

教研组结合学校办学思想、办学特色、学校发展规划等，制定了教研组的管理方法和发展规划；坚持科学的教育观念，牢牢抓住安全工作的红线，高效地开展教研组工作；认真落实学校各部门的管理制度、工作要求。

1. 定期开会，落实工作安排

教研组定时、定点开展教研组工作会议，及时"上传下达"，认真落实学校各部门的管理制度、工作要求，发挥教研组的作用，强化教研组的管理、指导作用。在每周教导处会议后，教研组组长会以文字及会议学习等方式，及时传达教导处工作安排，力争做到"周周有反馈，事事有落实"。教研组不定期组织成员学习学校考勤管理等基本制度，强化组织纪律意识。

2. 规范教师备课与教学管理

在日常教学中，教研组强调集体备课做到"三备"，即备教学目标、备教材、备学生。鼓励教师在课堂教学中创新使用丰富多样的教育教学方法，灵活使用各种信息技术的手段，充分利用已有的教育教学资源，借助网络资源拓宽学习时空，培养学生良好的学习习惯，不

图 5-1　召开教研组工作会议

断提高课堂教学效益。

坚持全员育人的宗旨，督促教师在日常教学中，始终贯彻立德树人的根本任务，因材施教，捕捉每一个学生不同的闪光点，热情鼓励，及时与班主任等教师沟通，利用潜能开发课程，加强个别化指导，促进每个学生潜能的充分发展。

（二）学科知识与教学技能提升

以"为每一个孩子提供适合的教育"为目标，坚持"生活化"为导向，在集体教育教学中落实个别化教育目标。

1. 夯实教学基本功

教研组积极动员组内教师参加线上或线下的学习论坛或学科培训，鼓励组内教师深入学习相关的学科知识、主动吸收学科教学研究的最新动态与成果，争取做好与义务教育阶段学科知识的衔接，不断丰富学生融入社会的知识与技能，尤其是在社会适应、实用语文、实用数学三门学科上。如组织教师参加"2021年义务教育阶段特殊教育学校教材国家级示范培训"，并围绕相关的教材编写要求进行集中研讨，合理权衡教材编写中"生活性"与"学科性"的关系。

此外，教研组每学期还自行组织开展以公开课为主的教学提升系列活动。活动主要有以下流程：① 任课教师自主申报课程名称及时间；② 根据任课教师上报课程，开展集体备课，优化教学设计；③ 在班级内，进行教研组内部公开课展示，并同时录制微课视频；④ 教研组内全部教师参与公开课的听课、评课活动；⑤ 任课教师根据评课反馈，优化课程，再次录制微课视频。自 2021 年 9 月至今，累计已开展 20 余节校内公开课，通过反复的课例打磨和展示，帮助组内教师完善教学目标的设计，提升其在课程实施与课程评价、课堂教学的基本组织形式与组织策略方面的知识与能力，在过程中丰富相关的理论认识与实践经验。

图 5-2 新教师公开课

2. 研究与开发校本课程资源

由于目前发布的特殊教育学校课程标准和教材仅针对义务教育阶段，培智高中暂无相关的指导性文件和教材，学校需要开发自己的课程资源。社会适应教学教研组承担了较多的校本课程研究与开发的任务，合计开发 6 个不同学科的校本课程资源（学本、指导手册、教学设计、课件、音像视频等），责任和压力较大，目前教研组已完成多个单元的校本教材编写任务。其中，麦子翘、秦铭欢、陈斐娴负责社会适应校本课程资源的开发，目前已编写 22 个课程单元的《社会适应》校本教材；禤姝颖、王少雯负责实用语文校本课程资源的开发，目前已编写 17 个单元的《实用语文》校本教材；陈斐娴、彭婧负责实用数学校本课程资源的开发，目前已编写 16 个单元的《实用数学》校本教材；刘圆、金瑾、邱媛、陈心怡负责实用英语校本课程资源的开发，目前已完成 8 个单元共 2 册的《实用英语》校本教材编写任务；邓婷、邱媛负责通识教育校本课程资源的开发，目前已编写 14 个单元的《通识教育》校本教材；王少雯、刘圆负责日常清洁校本课程资源的开发，目前已完成 9 个单元共 3 册的《日常清洁》校本教材编写任务。除常规的校本课程开发外，禤姝颖、王少雯还负责编写了我校的唐诗晨读读本（共上、下两册）。

为了更好地理解课程标准和教材的价值和含义，教研组多次组织学习《"十四五"特殊教育发展提升行动计划》《义务教育课程方案和课程标准（2022年版）》等国家教育主管部门发布的相关文件，共同研究相关的课程标准和教材，提升组内教师课程开发的意识和能力。

此外，教研组每学期开学时会通过例会的方式集中研讨组内各科的课程教学大纲，相互点评并给出修改建议，在科学性和逻辑顺序上做出更合理的设计；在每学期期末通过同样的方式，结合本学期课程实施的具体情况，再次调整各学科的内容、难度和排列顺序，不断修订和完善课程教学大纲。

为了规范校本课程资源的开发工作，教研组还制定并多次修订了《社会适应教研组教学资料编写审核流程》，加强校本教材内部审核，规定在校本课程资源完成后至少在组内进行两轮的审核、修订，保障课程内容的正确性、科学性、合理性。同时在教研组内部进行校本课程资源经验分享会，针对本学科教材的编写思路、编写流程、内容设置、内容排版等进行分享，并集中研讨国内现有特殊教育类教材的特点及优势，提高教师课程开发的质量。

在日常教育教学中，教研组鼓励教师针对教学实践中的问题开展教学研究，重视不同学科教师的交流与研讨，建设有利于引导教师创造性实施课程的环境，努力使课程的实施过程成为教师专业成长的过程。

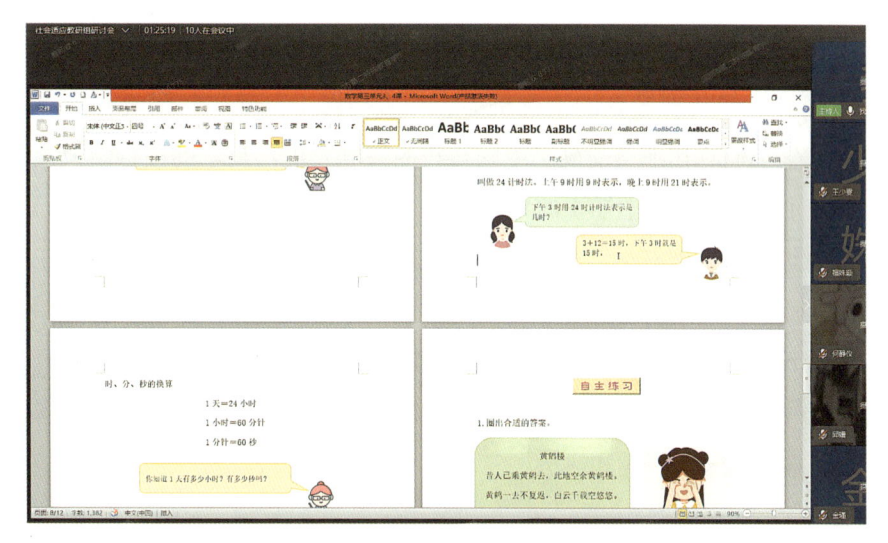

图5-3　校本课程资源开发线上研讨会

（三）个人成长与专业发展

为深入贯彻落实立德树人的根本任务和党的教育方针政策，教研组不断加强教师的思想政治学习，定期组织组内教师学习相关的教育法规与政策、牢记教师职业道德，要求各位教师严于律己，为人师表，监督自己的一言一行，并及时指出有悖于教育法规与政策和师德师风的行为。

因为教育对象和教育领域的特殊性，需要教师掌握一些特殊教育专业领域的教育教学方法并确立终身学习的学习观。因此，除了校内校外的学习培训和竞赛外，组内还会通过学习分享的方式，加强组内教师对特殊教育理论的了解和理解，让其掌握国际最领先的特殊教育相关理念。此外，教研组还提供各种机会，如通过授课、演讲等方式，帮助教师提高自身的现代教育技术、现代教育理论、教育科研方法，形成自己的教学艺术与教学风格。

另外，教研组营造了相互支持、相互鼓励的工作氛围。教研组组长还指导组内教师确立自己的职业理想与专业发展规划，在站稳讲台的基础上，选择一门自己感兴趣的学科，在此学科上深入学习和研究，通过课题研究等方式为学校校本课程建设和个人成长添砖加瓦。

（四）活动育人，促进学生全面发展

教研组践行"五育并举"的教育理念，通过活动育人，促进学生德、智、体、美、劳全面发展。自学校开办以来，社会适应教学教研组开办了多次全校活动，包括科普教育月、阅读教育周、法治教育周、爱特嘉年华、自然教育周，等等。下面以科普教育月、阅读教育周和法治教育周为例做简单介绍。

1. 科普教育月

结合全国科普日暨深圳科普月活动，社会适应教学教研组联合信息技术教学教研组开展了科普教育月系列活动。

班主任组织开展了科普教育的主题班会。在班会课上，师生共同收看了"天宫课堂"。通过此次学习，学生们真切地感受到了中国科技的蓬勃发展与科学的独特魅力，增强了民族自豪感，也增强了学生学习科学知识的兴趣。

科幻画是引导学生探索科学、热爱科学的有效途径，教师共同指导学生展开想象，进行科幻画的涂色、临摹及创作。

在通识教育课堂上，学生体验了"会呼吸的气球""超能力瓶子""善变的钢球"等科普小实验。通过动手操作学生形象地了解到不同状态下物体的热胀冷缩现象，培养了好奇心，有了发现科学、探究科学的兴趣和热情。

图 5-4　学生参与科普课堂

开展主题班会课、观看"天宫课堂"、创作科幻画、体验科学小实验、科普气象知识、机器人入门等一系列的科普教育活动，不仅给学生普及了科学知识，激发了学生对身边自然现象的好奇心，开阔了科学视野，帮助他们理解科学、技术、社会与环境的关系，培养了社会责任感，也极大地激发了他们科学探究的兴趣，培养了爱科学、学科学的热情。

2. 阅读教育周

2022年10月，围绕党的二十大主线，紧扣第二十三届深圳读书月"读时代新篇　创文明典范"的年度主题，学校组织开展了第二届阅读教育活动。国旗下讲话，教研组教师向全校师生推荐一本好书、向学生和班级赠书，制作阅读文化书签，绘本阅读，诗歌朗诵等活动，不仅促进了学生的身心健康成长，而且丰富了师生的校园文化生活，传承了优秀的中华文化，营造了良好的阅读氛围，期望同学们能够学会阅读并热爱阅读，在今后的学习与工作中，与书为友、净化心灵。

图 5-5　学生参与阅读教育活动

3. 法治教育周

12月4日是国家宪法日，为加强宪法学习，宣传、弘扬宪法精神，同时也为做好校园普法工作，学校以国家宪法日为契机，开展法治教育周系列活动，包括组织学生观看国家宪法日宣传片、国旗下讲话《成长路上与法同行》、举行宪法条文临摹活动、收看《法律讲堂》节目、进行为期一周的宪法晨读、开展"法治伴我行"课堂、组织"民法典知识问答"活动、开展"学习未成年人保护法"为主题的班会课、开展模拟法庭等，让学生了解我国宪法的基本知识，增强宪法意识。

图 5-6　学生参与多种法治教育活动

（五）教育教学成果

自学校成立以来，社会适应教学教研组教师积极参与各项活动与竞赛，成果斐然。

以研促教，教研组鼓励教师积极参加课题教研活动，提升自己的科研意识和素养。自 2021 年学校开办至今，组内教师共主持或参与 3 项省级课题、3 项市级课题、3 项校级课题，并参与编写 3 本专著，公开发表学术论文 3 篇。

教研组积极动员组内教师报名参加各级各类的教育教学竞赛和学术论文竞赛，自 2021 年学校开办以来，取得了以下的优异成绩：省级荣誉，1 名教师获得广东省教育学会特殊教育专业委员会年会论文征文特等奖和一等奖（秦铭欢）；市级荣誉，1 名教师获得深圳市特殊教育基本功大赛三等奖（秦铭欢）、1 名教师获得深圳市在线教学优秀课例三等奖（麦子翘）、5 名教师获得深圳市中小学微课大赛三等奖（罗海萍、何静仪、麦子翘、邱媛、陈心怡）；校级荣誉，6 名教师分别获得校内教学基本功比赛一、二、三等奖（陈斐娴、秦铭欢一等奖；王少雯二等奖；刘圆、麦子翘、赵文蓉三等奖）、2 名教师分别获得学校说课比赛一等奖和三等奖（秦铭欢一等奖；王少雯三等奖）、3 名教师获评学校"优秀教师"（邓婷、麦子翘、秦铭欢）。

二、心理健康教学教研组

心理健康教学教研组现由 3 名教师组成，主要负责学校心理健康学科的课程教学、心理个训、心理健康知识科普，还负责全校师生心理健康的动态监测工作，如心理健康筛查、建档、预防、个训和干预。教研组的工作宗旨是积极关注师生心理健康，助力学生心理健康成长，做班主任和科任教师心目中的好帮手，做学生沟通倾诉的好伙伴。教研组围绕该宗旨开展了以下工作。

（一）心理健康教育课程开发

心理健康教学教研组承担心理健康一门学科，正在开发符合我校学生学情的课程资源（校本教材、教学设计、课件、音像视频等），目前已编写 22 个单元的《心理健康》校本教材。在课程建设的基础上，教研组教师丰富了课堂教学形式，如绘画治疗、音乐治疗、热身活动、心理剧等活动，设置层层递进的环节，有效提升了学生们的课堂参与度与课堂接受度，让学生在课堂中不断深化对心理健康的理解。

图 5-7　心理健康课课件

新冠疫情期间，根据调研结果，心理健康教学教研组有针对性地开展了线上心理课程。课程主题包括疫情情绪调节、疫情期间心理调适、线上学习，以及校本课程中的学习主题等。通过案例分享、主题活动等方式帮助学生在网课期间保持一个健康、良好的心理状态。

返校复学后，为了帮助学生更好地调适返校后的心理状态，心理健康教学教研组通过集体备课、集体研讨开发了"从心出发，安心学习"心理课程。课程中教师通过风趣幽默的话题，激发学生兴趣。此外，通过案例分析、主题活动等方式，引导学生关注自身复学之后的心理变化，了解身心的内部和外部环境并给予学生积极有效的策略，帮助学生顺利返校学习。

图 5-8 线上心理健康教育课课程教学

（二）做好师生心理健康调查和建档

每学期开学之初，心理健康教学教研组都会面向全体学生开展一次全面的心理健康调查，及时了解学生是否存在早期心理创伤、家庭重大变故、亲子关系紧张等情况，积极寻求学生家庭成员及相关人员的有效支持。

新冠疫情期间，为了进一步了解师生防控居家的身心状况，心理健康教学教研组开展了全体师生心理健康普查活动。结果显示，我校师生总体心理健康水平良好，对个别处于亚健康状态的师生进行了跟踪关怀。

返校复学后，心理健康教学教研组面向全体学生开展了针对性的心理健康状态测评，同时在个训课中进行校园欺凌筛查。心理健康状态测评由学生及家长共同完成，一方面旨在了解学生的心理状况，更有针对性地帮助学生减轻复学焦虑，缓解复学压力，迅速进入学习状态；另一方面有利于家长主动了解学生的心理健康状态，更好地建立和维护良好的亲子关系。

图 5-9 学生心理健康筛查

（三）积极参加、组织教研活动

心理健康教学教研组定期组织心理教师参加市直属学校心理健康教研活动，新冠疫情期间也组织教师积极参加线上教学网络研讨会议，并根据市教研任务有针对性地开展组内校本教研活动。日常教研主题包括教学反思、心理活动、校级和市级课题研讨等，积极完成市级课例的报送。研讨过后，积极采取行动，对学生学习偏好进行调查，在教学研讨过程中进行反思和调整，对教学中需要改进的地方进行汇总整理。

（四）积极开展心理健康系列活动与讲座

每学期心理健康教学教研组会组织一次面向全体师生的心理健康活动。2021年12月开展了以"看见心灵 助力成长"为主题的系列心理健康教育周活动。2022年5月举办了"心战役，心成长"心理健康周系列活动。2022年12月22日迎来了第三次面向全体师生的"疫路向阳，给心灵一个拥抱"心理健康活动，丰富了师生们的课余生活，提升了师生们的心理健康素质。

图 5-10　心理健康活动

为加强学校心理健康教育工作，全面提高教师应对学生心理危机的工作能力，提升教师心理健康素质和教学幸福感，促进教师职业道路的良好发展，心理教师面向全体教师开展了校园心理危机干预实践与思考的分享会活动。

图 5-11　全校教职工心理健康培训

网课期间，心理健康教学教研组在线上开学典礼中，开展了"心理十分钟"的心理知识分享，通过微课程的方式，在较短的时间内与学生进行线上互动，了解学生的心理健康状况，通过对新冠疫情防控期间青少年身心变化现象的分析，引导学生以积极的方式做好心理调适。

（五）心理咨询与倾诉

自办学以来，心理健康教学教研组积极做好心理咨询工作，旨在为师生提供心理咨询和倾诉服务。此外，还会根据学生的心理健康状况，每周为有心理辅导需要的学生提供"一对一"的咨询服务。

心理健康教学教研组也为学生开放了"心理信箱"，对于有些性格内向、羞于与教师们直接面对面交谈的学生，开设此信箱能够更好地服务他们，帮助更多同学解决心理健康问题。学生可以通过信箱敞开心扉，向教师倾诉自己的喜怒哀乐，调整自己的心态后，以轻松、活泼的心态去学习和生活。"心理信箱"开通后，不仅学生可以更加方便地和心理咨询中心的教师们进行沟通交流，教师们也可以从信件中了解同学们的心理状况，根据不同情况对同学们进行辅导及答疑。

新冠疫情期间，心理健康教学教研组积极做好应急心理咨询工作，充分利用网络平台，基于智为心理服务平台开通了线上倾诉与咨询系统，积极宣传省、市专业心理辅导热线，旨在为学生、家长和教师提供更全面、更权威的心理咨询和倾诉服务，帮助个别学生、家长和教师解决心理失衡、心理挫折或心理障碍等问题。

图5-12 "心理信箱"和线上心理倾诉

一方面，心理健康教学教研组积极关注教师的心理健康，每周为教师推送心理材料，并面向教师开放心理咨询的通道，教师可以通过公众号预约心理咨询；另一方面，心理健康教学教研组也为家长推送心理疏导材料，通过对青少年身心特点分享、亲子沟通模式探讨，鼓励家长尝试更正向、积极的沟通方式，以达到缓解居家亲子关系、帮助学生调适心理的目的。心理健康教学教研组充分利用网络平台和渠道，向家长、教师传播心理健康知识，积极营造有利于学生健康成长的社会环境，也及时给予他们心理支援和心理疏导，切实关注他们，倾听他们，理解他们，帮助他们。

（六）教育教学成果

自2021年学校开办以来，心理健康教学教研组积极参与各项教学活动和比赛，取得的教育教学成果涵盖教研、教学和培训三个方面。

第一，心理健康教学教研组教师们积极参与教研工作。组内教师共参与了1项省级课题、1项市级课题的研究，公开发表学术论文1篇。

第二，心理健康教学教研组积极动员教师报名参加各级各类的教育教学竞赛和学术论文比赛。自2021年学校开办以来取得了以下成绩：省级荣誉，2名教师获得广东教育学会特殊教育专业委员会年会优秀论文二等奖（姜楠、李绮珊）；市级荣誉，1名教师获得深圳市中小学微课大赛三等奖（姜楠）；校级荣誉，1个教研组获评我校"优秀教研组"（心理健康教学教研组）、1名教师获得我校教师教学基本功暨教学设计比赛优秀奖（李绮珊）。

第三，心理健康教学教研组教师们积极参与各类心理培训，并取得了相应的证书。如深圳市教育局教师家庭教育工作指导力骨干培训结业证书（李绮珊）；韦氏儿童智力量表、韦氏幼儿智力量表、适应行为评定量表主试资格证书（姜楠、李绮珊）；曼陀罗绘画疗法初级证书、中级证书、高级证书（姜楠、李绮珊、胡自强）；全国特殊教育学校骨干教师专业能力提升高级研修班培训证书（李绮珊）。

> **拓展阅读**

"5·25"心理健康活动周简报

心理健康教学教研组

"5·25"谐音为"我爱我"，是全国大中小学的心理健康日，提醒我们要"珍惜生命，关爱自己"，关爱自我、了解自我、接纳自我，关注自己心理健康和心灵成长，进而更好地珍爱自己、爱护别人、关爱社会。

为贯彻落实教育部《中小学心理健康教育指导纲要（2012年修订）》《给全国中小学校新学期加强心理健康教育的指导建议》等精神，深入贯彻习近平总书记对于加强心理疏导的指示，加强未成年人心理健康教育工作，培养学生理性平和的健康心态，提高学生心理健康水平，促进学校和谐稳定，结合5月25日的"全国大中小学心理健康日"及当时疫情情况，2022年5月23日至5月27日我校开展了以"心战疫，心成长"为主题的心理健康活动周，强化了学生的心理健康意识，营造了和谐、健康的心理氛围和校园文化，提升了我校师生的幸福指数。

图 5-13　心理健康活动周手册

2022 年 5 月 23 日，以"微笑"为主题，线上线下联动。通过横幅签名、幸福卡，记录下学生和教师表达爱自己的话语瞬间，让微笑传递到更多地方。在升旗仪式后召开了心理健康周的启动仪式，介绍了心理健康周的系列活动，并宣布以"心战疫，心成长"为主题的"5·25"心理健康活动周正式开幕。

2022 年 5 月 24 日，在心灵放映室活动中，学生通过诗朗诵《当我开始真正爱自己》，读出诗中情，诵出诗中境，演绎了自己对诗词的理解。在抑扬顿挫的诵读中，引导学生用心体验、感受自己内心情感的变化，增强积极的心灵体验。

电影赏析部分更是采用情景教学的方法，让学生、教师都能从中真正认识自己、欣赏自己、悦纳自己。《心灵奇旅》影片中主人翁乔伊一开始能够说是"没有火花"的，因为他每一天都在过着行尸走肉般的生活。但变成灵魂后的他，意识到火花就是当下决定好好生存的那一刻，这才叫"有了火花"。希望影片能够引起我们对自己内心想法的思考，真正看清自己，真正听到自己灵魂深处的呐喊，找到自己的人生火花，让自己的灵魂不再游荡！

本次心灵放映室活动不仅能引导我们探寻自己独特的生活方式和目标，也有助于我校全体师生的心理成长和自我探索。

5 月 25 日开展了以"看见自我，爱伴我心"为主题的"我和我的约会"心理健康团体辅导活动。"我和我的约会"团体心理辅导活动中，师生积极参与超人进化论、优点大轰炸、爱意流淌主题活动。师生在超人进化论、优点大轰炸活动中，挖掘自己与他人的闪光点，学会欣赏自我、欣赏他人、悦纳自我、尊重他人；在爱意流淌活动中，通过创作流体熊发现自我与他人的不同，感受彼此的差异，接纳彼此的差异，从而悦纳自我、尊重他人。

"我和我的约会"心理健康团体辅导为我校全体师生搭建了一个交流互动的平台，拉近了教师与学生、学生与学生之间的距离。师生在活动中进一步了解自我，提升"关爱自我、悦纳自我"的心理健康意识，进而关爱他人、关爱社会。

5 月 26 日，开展了"同心治愈　蓄势成长"超人教师心能量分享会。特校教师长时间面临较大的精神压力，也很难有职业上的成就感和满足感，为了减轻特校教师的压力，激发他们的自我效能感，预防职业倦怠，在游戏和活动中体验特校教师职业幸福感，特开展此次活动。会上分享了许多切实有效的放松方法，并带领全体教师一起进行了简单的放松训练。接着观看了心理健康活动周的微笑视频，回顾一周的活动。分享会在短暂的50分钟里给教师们带来了轻松愉快的体验。

5月27日，为宣传普及心理健康知识，各班召开"我爱我心"主题班会，引导学生在学习和生活中，关注自身的身心发展，学会自我调适和爱自己的方法等，让学生在学习和生活中得到更好的发展。在班会课上通过观看视频的方式，回顾了心理健康活动周所有的活动，同学们也看到了自己和教师们的笑脸。

本次活动的顺利召开，离不开各级领导的大力支持与全体师生的积极参与，正如总结视频中所说"爱自己，不止今天"，希望全体师生在生活、学习、工作的过程中，能够善于觉察自身的状态，善待自己的内心和身体，在生活的每一天里都做到爱自己。

三、体育与康复训练教学教研组

学校体育与康复训练教学教研组现由8名教师组成，共负责两门学科的教育教学工作（体育与健康、康复训练）。

自学校开办以来，体育与康复训练教学教研组一直以向着更高、更好、更强出发为目标，不断夯实教育教学基础，提高思想道德修养，提升教师专业素养。教研组主要开展了以下学习和工作。

（一）政治学习

在学校领导的组织下，教研组全体教师认真学习党的方针政策，提高政治思想素质和业务素质，争做一支具有良好思想品德和业务素质的教师团队。

学习了《在纪念辛亥革命110周年大会上的讲话》，辛亥革命距今已110周年了。岁月更迭，历史远去。岁月可以改变沧海桑田，但是永远无法抹去历史在此留下的烙印，那振聋发聩的枪声将永远定格在人类历史的长河中。

学习了习近平总书记在中华人民共和国恢复联合国合法席位50周年纪念会上的讲话。追昔抚今，鉴往知来。站在新的历史起点，中国将坚持走和平发展之路，始终做世界和平的建设者；坚持走改革开放之路，始终做全球发展的贡献者；坚持走多边主义之路，始终做国际秩序的维护者。

面对新时代新使命，在以习近平同志为核心的党中央的坚强领导下，只要我们把历史宝贵的经验坚持好、运用好、发扬好，就一定能够确保中国经济这艘巨轮行稳致远，创造新的发展奇迹。

（二）业务学习

在学校领导的组织下，教研组全体教师积极认真进行业务学习，加快身份角色的转变，努力提升工作能力，集体研读学习了《深圳市学校安全管理条例》《中小学教师违反职业道德行为处理办法》《中小学德育工作指南》《特殊教育教师专业标准（试行）》等政策法规以及学校各项制度与规定。

《中小学德育工作指南》指出，坚持育人为本、德育为先，大力培育和践行社会主义核心价值观，以培养学生良好思想品德和健全人格为根本，以促进学生形成良好行为习惯为重点，不断完善中小学德育工作长效机制，全面提高中小学德育工作水平，为中国特色社会主义事业培养合格建设者和可靠接班人。

《特殊教育教师专业标准（试行）》坚持师德为先、学生为本、能力为重、终身学习的基本理念，从三个维度十四个层面提出了基本要求，包括：热爱特殊教育事业，具有职业理想，践行社会主义核心价值观等。尊重学生权益，以学生为主体，充分调动和发挥学生的主动性，遵循学生的身心发展特点和特殊教育教学规律。将学科知识、特殊教育理论与实践有机结合，突出特殊教育实践能力。学习先进的教育理论，了解国内外特殊教育改革与发展的经验和做法，优化知识结构，提高文化素养，具有终身学习与持续发展的意识和能力，做终身学习的典范。

（三）教育教学工作

1. 开发校本课程资源

校本课程资源是课程的核心，是教育的重要工具，同时也是学生获得系统知识、进行学习的主要材料，可以帮助学生掌握教师讲授的内容，便于学生预习、复习和做作业。教研组共编写了10个单元的《运动与健康》校本教材、22个单元的《康复训练》校本教材，实现了从零到多的突破。运动与健康教学材料涉及基本素质、专项学习、特奥知识等内容，康复训练教学材料涉及平衡与协调、力量、速度、耐力等多种运动素质。校本教材图文并茂，结合学科特色和校本特点，在情境的运用、整体的通用性方面都做了充分的考虑。

2. 按计划开展课程教学工作

教研组落实立德树人的根本任务，全体教师每学期按计划、按规定完成相应课程的教学任务。在教学策略中做到了教案先行、实践补充、课后总结、评价反思，争取做到课课提高、阶段提高、总体提高，在不断地实践中稳步提升教师教学能力、增强教师课堂控场能力和说课能力。

3. 开发潜能、补偿缺陷，开展个性化训练

在个性化教学和社团课程的开展中，教研组教师也发挥了重要的作用，课程内容涉及篮球、足球、乒乓球、跳绳、田径、体能训练、肢体控制、精细动作训练、平衡与协调训练、韵律操等。组内教师做到了一课一案、一训一计划，每学期末对所有个训计划进行存档，以期在下学期及以后的个训开展中实现更高效的教学，也为模块化教学打好基础。潜能开发课程让学生学到了更多的体育技能和生活技能，也充实了校园文体生活。

4. 开发大课间活动

每天上午第二节课后的二十五分钟是我校的大课间时间，主要由体育与康复训练教学教研组负责组织和开展活动。课间操是保证学校践行"阳光体育一小时"的重要内容，基于学生的身体素质和各项能力发展水平，经过长时间的实践，最终确定了课间操的主要内容为我校自编韵律操《大梦想家》及拓展活动两部分。其中拓展活动包括障碍跑、武术等内容。课间操总体过程流畅、组织严密，致力于营造快乐课间、健康运动的氛围，为我校学生舒缓身心、缓解压力和锻炼身体提供了很好的平台。

图 5-14 学生课间操照片

5. 组织全校性大型活动

（1）学校运动会

在学校领导的统筹下，教研组积极认真落实工作，策划并组织完成了深圳市第二特殊教育学校运动会，学校运动会本着"趣味性"的原则，在全体裁判员及工作人员的努力下，为全体运动员提供了一个公平、公正、充分发挥潜力、创造优异运动成绩的机会。活动充分展示了学校师生良好的风貌，培养了学生的进取拼搏精神。

（2）康复训练周

为丰富学生业余生活，拓宽学生知识视野，提高学生生活技能，增进师生交流，营造健康、友爱的校园氛围，2022年5月教研组举办了以"学习康复知识　健康常伴我行"为主题的活动。活动共持续了四天，主题分别为：认识我们的身体、上肢肌肉的放松与按摩、下肢肌肉的放松与按摩和常见病的康复。通过详细的讲解与实操，让学生能够将所学知识运用到实际中。

（3）融合篮球赛

为促进学校精神文明建设，丰富校园文化生活，提升学生篮球技能水平，培养学生终身运动的意识，同时增进深圳市第二特殊教育学校和深圳市育新学校之间的交流与合作，教研组在2022年6月策划了主题为"'特'爱运动　'育'发精彩"的篮球主题系列活动。

接连两日的比赛既激发了教师们对篮球运动的兴趣和热爱，丰富了教师们的课余文化生活，更加强了两校的交流，全体参赛队员本着"两校情谊第一，比赛输赢第二"的原则，充分展现了教师们健康、和谐、积极、进取的精神风貌。

（四）专业提升

教研组教师在做好本职业务工作的同时，也注重专业知识的提升。通过建、定、带、引、激等方法，将理论学习落地生根。

建——建立健全学习制度。每周定时开展一次教研组会，在会上进行专业知识学习及总结，要求每位教师的理论学习做到有学习计划、有主题内容、有总结提高。通过完善学习制度强化教师理论学习的自觉性。

定——指定学习内容。根据学科的侧重性和各阶段教学工作的重点与教育中心任务，有针对性地安排学习内容。

带——起带头作用。在教研组内有知识丰富的教师，有实践经历充实的教师，动员这些力量，组织进行专业知识的分享学习会或听课评课，营造"讲学习、增素质"的浓厚氛围。听课评课是教师互相学习、切磋技艺、研究教学的重要措施，它是教学实践和教学理论之间的一座桥梁，在听课评课中教师们可以学习吸收大量的教学理论、经验和先进的教改信息，并在执教中加以运用。也可以把自己的经验加以总结概括形成理论，如此循环往复，教师的业务素质必然得到很大的提高。教研组教师听课评课总计100节以上，内容涉及学校所有学科，所有教师在听课评课的过程中遵循"诊—断—治"的过程，以实现个人能力的进步提升。

引——引导联系实际，学以致用。围绕"教师育人"这一中心，找准理论和实践的联结点和切入点，要求教师积极参与各项研讨会和培训会，如深圳市教科院开展的新入职教师培训会、深圳市特殊教育高质量发展研讨会、深圳市教育局举办的跨区域成果交流展示活动、深圳市中小学体育与健康学科智慧体育公开课等线上线下培训活动。鼓励和引导教师们在教育实践中，活学活用培训中学到的理论，丰富课堂教学，提高课堂的生动性、形象性，吸引学生求知求学的欲望，从而达到提高理论学习的实践价值。

激——通过多种途径，鼓励组内教师参与组内竞赛、校内竞赛、市内竞赛、省内竞赛，激发教研组教师理论学习的主动性和积极性。

学校教研组教师积极参加校内校外组织的各种教学竞赛活动，组内教师共参与市级课题1项，主持校内课题1项。在学校2021年新教师教学基本功暨教学设计比赛中共提交教学设计5篇；在学校"我的教育故事"征文活动中提交文章3篇；在学校师德征文活动中提交文章1篇；在深圳市中小学生微课竞赛中提交微课作品6个。其中岳飞的《原地并脚跳绳》和潘鹏期的《原地纵跳》皆获得2021年深圳市中小学校微课竞赛三等奖，牛嘉的《篮球双手胸前传接球》和袁弯弯的《足球脚内侧传、接球》分别获得2022年深圳市中小学校微课竞赛一等奖与二等奖；在广东省第十三届中学生运动会科学论文报告会上岳飞的投稿荣获二等奖。

拓展阅读

"特"爱运动 "特"爱生活
——深圳市第二特殊教育学校第二届运动会圆满落幕

体育与康复训练教学教研组

为丰富校园文化生活，增强师生健康体魄，培养勇敢顽强、拼搏进取、团结合作的精神，营造一种健康向上、富有时代特色的校园体育文化，我校于2022年12月8日—9日举行了以"'特'爱运动 '特'爱生活"为主题的第二届运动会，并取得了圆满成功。

活力开场　激情飞扬

2022年12月8日上午，沐浴着灿烂的阳光，伴随着激昂的《运动员进行曲》，全体师生有序来到操场。一声哨响，入场仪式开始了，国旗手、校旗手、班级方阵、教师方阵精神抖擞、神采飞扬，排着整齐的队伍依次入场，充分展现了学校全体师生的蓬勃朝气和青春活力。

图 5-15　运动会方阵排列、运动会火炬传递

薪火相传，共享盛会；紧握火炬，彰显责任担当；传递火种，满怀青春向往。全体校领导作为接力手，与5名学生代表一起参与了火炬传递。火炬手们双手高擎火炬，带着全校师生对本届运动会的祝福与希望，精神饱满地朝火炬台奔跑，顺利完成火炬接力。

火炬接力仪式后，进行了庄严的升旗仪式。全场肃立，奏唱国歌。随后，刘应龙校长致开幕词，他强调在运动会中要公平公正，文明比赛，友谊第一，比赛第二，希望大家赛出风格、赛出水平，并预祝本届运动会圆满成功。

接着，裁判员代表黄城老师和运动员代表张浩凌同学进行了庄严宣誓，分别做出公正裁判、积极参赛的郑重承诺。

之后，来到了节目汇演，中国鼓表演，气势磅礴、令人震撼；五步拳表演，步伐铿锵、气势如虹；健美操表演，舞动青春、绽放精彩。开幕式表演充分展现了我校的办学特色和精神风貌。

图 5-16　运动会节目汇演

最后，在一片欢乐激动的氛围中，刘校长宣布："深圳市第二特殊教育学校第二届运动会正式开幕！"

比赛瞬间　神采飞扬

本次运动会共设立了12个比赛项目，既设置了100米跑、定点投篮、立定跳远、垒球掷远等个人项目，也设置了4×100米接力、毛毛虫竞速、车轮滚滚竞速、拔河比赛等团体项目，运动性和趣味性相得益彰。

【径赛赛场】

短跑赛道上，枪响的那一刻，瞬间炙热的心点燃全身，运动员们像离弦的箭一样冲出去，拼尽全力、奋力冲刺，你追我赶，谁也不让谁，用速度书写自己的高光时刻。

长跑运动员们也用飒爽英姿留下了最美的样子。只见他们目光如炬，哪怕一滴滴汗水滴落，也不言放弃，步伐沉重却踏实坚定！抵达终点的那一刻，人声鼎沸，掌声雷鸣。

接力跑比赛让人热血澎湃，那种拼搏、进取的精神在运动员身上体现得淋漓尽致。小小接力棒，棒棒传力量。

运动竞技不仅仅是意志的较量、速度的挑战，更是对一个团队凝聚力的考验。

【田赛赛场】

绿色竞技场，活力无极限。田赛场地的运动员们也毫不示弱，交出了完美的答卷。

沙土飞舞的跳远赛场上，运动员们个个摩拳擦掌，蓄势待发，向着自己的目标前进，随着"一、二……"口令的指引，选手们两脚分开，双手用力摆动，膝盖一弯一曲，使出九牛二虎之力，随着双脚着地，形成了一道道美丽的"彩虹"。沙坑上忽大忽小、忽近忽远的脚印，让观众们发出一声声惊叹。

垒球区的运动员们大力出奇迹，小小的垒球在天空中划过一条美丽的弧线……每一次投掷，都是激情的展现，每一次落地，都是努力的结果。

图 5-17　运动会师生掷垒球比赛

【趣味赛场】

你瞧，运动员们专注的眼神中蕴藏着志在必得的从容与自信。脚底发力，两膝微屈，蹬地腾空，动作如行云流水、一气呵成，单手投、双手投、投掷式、抛物式……优美弧线，完美进球，个个使出浑身解数和看家本领，在天空划出一道道美丽的弧线。他们的每一次进球都将场上的气氛一次次推向高潮。

小小足球在脚下不断穿梭，运动员们在赛场上不断调整步伐，防止足球跑得太快或偏离自己的可控范围，欢笑声随着足球飞转而升温，激情跟随足球的滚动而燃烧，一脚射门，惊心动魄，喊声四起："进球啦！"

【团体赛场】

毛毛虫竞速、车轮滚滚竞速同样吸引人，教师、同学们团结协作，争分夺秒，认真比赛。跌倒了的运动员，爬起来继续前进，虽输了比赛，却也不气馁，用实际行动诠释了不怕苦、不怕累、积极拼搏的运动精神。

当哨声在耳畔响起，当手臂在眼前挥下，一根线上的两支队伍，朝着相反的方向奋力而冲，拔河比赛将运动会推向高潮。到了决赛，随着裁判的一声哨响，各参赛队伍紧握长绳、卯足力气，双方咬紧牙关使出浑身解数，只为团体的荣誉而战。象征着胜利的红绳在两队之间摇摆不定，焦灼的氛围令人紧张不已。整个比赛高潮迭起，紧张激烈，团队精神和集体荣誉感展现得淋漓尽致。

图 5-18　运动会师生拔河比赛

颁奖典礼　梦想飞扬

12 月 9 日下午，全部比赛项目顺利结束，全校师生在操场上举行了运动会闭幕式，主持人宣布了此次比赛获奖个人和班级，学校领导为获奖个人、班级颁发了奖状和奖牌。

随后，郭俊峰副校长对全体运动员的积极参与表示衷心感谢，向获得优异成绩的运动员表示热烈的祝贺，向裁判员和全体教职工表示诚挚的谢意，并希望大家把运动会中发扬的团结、拼搏、不怕苦、不怕累的精神带到学习和工作中去。

团结有力量，竞赛创佳绩，我校第二届运动会在一片欢声笑语中圆满结束。在成长中运动，在运动中成长，我校师生一直奔跑在路上！

四、美术教学教研组

美术教学教研组现由 3 名教师组成，主要负责学校绘画与手工课程教学、潜能开发（艺术类）课程教学、学校各类美术设计（校徽、各类印刷品如校本教材及校刊的设计）等工作。

图 5-19　美术教学教研组教师教学研讨

美术教学教研组的成长大致分为两个阶段：第一阶段为2021—2022学年段，处于摸索阶段，当时本组共两名美术教师，共同完成了我校首届学生的高一阶段绘画与手工课程的教学任务；第二阶段为2022—2023学年段，处于升级阶段，在新的学年本组队伍人数从两人升级到三人，授课班级也从两个班级升级为四个班级。每个阶段都收获了不同的经验和成长。

（一）工作目标

美术教学教研组共同拟定一致的工作目标，确保心往一处想、智往一处谋、劲往一处使，着力服务我校的美术教育工作。教研组主要有以下两个共同的工作目标。

目标一：积极配合学校工作安排，认真完成美术组的教学及教研任务，努力发挥组内教师的各项专业能力，如彩绘、设计、塑像、书法、山水画等。

目标二：发现每位学生的美术潜能，努力发挥每位学生的艺术特长，提高特校学生的审美情趣和审美能力，提升生活品质。

（二）日常工作

教研组的日常工作包括绘画与手工课程教学、潜能开发课程教学、绘画与手工教学资源开发、学校教学资源的排版美化及印刷跟进、相关美术设计等。

教研组在教学中遵照教学要求，认真贯彻党的教育方针，坚持思想教育和技能教育，努力做好美育工作，按时保质地完成了每学期的教育教学工作。每周组织一次教研组工作例会，会议内容包括工作安排、内容分工、政治与专业学习等。利用每周例会探讨教学中遇到的问题及解决办法，对自己负责的工作进行汇报，布置下一步工作计划，处理突发事件等；定期收集组员突发奇想的"点子"，并对有用的"点子"进行集体讨论，之后针对性放大并实施。

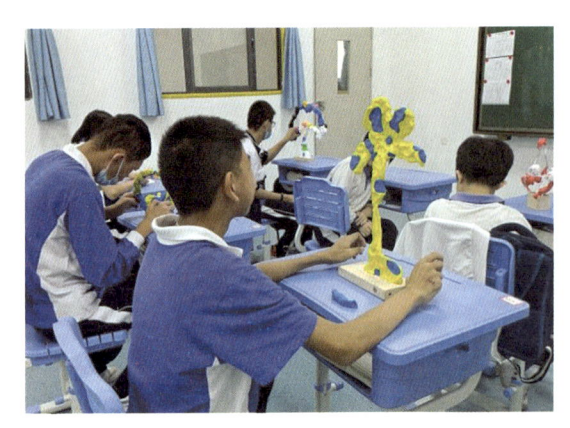

图 5-20　绘画与手工课堂、潜能开发课堂

在课程上，教研组结合《特殊教育教师专业标准（试行）》《生命安全与健康教育进中小学课程教材指南》《中华优秀传统文化进中小学课程教材指南》《培智学校义务教育绘画与手工课程标准（2016年版）》《义务教育艺术课程标准（2022年版）》等相关指导文件，制定了适合我校特殊高中生的校本课程，并开发了相关课程资源（如校本教材、课件、教学设计等）。每学期开展与中华优秀传统文化有关的主题式教学，更好地将中华优秀传统文化知识融入校本课程资源开发当中。每学期按照课程计划安排好课程任务，认真做好授课、备课、磨课以及教学反思工作。每学期期末通过教研组研讨会回顾和反思该学期的工作计划和教学大纲，并对工作计划和教学大纲进行仔细地修订，注重学科间的联系，尝试与其他学科的融合贯通，不断完善工作计划和教学大纲，以期为特殊高中生提供更合适的教育教学。

在潜能开发上，基于组内教师的专业能力，教研组根据不同年级学生年龄特点和身心发展规律，进一步挖掘学生的潜能，发挥他们各自的优势，开设了石英砂画、钻石画、水拓画、雕塑画、书法、水墨画、马克笔彩绘、纸黏土、泥塑等相关潜能开发课程，提高了学生对绘画与手工的学习兴趣和动手能力，不断开发学生的潜能，逐步提高学生的专业能力和艺术实践能力。

在设计工作上，教研组成员充分发挥自身的美术特长，参与学校一系列的美术设计活动，如校本课程教材的设计及排版美化（12个科目的校本课程教材及6个科目的指导手册、早读本、入学评估手册、寒暑假作业、学校大事记、党建工作汇编等）、学校试行版 Logo 的设计、校刊《爱特之声》的美术设计与排版、各类封面和会议背景（《心理健康档案》封面、《深圳市第二特殊教育学校家庭教育指导系列微课》封面、《简报汇编》封面、《全体教职工纪念册》封面、学校影城电影票、课题申报专家指导会背景、嘉年华展板等）的设计。此外，组长张骏还参与了深圳市教科院"深圳特殊教育教研"Logo 以及周边 VI 产品设计（现已被征用），并参与市级课题，负责学校自创"爱特生活"系列绘本的绘制（如《快乐相机》《我想交朋友》）。

图 5-21 校本教材封面设计

图 5-22 学校自创绘本

（三）美育活动

教研组共举办了两次全校性的美术节，活动内容丰富，活动环节有趣，学生体验感强，受到了全校一致的好评。

2022年6月27日至29日，我校组织开展了第一届以"艺术点亮生活　美育滋养心灵"为主题的美术节活动。此次活动的目的是激发学生对美术的兴趣，培养学生感受美、表现美、鉴赏美、创造美的能力，将身边事物变废为宝，给生活增添光彩，营造浓厚的校园艺术氛围，丰富师生的校园生活，从而促进学生全面发展，扎实开展素质教育。在本次活动中，教研组精心为师生们准备了三项有趣的艺术活动，分别为彩绘玻璃瓶、水墨扇面和彩泥相框DIY，涵盖了不同的美术创作类型，学生能从丰富的活动中体验成就感，充分感受艺术节的快乐。本次活动深受师生们的喜爱，学生们在教师的带领下制作出了十分精美的作品。

2022年12月12日至15日，我校成功举办了以"绘事微言，点亮生命之光"为主题的第二届美术节活动。此次活动旨在通过展览、参观和系列艺术活动等多种形式，进一步丰富校园文化生活，培养学生健康的审美情趣和良好的艺术修养，提高学生的综合素质。活动涵盖了不同类型的美术创作，包括"走进大师——常玉""中国传统纹样的应用""超轻黏土相框DIY"，让学生们得到了丰富的体验和成就感。本次活动不仅增强了学生们的动手能力，发挥了他们的想象力和创造力，同时也让他们感受到了艺术的魅力和将生活点亮的力量。

（四）成长收获

美术教学教研组积极动员组内教师报名参加各级各类课题和竞赛活动，获得了以下优异的成绩。

课题：1名教师作为主要成员参与1项市级课题。

教育教学：2名教师获本校2021—2022学年教师教学基本功暨教学设计比赛三等奖（张骏、龙伟）；1名教师获本校2021—2022学年"我的教育故事"征文比赛三等奖（张骏）；1名教师获2021年深圳市中小学教师微课大赛二等奖（张骏）；1名教师获2022年深圳市中小学"在线教学"优秀课例三等奖（张骏）。

专业技能：1名教师获2022年深圳市第十届绘画职业技能竞赛三等奖（龙伟）；1名教师的《中国画学——实验性水墨画的品质与表现》获得浙江省省级线上一流课程（龙伟）；1名教师2022年被湖北省文联书法报书画天地选为全国中青年人物50佳（龙伟）；1名教师的作品《鹏城雨过》入选水韵墨境2022年光明区水墨艺术展（龙伟）；1名教师获2022年中央美院"千里行奖"提名奖（霍启鹏）；1名教师获2022年曾竹韶雕塑艺术奖学金提名奖（霍启鹏）。

学生竞赛指导：1名教师指导3名学生获深圳市中小学生安全教育主题宣传作品创作大赛高中组优秀奖（张骏）；1名教师获评2022年深圳市中小学黑板报征集活动优秀指导教师（霍启鹏）。

经过近两年的磨砺，教研组的教学经验逐渐丰富，管理组织日渐有序。教师们对特校学生的了解也逐步加深，对特殊教育课程也有了更清晰的理解，对艺术教育有了更深刻的体会，也对生命教育有了新的思考。

> **拓展阅读**

"绘事微言，点亮生命之光"
——深圳市第二特殊教育学校第二届美术节活动总结与心得

美术教学教研组

为进一步丰富校园文化生活，培养学生健康的审美情趣和良好的艺术修养，提高学生的综合素质，努力营造积极向上、快乐无限的校园文化氛围，我校于 2022 年 12 月 12 日至 15 日组织开展了第二届以"绘事微言，点亮生命之光"为主题的美术节活动。

本次活动主要包括展览开幕式、参观展览、各班级创作活动（高二年级为合班）。美术教学教研组精心为师生们准备了三项有趣的艺术活动，分别为"走进大师——常玉""中国传统纹样的应用""超轻黏土相框 DIY"，涵盖了不同的美术创作类型，学生能从丰富的活动中体验成就感，充分感受艺术节的快乐。

活动一（12 月 12 日）：开幕

2022 年 12 月 12 日由主持人及美术教学教研组组长张骏在高一年级架空层和走廊介绍本次美术节主题以及流程。美术展览展现美术课程的整体面貌，希望通过美术作品展览及艺术活动的形式来激发学生们的创作热情，同时感谢学校、教导处以及各位教师的支持。其后由教导处梁涛主任宣布美术节活动顺利开幕。

活动二（12 月 12 日）：参观展览

美术教学教研组各教师轮流介绍本学期日常教学和潜能开发课程设置，并结合相关作品进行成果讲解，过程中也让同学对自己的作品进行介绍和相互交流，达到了不同年级之间进行学习交流的效果。

图 5-23　美术节学生作品展览（一）

图 5-24　美术节学生作品展览（二）

活动三（12 月 13 日至 15 日）：系列艺术活动

12 月 13 日的艺术活动由美术教学教研组教师龙伟主持，主题为"走进大师——常玉"。教师和同学们积极参与，十分认真地观看了常玉的传记视频。该活动让学生们了解了我国优秀的艺术大师，切实感受到了大师绘画的美，陶冶了学生的情操。

12 月 14 日的艺术活动由美术教学教研组组长张骏主持，主题为"中国传统纹样的应用"。本活动的设计旨在通过中国传统纹样的学习，了解更多的中国传统文化，丰富学生们的知识。

图 5-25　学生参与系列美术活动

12月15日的艺术活动由美术教学教研组教师霍启鹏主持，主题为"超轻黏土相框DIY"。师生们用精巧的双手制作出了立体感十足的精美相框，加强了动手能力，想象力及创造力也得到了发挥。

本次美术节圆满结束，教师和学生们共同创造出很多优秀的艺术作品，师生们都收获满满。通过本次活动，不仅给我校增添了浓浓的艺术气息，同时让大家感受到了即使生活时而很平淡，我们也可以通过艺术将生活点亮！

活动反思：

对学生而言，首先，通过本次活动能够加强特校学生的动手能力，并在创作中发挥自己的想象力和创造力。这种创作过程不仅是一种艺术表达，更是一种有益于学生综合发展的锻炼方式。其次，本次活动还让特校学生们了解和欣赏了不同类型的艺术形式，逐步培养他们的审美情趣和艺术修养。最后，活动提高了特校学生的社交能力和团队合作能力。在活动中，学生们需要进行互相沟通、协作并关注彼此的创作成果。这种合作和互动可以促进学生之间的交流和情感融合，增强学生的集体荣誉感和归属感。

对教师而言，首先，通过此次活动教师深刻体会到美术对于学生综合素质培养的重要性。美术不仅是一种艺术形式，更是一种思维方式和生活态度的表达。其次，本次活动团结了全体美术教学教研组成员，大家在共同策划、安排并参与活动的过程中，深入交流，互相学习，形成了良好的团队氛围。在后续工作中，我们可以更好地协作，共同促进学生美术素养的提高。最后，我们认为本次美术节不仅是一次文化活动，更是一项教育活动。通过这样的活动，学生们不仅在美术方面取得了成果，在综合素质上也得到了提高。对于以后的工作，我们将更加注重培养学生的综合素质，注重学生的个性发展，让学生在各个方面得到更好地提升和发展。同时，我们全组成员要继续加强沟通和交流，共同促进学校美育工作的开展，为学生的全面发展贡献自己的力量。

第二节 跨专业学习小组实践探索

以研讨学习为主要内容的跨专业学习小组命名为"青年教师工作坊"。该教师工作坊在社会建构主义和团体动力学理论的指导下，开展校本研修活动，让团体中成员之间紧密联系，互相影响。共同体中的互助学习形式主要包含协作教学、同伴互助、观摩和导师制。协作教学的重点是共同学习、共同解决教学中存在的问题的。

基于我校实际和教师成长的需要，学校先后成立了6个教师工作坊。

一、教师工作坊发展背景

2021年6月17日至19日，深圳市第二特殊教育学校全体成员（第一批新教师）在深圳海贝湾酒店进行了试岗实习集中培训，正式建立了4个教师工作坊（见表5-1），并推行了《深圳市第二特殊教育学校新教师工作坊方案》（以下简称《方案》），利用《方案》管理好教师工作坊。

表5-1 第一批教师工作坊分组

组名	组长	组员
特教吾小白	郭俊峰	邓婷（思政）、罗海萍（特教）、刘慕泽（信息技术）、麦子翘（特教）、林璇（音乐）
深爱特	龚克	秦铭欢（特教）、邱媛（心理）、牛嘉（体育）、袁弯弯（体育）、王少雯（特教）
贰叁叁	范静	何静仪（特教）、亢鸿志（音乐）、潘鹏期（康复）、姜楠（心理）、龙伟（美术）
特教之光	梁涛	岳飞（体育）、李绮珊（心理）、余珊珊（康复）、张骏（美术）、禤姝颖（特教）

图5-26 教师工作坊部分代表

《方案》要求教师工作坊作为教师成长共同体，实现专业互补、跨学科交流。各组要自选组长、自定组名，并要求开设工作坊公众号，每周汇编小组成员学习心得。此工作坊将一直延续，不限于居家隔离期及适岗实习期。

各教师工作坊按照《方案》落实行动，每周组织工作坊研讨会，共同交流、学习和探讨，并将学习心得汇总发布在各公众号平台上。

图 5-27　教师工作坊运营的部分公众号

二、教师工作坊在实践中成长

（一）相互学习、相互交流

教师们在相互学习和相互交流中不断成长。工作坊成员制定共同的成长目标，通过阅读分享、文献学习分享、电影视频学习分享、培训汇报与心得分享、教学反思分享等丰富的形式，让"一份智慧"通过分享，复制、粘贴出"多份智慧"，让每位成员的实践经验和理论知识得到了较快的拓展和提升，让工作坊齐心协力不断向目标努力奋进。

"组内的特校教师让我这个非特校教师对特殊教育、特殊儿童有了更多、更深的了解，而且这种提升来得更快、更直接。"——张骏（美术）

"一开始的时候，我们就是一起相互交流学习心得，当时设定的目标就是相互学习，相互提高，相互交流……不同学科之间的教师能够从不同的角度去交流自己的心得，我们就可以学习到可能不只是这一学科的一个领域上面的知识技能……还能学到一些别的知识，比如教师工作坊里面还会分享一些怎么制作公微信公众号的信息。"——牛嘉（体育）

"我们教师工作坊会有一个阅读分享的活动，就是会自己去学一些知识，看书或者上网学习一些与特教相关的知识，学习完了之后会分享。有时我们还会组织共同的学习活动，比如一起看一些与特教有关的电影、纪录片。这些学习完大家还会一起分享，分享完之后还会

把它形成一篇文章在公众号上发表，让更多的人可以看到我们的想法。"——罗海萍（特教）

（二）相互关爱、相互支持

在工作和学习之外，教师工作坊也成为新教师的一个"生活共同体"。在日常生活中，教师工作坊成员会经常聚在一起吃饭、聊天、进行休闲娱乐活动等，教师工作坊成为教师们茶余饭后的一个嘘寒问暖、舒缓身心、调适自我的团体。当教师工作坊成员遇到工作或生活问题和困难时，其他成员也经常伸出援手。因此，教师工作坊除了能够帮助新教师更好、更快地适应工作以外，还为四面八方聚集于此的新教师提供了一个温暖的"港湾"，提升了教师工作的幸福感。

"我们就像一个有爱的大家庭，教师工作坊的成员就像我的兄弟姐妹，让我工作得更快乐、更幸福、更安心。"——麦子翘（特教）

"除学习活动之外，还让大家有一个社交的机会，比如说几个人一起出去玩、一起去聚餐，可以增进我们的感情，让大家可以有更丰富的业余生活。"——罗海萍（特教）

第三节　课题组实践探索

常言道"课题研究是教师成长的'快车道'"。课题研究是校本研修的重要组成部分，课题研究以科研的思路审视教学过程，并通过教学实践使其得到提升与飞跃。课题研究是教师专业发展的助推器，有利于增强教师发现问题、分析问题、解决问题的能力，综合提升教师的专业素质（实践能力、洞察能力、评判能力、创新能力），促进教师角色由教育者向反思者和研究者转变。

自开办以来，我校以"科研立校、科研强校、科研兴校"为目标，一直坚持以研促教，深化课题研究，助推质量提升。校领导鼓励全体教师申请省、市课题研究，参与课题研究目的是以课题研究为依托，促进教师自身的专业成长。我校青年教师以拼搏的姿态积极参与课题研究，在课题研究中不断磨砺专业能力，获得专业提升。

一、课题管理

课题研究是学校发展的主引擎之一，为了更好发挥课题的成效，助力学校特殊教育高质量发展，学校根据国家、省、市教育科研项目与课题的相关规定，结合学校实际，加强教育科研项目和课题的管理。2022 年 6 月发布了《深圳市第二特殊教育学校教育科研项目、课题管理暂行办法》，并要求各科研项目及课题组依照办法执行。

> **拓展阅读**
>
>
>
> **深圳市第二特殊教育学校教育科研项目、课题管理暂行办法**
> **（节录）**
>
>
>
> **总则**
>
> 第一条 为了规范学校教育科研项目、课题管理，促进学校教育科学研究，助推学校教育事业更好更快发展，依据国家、省、市教育科研项目、课题有关规定和学校教育教学实际，制定本办法。
>
> 第二条 设立学校教育科学研究项目、课题旨在搭建教育科学研究平台，体现国家、社会、学校、教师和学生需求，聚焦于解决学校在教育管理、课程建设、教育教学、教师专业成长、特校学生发展等方面遇到的实际问题。
>
> 第三条 学校教育科学研究管理工作必须坚持正确导向，突出学校办学特色和水准，注重科学管理，弘扬优良教风学风。
>
> 第四条 组织实施学校教育科学研究项目及课题，应该遵循公开、公平、公正的原则，充分发挥特殊教育领域专家、学者的积极作用。采取宏观引导、自主申请、平等竞争、专家评审、择优支持的机制。
>
> 除总则与附则外，主要从组织与职责、申请与评审、资助与实施、监督与处罚四方面规范学校教育科研项目、课题管理。

二、课题在研情况

作为一所成立不到两年的新学校，我们已经拥有了数量较多、质量较佳的课题项目。目前学校在研的课题共计 15 个（见表 5-2），其中省级课题 3 项、市级课题 4 项、校级课题 8 项。

表 5-2　学校教育课题研究在研项目

序号	立项年份	级别	主持人	课题名称	课题项目	课题主办单位	课题项目号
1	2021年	省级	刘应龙	构建特殊教育高中新任教师专业共同体的循证研究	2021年度广东省特殊教育研究专项课题	广东省教科院	GDJY-2021-T-a09
2	2021年	省级	梁涛	新形势下构建培智类高中学生家庭教育指导服务体系的实践研究	广东省教育科学规划课题（德育专项）暨广东省中小学德育课题	广东省教育厅	2021ZXDY023
3	2021年	市级	郭俊峰	以艺术治疗为基础的培智类高中心理健康课程建设的实践研究	深圳市教育科学"十四五"规划2021年度课题	深圳市教育科学规划小组	ybzz21029
4	2021年	市级	刘应龙	孤独症高中学生个别化生涯教育计划行动研究	深圳市教育科学"十四五"规划2021年度课题	深圳市教育科学规划小组	dwzz21014
5	2022年	校级	彭婧	培智高中休闲生活校本课程的实践研究	深圳市第二特殊教育学校2022年度教育科学研究课题	深圳市第二特殊教育学校	SZET2022A01
6	2022年	校级	林璇	"新体系"体验式音乐教学法在培智高中歌唱教学中的应用研究	深圳市第二特殊教育学校2022年度教育科学研究课题	深圳市第二特殊教育学校	SZET2022A02
7	2022年	校级	秦铭欢	培智高中社会适应课程资源建设研究	深圳市第二特殊教育学校2022年度教育科学研究课题	深圳市第二特殊教育学校	SZET2022S03
8	2022年	校级	麦子翘	培智高中社会适应课程标准建设研究	深圳市第二特殊教育学校2022年度教育科学研究课题	深圳市第二特殊教育学校	SZET2022S02
9	2022年	校级	岳飞	PRT干预对培智高中孤独症学生运动技能学习成效的实验研究	深圳市第二特殊教育学校2022年度教育科学研究课题	深圳市第二特殊教育学校	SZET2022E01
10	2022年	校级	金瑾	培智高中实用英语校本课程建设的研究	深圳市第二特殊教育学校2022年度教育科学研究课题	深圳市第二特殊教育学校	SZET2022S05
11	2022年	校级	罗海萍	核心素养背景下在种植劳动课程中培养培智高中学生社会参与素养的研究	深圳市第二特殊教育学校2022年度教育科学研究课题	深圳市第二特殊教育学校	SZET2022S01

续 表

序号	立项年份	级别	主持人	课题名称	课题项目	课题主办单位	课题项目号
12	2022年	校级	邱媛	培智高中通识教育校本课程内容体系构建研究	深圳市第二特殊教育学校2022年度教育科学研究课题	深圳市第二特殊教育学校	SZET2022S04
13	2022年	省级	麦子翘	培智高中生通用就业能力现状的调查研究	2022年度广东省特殊儿童发展与教育重点实验室开放基金	广东省特殊儿童发展与教育重点实验室	TJ202204
14	2022年	市级	邓婷	"大思政课"视角下培智高中学生爱国主义教育的实践研究	深圳市教育科学"十四五"规划2022年度课题（思政教育专项课题）	深圳市教育科学规划小组	szjy22026
15	2022年	市级	张政	指向孤独症高中生社会交往能力的特殊音乐教育行动研究	深圳市教育科学"十四五"规划2022年度一般资助课题	深圳市教育科学规划小组	ybzz22026

三、收获与成长

课题研究是一个漫长的过程，主要包括申请、立项、开题、中期汇报、成果撰写、结题等多个环节，理论与实践不断交织，知识和经验不断增长。学校在物质保障和专家指导上给予了课题组大力支持。例如，学校为课题组购买了知网数据库和大量科研所需书籍、文献。另外，学校还多次邀请各位高校专家、学者和知名一线教师指导课题的开展，在文本撰写、研究设计、成果展示等方面给予了较多有效、科学的意见和建议，专家指导的过程有助于新教师形成严谨、高效的科研意识，做好课题研究，最终帮助教师在实际中解决教育教学问题。在整个过程中，各课题组成员之间紧密联系、相互配合，共同朝着一个目标出发，从"被动"走向"主动"，在共同愿景下，在共同学习和分享中获得了不同程度的收获成长。

（一）主持人的收获成长

"主持校级课题和开展研究的过程中，我发现研究课题是一个漫长、复杂的过程，做科研需要耐心、恒心、专心，才有可能在漫长的研究中收获一定的经验与成果。研究课题是为教学寻找更好的经验方法，以后在教学、管理班级中也应该多收集、记录存在的问题，积极思考解决的办法，为研究课题做准备，让课题研究与教学相辅相成。其中，我在搜索文献资料方面收获比较大。和团队成员一起学到了很多搜索文献资料的方法，在知网上搜索可以更换关键词与组合搜索需要的资料，还可以在书籍、报刊、公众号、网络中搜索。在本次课题研究中，我从寻找研究方法、设计研究，一直到实施研究、收集研究资料等都参与其中，收获也非常大。"——罗海萍（"核心素养背景下在种植劳动课程中培养培智高中学生社会参与素养的研究"校级课题主持人）

"在课题研究中，小组成员聚焦于相同的课题展开交流和研讨。首先，我们推动了课题研究的纵深发展，通过发挥集体的力量，尽可能科学严谨地开展教育研究，解决研究问题，达到研究效果，期待能够为教育教学实际提供支持。其次，课题研究也能够加强课题组成员之间的联系，让大家向着同一个目标努力，教师能够自由分享自己的观点和资源，同伴间的交流更多了，大家彼此的了解也更多了。所以在课题研究中我们不仅解决了课题研究的问题，也加强了教师彼此的联系，有助于持续性解决问题。就我个人而言，最大的收获是让我更加清楚地认识到课题研究不是一个人完成的，需要团队的合作，发挥协作的力量。具体来说，课题组每一个成员都有自己的特长和专业优势，在研究中，大家发挥自己的优势让研究方法更加合理、研究过程更加完善、研究结果更加有效。所以在课题研究中，我觉得收获最大的不只是课题本身，更多的是课题组成员之间的合作关系。"——秦铭欢（"培智高中社会适应课程资源建设研究"校级课题主持人，"构建特殊教育高中新任教师专业共同体的循证研究""孤独症高中学生个别化生涯教育计划行动研究"省、市级课题实际负责人，"培智高中生通用就业能力现状的调查研究""培智高中社会适应课程标准建设研究"省、校级课题组成员）

（二）课题组成员的收获成长

"参与课题的过程让我更深入地了解了特殊教育的概念、方法和实践。学习了如何制订个性化的教育计划，以及如何与不同学科同事合作。通过参与特殊教育研究项目，可以发展研究设计、数据分析和论文写作等方面的研究技能，大家共同思考如何最好地支持有特殊需求的学生。主要的收获有以下几方面：在研究过程方面，我学会了如何正确地提出问题、制订研究计划、收集数据并进行分析，这提升了我解决问题的能力；在沟通能力方面，在团队中不断地与其他成员交流合作，这锻炼了我的沟通能力和协作能力；在专业知识方面，在课题组中我学到了更多的特殊教育方面的专业知识和技能，这让我对这个领域有了更深入的了解。"——张骏（"以艺术治疗为基础的培智类高中心理健康课程建设的实践研究"课题组成员）

"参与课题的过程中，我进一步了解和学习了课题相关领域的专业知识与技能，提高了专业能力；我还了解了科研项目的流程与规范，积累了课题研究的相关经验；最后，我的团队协作能力、与课题组成员互相协作和交流的能力也得到了提高。其中收获最大的是了解了一线学校开展课题研究的流程与规范，积累了课题研究的相关经验。"——李绮珊（"以艺术治疗为基础的培智类高中心理健康课程建设的实践研究""新形势下构建培智类高中学生家庭教育指导服务体系的实践研究"课题组成员）

"作为一名新教师，课题一开始对我来说是很困难的，并不知道如何入手。在进入了校级课题'核心素养背景下在种植劳动课程中培养培智高中学生社会参与素养的研究'后，我发现其实一个课题的选题不需要有多高大上，从教学的实际出发，可以使课题研究更脚踏实地。而在经历了真正的研究过程后，我对于继续学习有了更深刻的认识——课题研究的过程是发现问题的过程，更是不断学习的过程。课题研究需要我们查阅很多的文献，翻阅更多的书籍，追踪新的教育教学理念——课题研究和教育教学一样都不能只'吃老本'。我觉得我在做该课题的过程中最大的成长是在专业发展方面，日后在课题研究的过程中我会进行更多的学习。"——禤姝颖（"新形势下构建培智类高中学生家庭教育指导服务体系的实践研究""孤独症高中学生个别化生涯教育计划行动研究""核心素养背景下在种植劳动课程中培养培智高中学生社会参与素养的研究""'新体系'体验式音乐教学法在培智高中歌唱教学中的应用研究"课题组成员）

📖 拓展阅读

课题促提升　研究助成长
——我校 2022 年教育科学研究课题开题评审会顺利举办

教导处

深圳市第二特殊教育学校本着"科研立校、科研强校、科研兴校"的宗旨，为进一步推动学校教育教学课题研究工作，鼓励和倡导学校教师积极申报校级课题，让教师在认真履行教学任务的同时，理性地思考自己教育课程的方向和重点，促使学校教育科学研究工作落到实处。

2022 年 7 月 2 日上午，我校在线举行 2022 年教育科学研究开题评审会。本次活动由教导处梁涛主任主持，邀请了华中师范大学雷江华教授、岭南师范学院郑剑虹教授和厦门市特殊教育教研员李玉影主任担任本次课题开题的评审专家，我校刘应龙校长、郭俊峰副校长及全校教师共同参与。

郭俊峰副校长就我校发展现状、课程设置及本次校级课题设置等内容进行介绍。随后梁涛主任宣读关于 2022 年教育科学研究课题立项的通知。

共同体视角下的特殊教育学校新教师培养

图 5-28　2022 年度校级课题开题会

彭婧、林璇等 8 位校级课题主持人分别就申报课题做了开题报告，对课题的研究背景、研究意义、研究现状、研究内容、研究思路、预期成果等内容进行了详细阐述。

图 5-29　校级课题主持人开题汇报

评审专家充分肯定了我校课题抓住了课程建设的核心问题，聚焦问题，凝聚主题；体现了科研兴校的理念、意识，体现了科研强校的学校发展思路。各位评审专家先后对各校级课题开题报告给予精准全面的指导，专家们对课题文本及课题研究主题等给予了充分的肯定。雷江华教授代表评审专家组建议学校对 8 项课题予以开题。

随后，郭俊峰副校长对各位评审专家表示感谢，鼓励各位课题主持人，勉励大家"路虽远，行则将至，事虽难，做则必成"。

刘应龙校长再次表达了感谢和感慨，感谢专家团队的指导，感慨学校教师的勇气。并对课题研究提出四点具体建议：一是理论要有依据；二是研究方向要更切合实际；三是研究方法要更适合操作；四是研究目的与研究内容要更吻合。最后，期望所有教师能够注重学习，在学习中做研究，在研究中工作，在工作中学习研究。

大量研究发现，教师实践共同体有多种重要价值，[①] 在我校专业共同体的实践中这些价值

[①] 张平，朱鹏. 教师实践共同体：教师专业发展的新视角［J］. 教师教育研究，2009，21（2）：56-60.

都得到了很好的体现。

第一，有利于发展新教师的实践性知识，提升实践智慧。新教师往往最缺乏的就是实践经验。专业共同体以教师的教学实践为基础，它并不提供解决问题的现成方法，而是通过共同体的活动去发现价值、分享观念和发展知识。通过共同体的活动，教师在形成自己实践性知识的同时，通过不断交流和经验的分享，实现知识的个体性和公共性的统一，又在不断地实践反思当中形成新的实践性知识，在反复的交流、分享和反思过程当中提升实践智慧。

第二，有利于培育教师合作文化。教师们一般都是以学科的形式进行教学教研活动，学科文化特征十分明显。新教师往往不知道如何真正地开展合作，只能按照惯有的思路和方式进行，对教育的关注也难以扩及至全校的课程发展问题上。丰富的专业共同体打破了传统的学科界限，建立起一种真正意义上的合作文化。跨学科共同体合作文化是教师之间齐心协力、开放包容的表现，它是基于教师之间相互信赖、相互支持所形成的一种关系形式；合作是真诚的、深入的、内在的，是参与共同体实践的教师自我选择的结果。

第三，有利于提升新教师实践反思和解决问题的能力。共同体成员通过对话、交流与合作，获得了更多的经验。个体通过吸收不同的观念，在不断系统化的过程中获得实践智慧的提升，并在此基础上与共同体成员再交流、再分享，这时能够促使群体学习活动向着纵深和更高级的程度迈进。正是在这种反复交流和反思的过程中，教师专业能力得到发展和提高。如教师通过共同体交流，处理孤独症学生情绪行为问题的意识和能力提升较快。

第四，有利于促进新教师向专家型教师的转化。共同体成员的学习目标、专业背景、认知能力各不相同，对于新教师而言，观察和模仿专家教授解决问题的方法和思路是取得进步的重要渠道。通过与共同体中经验丰富的教师的交流、对话和分享，新教师对于共同体共同愿景的理解程度不断加深，对要解决问题的认识不断深入，并逐步将其内化成具有个体性的实践智慧。在参与共同体实践的过程中，参与教师的能力不断提升，逐渐从"初级学习者"发展为"专家型学习者"、从"初级研究者"发展为"高级研究者"。

第五，有利于提升教师学习的有效性和针对性。专业共同体以教师的日常生活为学习环境，以现实性意义的内容和问题为学习内容。教师从中学到的是情境性、个体性的知识，进而能够提升实践智慧、增强应用知识能力、增强解决课堂教学实践问题及课程资源开发的能力。在教师实践共同体的学习中，除了制定长期目标以外，更多的时候是为了解决即时的教育教学问题，通过寻求学习活动对于教师实践的当下意义，激发教师参与学习、乐于学习的积极性，从而大大提高教师学习的有效性和针对性。

在发现价值的同时，我们也发现了实践过程中的一些问题，对于实践共同体而言，以"项目任务"为驱动的专业发展形式不是学校外部支持的理想模式，如何将这种项目研究的开展真正内化为教师的内在发展需求，进而达到教师的个人发展需求与学校组织目标的统一,从而建立起真正意义上的专业共同体,是共同体能否发挥出应有作用的关键所在。要达到这个目标,我们需要更加强调以校为本的教师行动研修。因此,学校应从以下四个方面构建良好的校本研修机制。首先,提供时间、经费、信息等资源保障,为项目实施创造基本条件。其次,建立校本协调机构,要成立校级领导领衔的项目协调小组,有效地引导全体教师积极参与研修活动并从中获益。再次,建立有效的教师参与机制和激励机制,强化教师对参与高校支持教师专业发展项目的认同感,激励教师从"被动应付"走向"主动发展",在教育教学研究中增强个体的主体意识和理性反思。最后,健全校本教研制度,开展经常性的校本教研活动,充分发挥教研组、课题组、工作坊在研究学生学习、改进教学方法、优化作业设计、解决教学问题、指导家庭教育等方面的作用。

第六章 特殊教育教学案例

特殊教育教学案例一般能体现出特校教师对于课堂的教学设计及反思能力。其中特殊教育教学设计是指教师根据特校学生的学习能力、现有水平与发展需求对教学目标、教学内容、教学策略和方法等进行的规划，以实现有效教学。特殊教育教学反思是指特校教师对教育教学实践的再认识、再思考，并以此来总结经验教训，进一步提高教育教学水平。特殊教育教学设计及反思是特校教师必备的专业技能之一，经过专业共同体的实践，特校新教师的教学设计和反思能力往往能够得到显著提升。

第一节 特殊教育基础课程教学案例

特殊教育学校的高中基础文化课程突出基础性，要求学生通过学习独立生活、适应社会所需的知识与技能，树立自尊自信，能够运用智慧学会学习和生活，并为专业技能和职业生涯发展奠定基础。基础文化课程主要包括实用语文、实用英语、实用数学、通识教育、社会适应等。

一、实用语文教学案例——以《我的家乡》为例

（一）教学内容

《我的家乡》是第三单元《美丽中国（一）》的第三课，在学生已经初步了解了祖国的大好河山后，走进自己的家乡——了解并介绍自己的家乡。期望通过本课的学习能让学生对自己的家乡有更深入的了解，并且能够运用文字向他人介绍家乡。

本课教学预计安排了两个课时。第一课时为阅读课，让学生整体把握本次写作的主题——介绍家乡，了解介绍家乡应该包含哪些内容，并通过课文内容了解我国更多城市；第

二课时为写作课，让学生在了解整体写作框架和主要内容的基础上进行书写练习。

本节课为第一课时，通过对范文的精读熟悉介绍家乡的主要内容并了解书写时的整体架构，同时，在详解课文结构的过程中结合图片和视频了解我国四川省自贡市，增加对祖国城市的认识。

（二）学情分析

本班共有 8 名学生，5 名为智力障碍者，2 名为多重障碍者，1 名为唐氏综合征患者。这些学生中大部分具备一定的书写能力，具有一些写作的基础，但都难以独立进行写作，需要教师进行作文的结构和内容引导。

根据学生的阅读、书写能力，我们将班级 8 名学生分成 3 组，分别对应于掌握、知道、了解这三个不同层级的教学目标。

（三）教学目标

1. 共性目标

通过课文、图片和视频，了解四川省自贡市。

2. 个性目标

A 组：可以正确认读课后词语"流连忘返、绚丽夺目、久负盛名"，并识记其含义；能根据课文内容，总结介绍家乡类文章包含的主要内容，掌握写作框架。

B 组：能跟读课后词语"流连忘返、绚丽夺目、久负盛名"，并了解其含义；能在教师提示下，根据课文内容总结部分介绍家乡类文章包含的主要内容。

C 组：在教师全肢体辅助下，指认课后词语"流连忘返、绚丽夺目、久负盛名"；在教师全肢体辅助下，指认介绍家乡类文章包含的主要内容。

（四）教学重难点

根据课文内容，总结介绍家乡类文章包含的主要内容，掌握写作框架。

（五）教具准备

多媒体教学设备、教学课件、学生学习任务单、四川省自贡市相关图片和视频等。

（六）教学方法

讲授法、问答法。

（七）辅管教师注意事项

辅管教师为 B 组学生提供课堂提示并辅助其完成学习任务单；关注 B 组、C 组学生课堂专注度情况。

```
生    生    生    生
                        辅1
生    生    生    生
            辅2
```

图 6-1　学生及辅管教师座位图

（八）教学过程

1. 组织教学

（1）课前朗读：《回乡偶书》。

（2）师生问好。

2. 歌曲导入

教师：在学习今天的课程内容前，先请同学们欣赏一首歌曲，这首歌曲的名字暂时保密，请大家待会认真听，在歌曲中寻找到它的名字。

教师活动：引导学生注意聆听歌曲，给予提示"歌曲中反复出现的，就是这首歌的名字"。

学生活动：聆听歌曲，并尝试在歌曲中寻找歌名。

教师：这首歌的名字是《家乡美》，它唱出了家乡的人和家乡的风景。我们每个人都有家乡，这节课就让我们一起来走进第三单元第三课，走进作者的家乡，看看作者是如何跟大家介绍他的家乡的。

教师活动：板书课题并带领学生朗读课题。

3. 知识新授

（1）阅读导语，走进课堂。

教师：请同学们带着这三个问题一起来阅读课文的导语部分。

教师活动：教师出示问题、文段，并带领学生朗读导语，寻找答案。

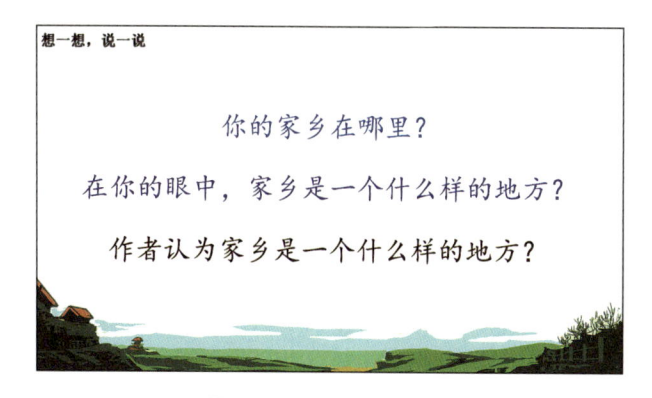

> 想一想，说一说
>
> 你的家乡在哪里？
>
> 在你的眼中，家乡是一个什么样的地方？
>
> 作者认为家乡是一个什么样的地方？

图 6-2　课程导入示意图

教师：在导语部分有这样一个词语，我们一起来积累一下。

教师活动：出示词语及其含义——流连忘返（这个地方太美、太好，留恋不止，忘记返回）。

学生活动：学习并积累词语"流连忘返"。A组学生抄写含义；B组学生给词语及其含义连线；C组学生在教师帮助下指认。

（2）精读文本，总结要点。

教师：让我们带着问题一起来阅读文章第一自然段，学习介绍家乡文本的第一和第二个方面。

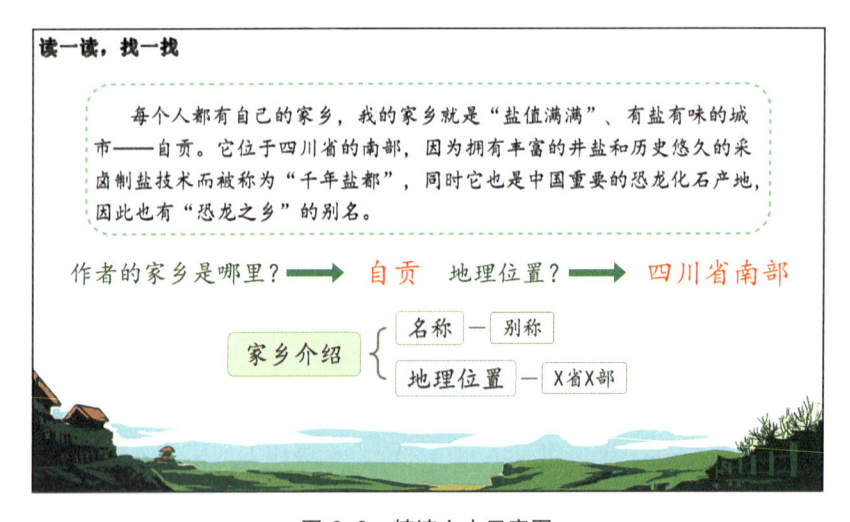

图 6-3　精读文本示意图

教师活动：教师出示第一自然段，同时出示两个问题引导学生阅读并分析第一自然段，从而推出书写介绍家乡文本的第一和第二个方面。

教师：让我们带着问题一起来阅读文章第二自然段，学习介绍家乡文本的第三个方面。

教师活动：教师出示第二自然段并提出"作者对家乡的感情是什么、为什么会产生这样的感情"两个问题，引导学生朗读文本第二自然段，从而推出介绍家乡文本的第三个方面。

教师：在第二自然段还有一个词语需要同学们积累学习。

教师活动：出示词语及其含义——久负盛名（长时间地享有好的名声和评价）。

学生活动：学习并积累词语"久负盛名"。A组学生抄写含义；B组学生给词语及其含义连线；C组学生在教师帮助下指认。

教师：让我们一起再阅读文章第三自然段，学习介绍家乡文本的第四个方面。

教师活动：教师出示第三自然段并提出介绍家乡文本的第三和第四个方面。

4. 课堂巩固

图 6-4 要点回顾示意图

（1）要点回顾。

教师活动：教师提问并引导学生分别回答如何介绍家乡的要点。

学生活动：A 组学生分别回答第二、三、四要点；B 组学生分别回答包含几个方面及第一要点；C 组学生在教师帮助下进行要点指认。

教师活动：教师出示排序游戏进行要点巩固。

学生活动：A 组学生、B 组学生回忆要点顺序；C 组学生在教师帮助下进行排序。

（2）词语回顾。

学生活动：A 组学生回忆词语含义；B 组学生朗读词语及其含义；C 组学生在教师帮助下进行连线配对。

5. 课堂总结

教师：通过课文《我的家乡》，我们一起走进了作者宜居、宜品、宜游的家乡——自贡市，看到了很多的美景、美食，同时也学习到了在写介绍家乡的文章时，我们可以从四个方面进行，下节课就让我们一起尝试写一篇文章，介绍自己的家乡。

6. 课后作业布置

A 组学生：（1）抄写并朗读词语及其含义，各两遍。

（2）写一写家乡介绍文本包括几个部分，分别是什么。

B 组学生：（1）朗读词语两遍，并将词语与其对应意思连线。

（2）选一选家乡介绍文本包括几个部分，分别是什么。

C 组学生：（1）指认词语。

（2）指认家乡介绍文本的各个部分。

（九）板书设计

```
            我的家乡
    流连忘返  绚丽夺目  久负盛名
    家乡介绍：1. 名称
             2. 地理位置
             3. 家乡特色
             4. 总结
```

图 6-5 "我的家乡"板书设计

（十）教学反思

（1）本课教学采用视频导入的方式进行，学生在观看视频的同时进入上课状态，并通过视频了解本课的主题。

（2）通过反复阅读课文，让学生了解文章中需要积累的词语，借助上下文语境更好地理解词义。

（3）通过课文学习，让学生根据关键字词尝试理清文章结构，增加学生的学习主动性和课堂参与性。

（4）课文重点以思维导图的形式呈现，结构更有条理性，更方便学生进行识记。

（5）讲解词语"流连忘返"时，可以借助生活中的情境或创设一个生活情境让学生更容易理解，如"在游乐场玩耍"等。

教师简介

褟姝颖，毕业于南京特殊教育师范学院，现为深圳市第二特殊教育学校教师。任教生活语文、西式面点课程，同时担任班级辅管教师。2021年获深圳市中小学教师微课大赛三等奖。

二、实用英语教学案例——以"Career choices"为例

（一）教学内容

"Career choices"是培智高中实用英语校本教材高一上册第四单元"Career planning"的内容，主要介绍常见的职业，包括"baker""police officer""chef""firefighter""waiter""delivery man""salesperson"等。本课教学要求学生使用"What do you want to be?"与"I want to be a _____."表达对未来职业的规划。学生对职业话题熟悉，在学习过程中比较容易与现实生活建立连接。本课在整个单元课程表中的位置如表6-1所示。

表 6-1　单元课程表

单元内容	课程内容
Unit4 Career planning	Lesson1：职业选择
	Lesson2：客房服务—打扫房间
	Lesson3：客房服务—顾客请求物品
	Lesson4：客房服务—洗衣服务

（二）学情分析

本班共有 8 名学生，均患有精神残疾，且在普通学校以随班就读的形式完成了义务教育，具备一定的认知能力。根据 8 名学生英语学习能力和现有英语水平程度的不同，将其分成 3 组。

A 组学生：何某某、张某某、程某某。他们注意力水平集中，能表达基本需求，言语理解能力好，词汇量较多，能理解并遵从指令，对教师的提问有自己的思考。A 组学生先前已掌握部分关于职业的单词，如"waiter""doctor""teacher"等。

B 组学生：童某某、陈某某。他们注意力水平较为集中，能听懂并遵从简单指令，能用英文进行复述，存在发音不清晰的情况，需要教师进行指导。B 组学生了解一些常见的职业，可以根据教师的描述猜测出部分职业的名称。

C 组学生：韦某某、董某某、郑某某。他们注意力水平不持久，能进行简单的仿说，理解能力较弱，需要教师进行辅助，能在教师辅助下说出一些常见的职业。

（三）教学目标

1. 共性目标

（1）能认读单词并了解单词含义，如"baker""police officer""chef""firefighter""waiter""delivery man""salesperson"。

（2）引导学生发现不同职业的意义，培养学生尊重和热爱不同职业的态度。

2. 个性目标

A 组：掌握句型"What do you want to be?"及"I want to be a _____,because_____."的表达，能根据场景完成对话。

B 组：熟悉句型"What do you want to be?"及"I want to be a _____."的表达，能在教师辅助提示下完成情景对话。

C 组：能根据图片了解单词含义，跟读且复述单词和对话。

（四）教学重难点

（1）教学重点：掌握单词含义，可以将所学单词应用到句型中。

（2）教学难点：熟悉句型"What do you want to be?"及"I want to be a _____."的表达，能在模拟情境下进行对话。

（五）教具准备

多媒体教学设备、课件、图片、视频。

（六）教学方法

演示法、交际法、练习法。

（七）辅管教师注意事项

（1）维护课堂纪律。

（2）鼓励学生勇敢表达。

（3）必要时给予适当的指引与提醒。

图 6-6　学生及辅管教师座位图

（八）教学过程

1. 准备活动

教师：Class Begins! Good morning, everyone.

设计意图：提示学生准备上课。

2. 课前导入

教师：带领学生观看视频"致敬劳动者"，请学生说出视频中出现了哪些职业。

设计意图：引出本节课主题——"Career choices"，让学生提前对不同职业进行了解。

3. 知识新授

第一步："我说你猜"——"What's his job?"，教师用语言加动作描述单词，让学生来猜。

（1）教师："I put out（扑灭）fires. I'm very brave."——学生根据描述说出"firefighter"，随后呈现消防员图片。

（2）教师："My job is to protect and save people in danger."——学生说出"police officer"，

呈现警察图片。

（3）教师："I can make cookies and cakes."——学生说出"baker"，呈现烘焙师图片。

（4）教师："I cook delicious food in a restaurant."——学生说出"chef"，呈现厨师图片。

设计意图：通过游戏，学习四个职业的单词，吸引学生学习兴趣。

第二步："看图说词"——教师根据职业调查表，用图片呈现出学生倾向的职业并进行学习。

cleaner　　delivery man　　waiter　　salesperson

图 6-7 "看图说词"示意图

设计意图：通过图片学习本节课重点词汇，更加直观生动。教师强调将单词代入到句型中，在语境中学习词汇。

第三步：教师将上述 8 个职业的词卡一一展示给学生，学生说出并齐读所代表的英文单词。

A 组学生自己读；B 组学生自己尝试阅读，教师纠正；C 组学生在教师的带领下，跟读单词。

设计意图：巩固对于职业词汇的学习。

第四步："同学们两年以后也面临着职业选择，那么你们想从事什么职业呢？"教师依次呈现图片，创设情境将所学单词代入到句型"What do you want to be?"及"I want to be a _____."中。

What do you want to be?

I want to be a _____.

图 6-8 情境示意

设计意图：通过代入不同单词，学生学会重点句型的表达。

第五步：梳理重点句型。

> **What do you want to be?**
> 询问职业偏向

> **I want to be a baker, because I like cakes and cookies.**
> 选择的职业及原因

图 6-9　重点句型

设计意图：让学生了解用什么句型询问及回答想从事的职业，A 组学生学会用"because"回答选择这种职业的原因。

4. 练习巩固

第一步：希沃游戏——将有关职业词汇的中文和英文进行搭配。

设计意图：巩固职业相关的词汇。

第二步：角色扮演，一人扮演采访者询问职业偏向，一人扮演被采访者回答想从事的职业及原因。

A 组学生说出所选择的职业及原因；B 组学生说出想从事的职业；C 组学生在教师指导下说出单词即可。

设计意图：通过情景模拟，提升学生对话技能，锻炼学生的表达能力，使学生敢说会说。

5. 课堂总结

教师引导学生根据板书内容复习本节课所学。

6. 情感升华

观看视频，让学生了解到每个职业都应被尊重。

7. 课后作业布置

（1）Finish the reading task.

（2）Interview some people about their jobs.

（九）板书设计

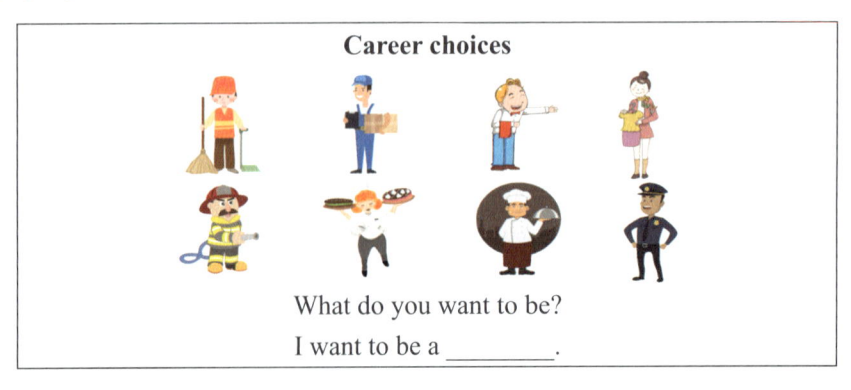

图 6-10　"Career choices"板书设计

（十）教学反思

（1）教学方法灵活多样，课堂上通过不同的媒体进行教学，在"Let's play a guessing game."这个环节中，教师来表演请学生来猜，激发学生的学习兴趣和热情。

（2）课堂上充分调动学生的积极性，对于学生的发言，教师及时给予鼓励表扬，回答不够好的，继续让其他学生发言补充，营造了活跃、和谐的学习氛围，使学生在轻松、愉快的状态下获得了知识，提高了能力。

（3）创设合适的语言情境，让学生在情景模拟中使用所学的词汇、句型，提高了语言运用能力，从而达到在用中学、学中用的目的。

教师简介

刘圆，硕士研究生，毕业于湖南师范大学，研究方向为孤独症儿童语言及社交能力干预。现担任深圳市第二特殊教育学校教师，负责实用英语、日常清洁课程的教学及班级管理工作，参与省、市、校级课题3项。

三、实用数学教学案例——以《圆的认识（一）》为例

（一）教学内容

本节课是培智高中实用教学校本教材第一单元第一课《圆的认识（一）》的内容。上学期，学生已学习过长方形、正方形等基础图形，本节课将进一步学习常见的平面图形——圆。本课的教学内容为：认识生活中的圆；学习圆的定义；学习圆的基本特征（圆心、半径、直径）。学习此部分内容有利于学生进一步发展空间想象能力，寻找生活中的圆，并了解生活中许多物体设计为圆形的原因。

（二）学情分析

本班学生共有8名，多为孤独症谱系障碍者。整体智力水平一般，存在注意力缺陷，数学学习能力一般。根据学生各方面情况，将学生分为3组。A组学生智力水平较高，注意力较为集中，课堂参与度较高，数学学习能力较强；B组学生智力水平一般，注意力水平一般，有一定课堂参与度，数学学习能力一般；C组学生智力水平较低，注意力水平低下，课堂参与度低，数学学习能力较差。

（三）教学目标

1. 共性目标

通过观察、说一说、折一折、量一量等活动，让学生在具体操作中知道圆的概念和圆的

基本特征，从而感受、体验、探索圆形，发展空间观念，感知圆形与实际生活的密切联系，激发学习数学的兴趣。

2. 个性目标

A组：能说出圆的数学概念和生活中的圆；能说出圆心、半径、直径的概念；半径、直径的关系。

B组：能画出数学中的圆的图形，指出生活中的圆形事物；能指出圆心、半径、直径。

C组：能指出数学中的圆的图形和生活中的圆形事物；能跟说和跟指圆心、半径、直径。

（四）教学重难点

（1）教学重点：圆的概念。

（2）教学难点：圆的基本特征。

（五）教具准备

课件、空白学习单、直尺、圆形实物（透明胶带、瓶盖等）、剪刀。

（六）教学方法

讲授法、练习法、自主探究法。

（七）辅管教师注意事项

重点辅助B组和C组学生进行画、折、量等操作。

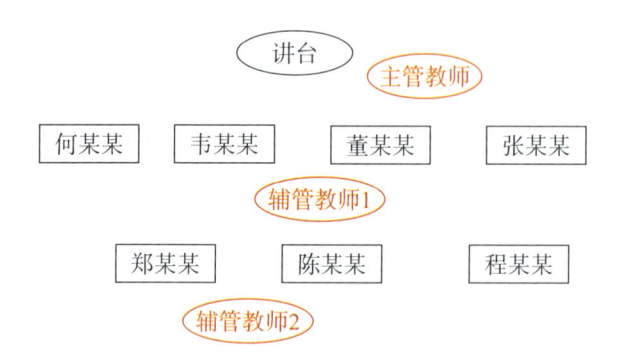

图6-11 学生及辅管教师座位图

（八）教学过程

1. 准备活动

（1）图片导入。

图 6-12　圆形物件示例图

教师：出示问题及图片，适当引导学生观看，请学生说说这些物体是什么形状。

学生活动：全体学生明确问题要求并观看，并尝试说出物体形状。

（2）揭示课题。

教师：揭示课题"圆的认识"。

学生活动：A组、B组学生自主读课题；C组学生跟读课题。

（3）自主感知。

请学生自己说一说或指一指生活中的圆形事物。

2. 知识新授

（1）圆的概念。

教师：提出问题——圆和之前学过的图形有什么不同？出示课件，引导思考——以前学过的图形都是由几条线段所围成的封闭平面图形；结合图形，手势指引——圆是由曲线所围成的封闭图形。

学生活动：A组学生自主思考回答；B组学生在辅管教师的口头提示下回答；C组学生听教师讲解。

教师：明确概念，播放动画。请学生跟随动画在空中描画，教师手势带领。

学生活动：A组学生自主用手指跟随动画画圆；B组学生在主管教师手势带领下画圆；C组学生在辅管教师肢体辅助下画圆。

教师：实物感知——发放透明胶带、瓶盖，教师示范在实物上用手指描圆，之后请学生操作。

学生活动：A组学生自主用手指在实物上感知画圆；B组学生在主管教师的口头提示下，用手指在实物上感知画圆；C组学生在辅管教师上手辅助下，用手指在实物上感知画圆。

（2）圆的特征1。

教师：引出活动，发放空白学习单、剪刀等。画一画——教师在黑板上示范用透明胶带画圆，之后请学生操作。剪一剪、折一折——主管教师和辅管教师带领所有学生共同剪圆，感知形状，之后反复对折。

学生活动：A组学生自主画、折；B组学生在主管教师的口头提示下画、折；C组学生在辅管教师的辅助下画、折。

教师：特征学习——引导学生观察展开后的圆形，请学生自主回答圆上出现了什么，教师提示点、线；特征明确——出示课件，播放动画，明确圆心、半径、直径的位置、数量；自主标画——请学生在自己的圆形纸片上标出或描出圆心、半径、直径。

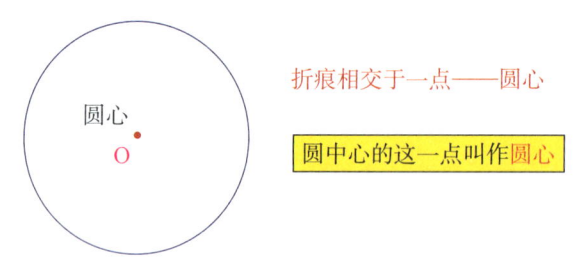

图 6-13 圆心位置图

学生活动：A组学生自主观察、思考、回答、描画；B组学生在主管教师的口头提示下观察、思考、回答、描画；C组学生在辅管教师手势指导下观察、听、描画。

教师：重点提示——圆的半径和直径都相等，否则非正圆；圆的两端都应在圆上，不能超过圆或在圆内，且一定要过圆心。

（3）圆的特征2。

教师：发放计算器及标准圆。请学生分组探究，两人一组，一人量半径长度，一人量直径长度，利用计算器，用半径长度乘以2或直径长度除以2，看看发现了什么。

学生活动：A组学生自主测量、计算、发现；B组学生在主管教师的口头提示下测量、计算、发现；C组学生跟随辅管教师指导测量、计算、发现。

教师：请学生说说自己的发现，在教师带领下，明确直径是半径的两倍，即 $d=2r$；半径是直径的一半，即 $r=\frac{1}{2}d$。

3. 练习与应用

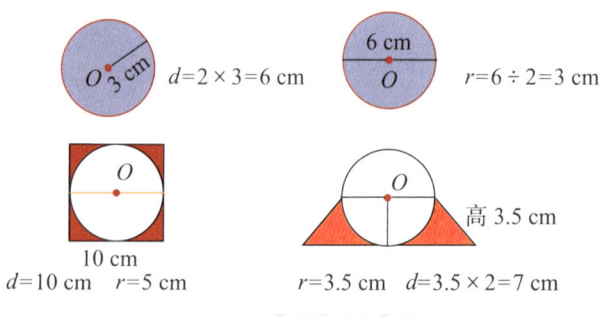

图 6-14 《圆的认识》练习

（1）半径与直径相关练习。

教师：出示练习，先带领学生试练一题；随后发放学习单，请学生自主练习。

学生活动：A组学生自主练习；B组学生在主管教师的口头提示下练习；C组学生跟随辅管教师练习。

（2）探究生活中的圆。

教师：播放视频，请学生思考，生活中哪些物品设计成了圆形？原理是什么？

学生活动：A组学生说出原理；B组学生说出应用场景；C组学生指出应用场景。

4. 课堂小结

教师：带领学生总结本课内容——圆的定义；圆的基本特征（圆心、半径、直径）。

学生活动：A组学生自主进行回顾小结；B组学生跟随教师进行回顾小结；C组学生听教师和其他同学回顾小结，并观看板书小结。

5. 课后作业布置

教师：发放分组作业，请学生完成。

学生活动：各组学生完成分组课后作业。

（九）板书设计

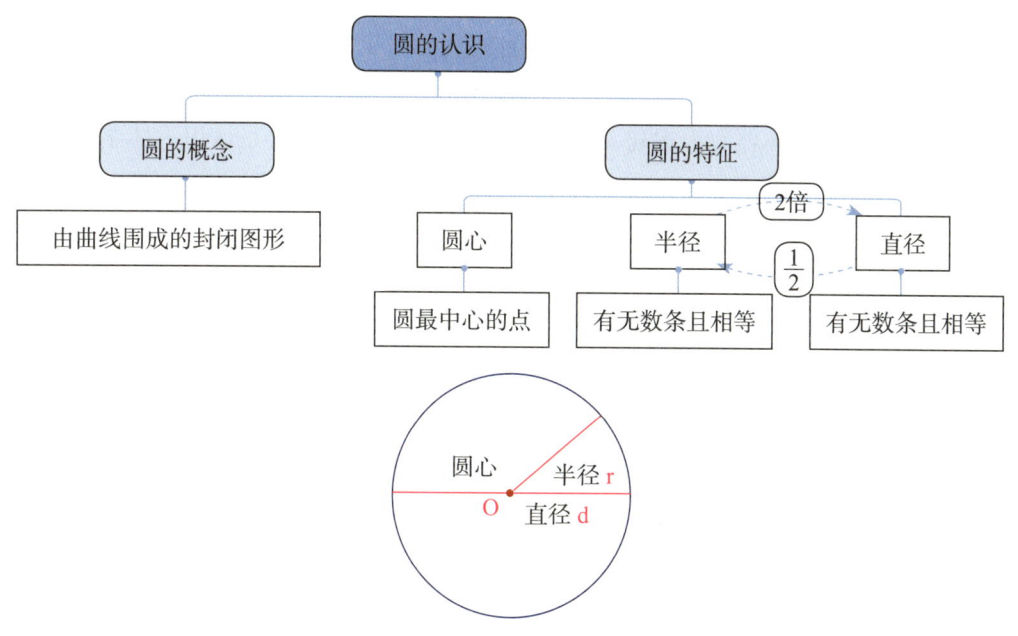

图 6-15　板书教学内容

（十）教学反思

1. 教学内容
教学内容完整，数量及难度适中且有分层设计。

2. 教学方法
通过实物操作、自主探究、小组合作的方法，充分激发学生兴趣、提升课堂参与度，让学生在实物感知的过程中理解抽象的概念，同时发展沟通与合作能力。

3. 教学成效
通过本节课的教学，各组学生都达到了教学目标。

教师简介

陈斐娴，硕士研究生，毕业于华东师范大学，研究方向为特殊教育课程与教学、融合教育。现担任深圳市第二特殊教育学校教师，负责实用数学和社会适应学科的教学工作。2022年获校内教师教学基本功比赛一等奖。

四、通识教育教学案例——以"我们的身体器官"为例

（一）教学内容

"我们的身体器官"教学为1个课时，是特殊教育学校通识教育学科高一年级上册（校本教材）第四单元《人体器官大揭秘》的第一课。这部分内容主要是认识人体主要的内部器官，能够说出人体器官的名称、指认人体器官的位置，提高学生的基础知识与生活技能，为下节课学习各器官的功能做好铺垫。

（二）学情分析

本班学生共有8名，均为孤独症谱系障碍者。学生对身体五官、简单的器官（如心脏）有所了解，知道其名称，但其他人体内部器官并未真正系统接触过。每位学生可以根据自身特点，了解、掌握不同的教学目标。根据学生各方面情况，将学生分成3组。

（三）教学目标

1. 共性目标
在参与课堂活动的过程中懂得爱护自己的身体，培养爱生活、乐生活的情感。

2. 个性目标
A组：能够根据器官图片指认人体的7个器官（脑、心脏、肺、肝、胃、肠、生殖器）

及其大概位置；拓展学习另外 2 个器官（肾、脾）。

B 组：能够根据器官图片指认人体的 5 个器官（脑、心脏、胃、肠、生殖器）及其大概位置。

C 组：能够对人体器官有初步印象；能够跟读所学的人体器官的名称。

（四）教学重难点

（1）教学重点：认识人体主要的内部器官并能够说出其名称。

（2）教学难点：在学习的过程中掌握各器官的大概位置。

（五）教具准备

多媒体教学设备、课件、人体图片、器官图贴、人体器官结构模型组装视频等。

（六）教学方法

讲授法、问答法、演示法、练习法。

（七）辅管教师注意事项

（1）辅助管理课堂纪律。

（2）辅助 C 组学生参与课堂活动。

图 6-16　学生及辅管教师座位图

（八）教学过程

1. 情境导入

图 6-17　情境导入示意图

教师：你知道汽车有哪些零部件吗？

学生活动：A组学生联系生活回答；B组、C组学生通过教师展示的图片提示回答问题。

教师：人体器官就像汽车的零部件，复杂多样。你知道人体有哪些器官吗？

教师活动：提示学生观察、聚焦自己的身体。

教师：今天，我们一起来学习人体内部器官。

2. 知识新授

（1）要点。

教师：同学们刚刚列举的大都为人体外部器官，那长在我们身体内部的器官，你们认得它们的模样吗？

教师活动：逐一播放人体内部器官图片，每展示一个器官，带领学生指一指课前发放给每位同学的带器官背景的人体图片，集体读一读器官名称，再跑火车式读一读。

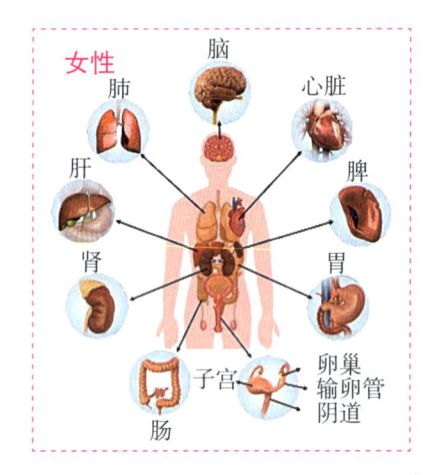

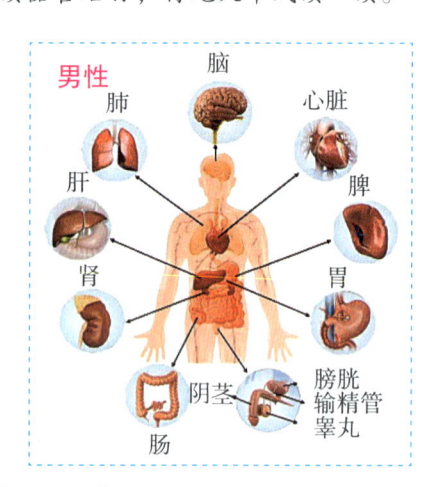

图 6-18 新授知识示意图

（2）实操。

教师：刚刚学习人体内部器官，还记得有哪些，分别在哪个位置吗？我们实战演练下吧！

教师活动：辅管教师帮助将A组学生的人体图片替换为无器官背景的人体图片，让A组学生在无器官背景的人体图上操作；让B组、C组学生在有器官背景的人体图上操作。

教师：老师每说一个器官名称，你们需要将相应的器官图贴贴在人体图片的相应位置。同学们有听清楚老师的要求吗？好，现在开始。

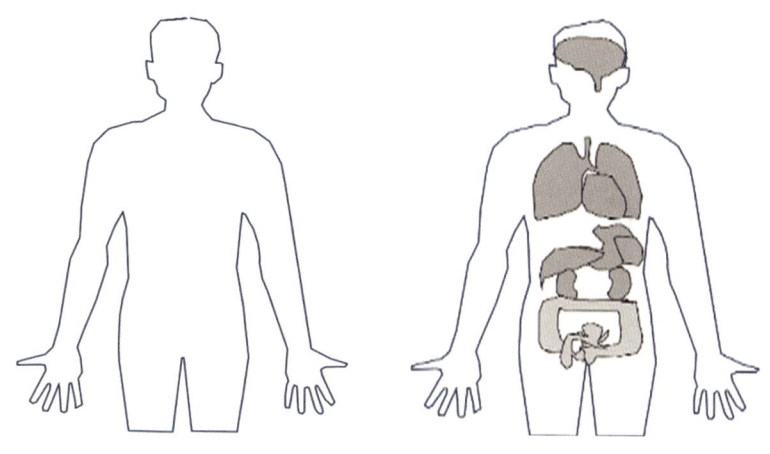

图 6-19 人体图

3. 练习巩固

（1）练习 1：连一连。

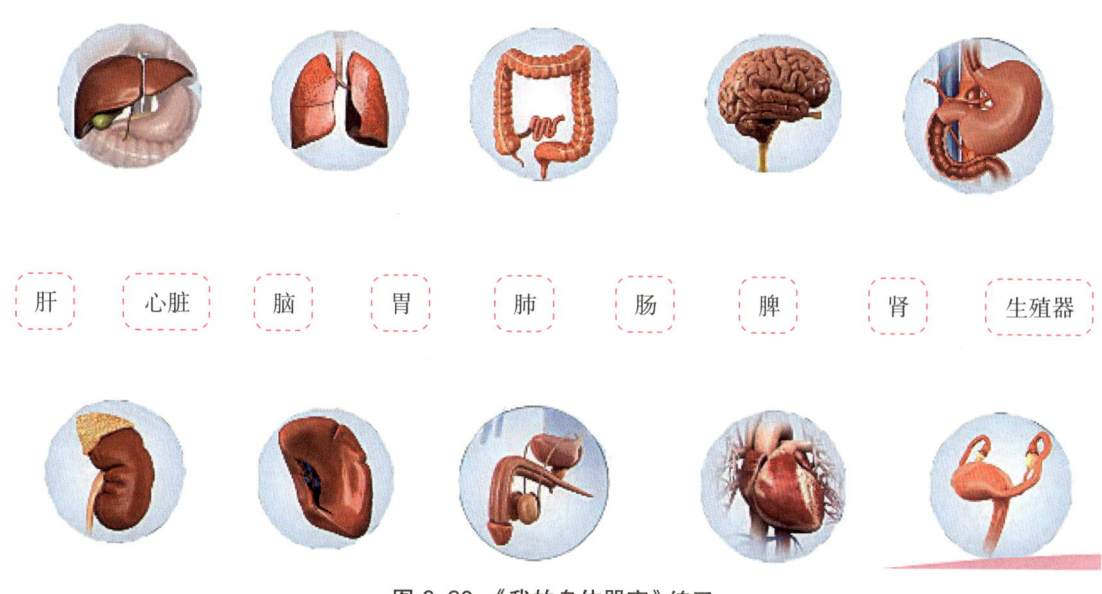

| 肝 | 心脏 | 脑 | 胃 | 肺 | 肠 | 脾 | 肾 | 生殖器 |

图 6-20 《我的身体器官》练习

学生活动：A 组、B 组学生完成练习；C 组学生读一读。

（2）练习 2：认一认。

① 播放视频：人体器官结构模型组装。

② 指认器官模型，让学生说出相应器官名称。

学生活动：A 组、B 组学生观看组装视频，每组装一步就辨认相应器官；C 组学生观看组装视频。

（3）练习3：“大风吹”游戏。

教师："大风吹！"
学生："吹什么？"
教师："吹……"（器官）
学生：（举相应器官的图片）

规则

图 6-21 "大风吹"游戏

4. 拓展：五脏六腑

五脏六腑，是人体内脏器官的统称，也比喻事物的内部情况。

在中医学上，把人体内部重要的脏器分为脏和腑两大类。五脏是指心、肝、脾、肺、肾；六腑是指胆、胃、小肠、大肠、膀胱、三焦。其中人体的胸腔和腹腔分为上焦、中焦、下焦，统称为三焦，这是第六个腑。

学生活动：学生根据自身情况选择性学习拓展知识。

5. 课堂总结

教师：这节课我们学习了什么？

6. 课后作业布置

练习：在下列方框中填上相应器官的名称。

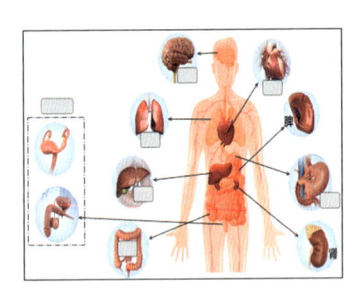

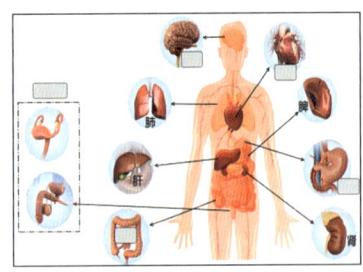

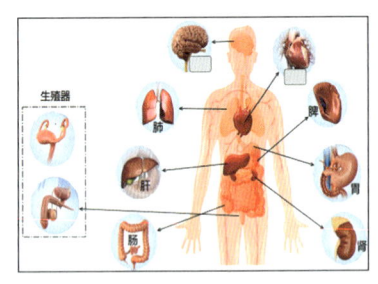

（A组学生作业） （B组学生作业） （C组学生作业）

图 6-22 作业练习

（九）板书设计

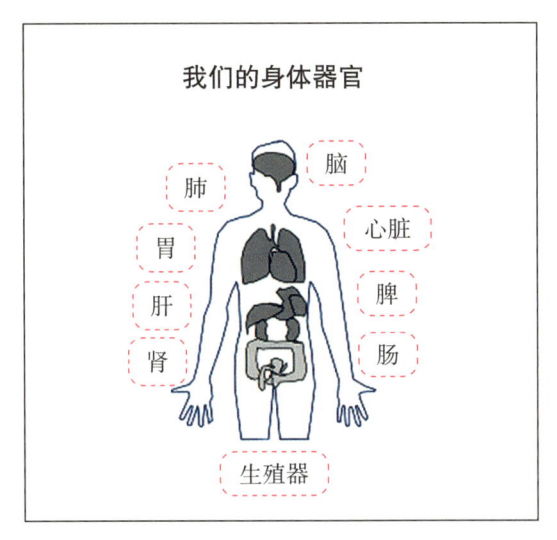

图 6-23 板书内容

（十）教学反思

（1）由于学生对简单器官有些了解，故本节课设置了 9 个器官，并细致区分了男女生殖器官，让学生进一步了解其构造，内容较全面。

（2）教学活动内容与教具较丰富，每位同学都有一份器官图，并为不同学生设计了不同的目标或练习要求，这样每位学生都能以自己的方式参与其中。

（3）课堂上虽然实践、练习所占时间较多，但能增加趣味性，让学生在做中学。

教师简介

邱媛，硕士研究生，毕业于暨南大学，研究方向为药学。现担任深圳市第二特殊教育学校教师，负责通识教育学科的工作。曾获 2022 年深圳中小学教师微课大赛三等奖、ABA 孤独症康复高级行为干预师证书。

五、社会适应教学案例——以"我的情绪"为例

（一）教学内容

本节课的教学内容选自校本课程《社会适应》第二单元"自我管理"的第一课。情绪贯穿个体生活的方方面面，情绪对个体的社会互动及交往、社会适应能力的发展影响深远。情绪发展的首要目标是情绪的辨识和表达、情绪管理和调控。特殊需要学生的情绪问题多发且难以处理，尤其是孤独症特征较明显的学生，因此教导特殊需要学生学会自我情绪管理和调

控是非常有必要的。

本课学习共分为两个课时：第一课时主要让学生学习辨识基本和复杂的情绪，并学会在适当的时间、地点，以适当的方式表达自己的情绪；第二课时主要教会学生掌握情绪管理和调控的方法，包括觉察自己的情绪、对负面情绪的调控，以及能适时寻求协助并培养解决人际问题的能力。在教学设计上，本课将结合学生生活中常见的情境（包括学校、生活情境等）来帮助学生理解情绪及情绪发生背后的因果关系，增强课程的实用性和实践性。

（二）学情分析

本班共有 4 名学生（杨某某、陈某某、蔡某某、彭某某），均被认定为智力残疾，其中，3 名为四级智力残疾（杨某某、陈某某、蔡某某），1 名为三级智力残疾（彭某某）；另外，杨某某有明显的孤独症诊断特征。

4 名学生均在普通学校以随班就读的形式完成了九年义务教育，具备一定的认知能力，能够认识大部分的汉字并进行朗读，在言语理解和表达上的障碍较小，但在书面语言理解和表达上的能力差异较大，个别学生对图片的理解存在障碍；大部分学生的注意力水平较低，记忆力和逻辑思维能力的差异较大。4 名学生均已具备辨别基本情绪和复杂情绪的能力。

根据能力和学习特点，将 4 名学生分为 A 组和 B 组。

A 组学生（杨某某、陈某某）的认知能力较好，能认识并书写大部分的汉字，言语和语言理解及表达能力较好，口语沟通交流顺畅，能进行流利的对话；记忆力和逻辑思维能力较好；课堂表现较为积极，能积极配合教师进行课堂互动，并努力完成学习任务。其中，杨某某的注意力持续时间短暂，需要教师提醒；陈某某的图片理解能力较弱，需要结合文字理解。

B 组学生（蔡某某、彭某某）的认知能力相对 A 组学生较弱，言语理解及表达能力较好，社交沟通能力相对较好，能主动与教师和同学沟通，积极回应教师的问题；但两人的注意力持续时间短暂且容易分散，需要辅管教师引导；记忆力和逻辑思维能力较差，处于小学生的水平，需要辅管教师提供较多的语言提示。彭某某的课堂参与程度高，情绪识别能力较好，能主动积极回答问题，但言语表达的准确性上需要辅管教师提供较多提示。

（三）教学目标

1. 共性目标

（1）目标 1：掌握调控负面情绪的步骤。

（2）目标 2：能依据情境觉察自己的情绪并做出情绪调控。

（3）目标 3：能依据情境觉察他人的情绪并做出行为调整。

2. 个别化目标

A 组：完成目标 1、目标 2、目标 3（需要教师口语提示）。

B 组：完成目标 1、目标 2（需要同伴口语提示），完成目标 3（需要教师口语提示）。

（四）教学重难点

（1）教学重点：掌握调控负面情绪的步骤。

（2）教学难点：能依据情境觉察自己的情绪并做出情绪调控；能依据情境觉察他人的情绪并做出行为调整。

（五）教具准备

多媒体教学设备、台历、课件、教学视频、刮刮乐、课后习题。

（六）教学方法

直观演示法、示范法、多媒体教学法、情景教学法。

（七）辅管教师注意事项

（1）座位安排，辅管理教师坐在彭某某和蔡某某座位中间。

（2）帮助主管教师维护课堂常规，提醒学生彭某某、蔡某某举手后再回答问题；在回答问题时，给予彭某某和蔡某某适当的引导和提示。

（3）彭某某、蔡某某的注意力短暂且易分散，辅管教师应关注并及时给予提醒。

（八）教学过程

1. 课前活动

（1）师生相互鞠躬问好，养成文明礼貌好习惯。

（2）读一读今日日期。

教师展示显示今日日期的台历，请学生齐声念出今日日期。

2. 温故知新

（1）看视频，忆旧知。

教师播放一段时长约 1 分钟的视频，视频中的外卖配送员因为意外打翻外卖而坐在马路上嚎啕大哭。

教师：同学们，视频中的外卖配送员心情怎么样？你是怎么知道的？

学生活动：B 组学生回答前一个问题，A 组学生回答后一个问题。

教师通过学生的回答，带学生复习回顾上节课学习内容：通过面部表情、姿态变化、语调变化观察他人的情绪。

（2）角色转换。

教师：如果你是视频里的外卖配送员，你的心情会怎么样？为什么？

学生活动：B组学生代入角色后回答问题。

教师：请大家再想一想，除了这份打翻的外卖，还有很多其他顾客的外卖在等着你送达，你应该怎么做？

学生活动：A组学生代入角色后回答问题。

教师引出本节课的教学重点：掌握调控负面情绪的步骤。

3. 知识新授

环节一：教导情绪调控的步骤

（1）呈现思维导图。

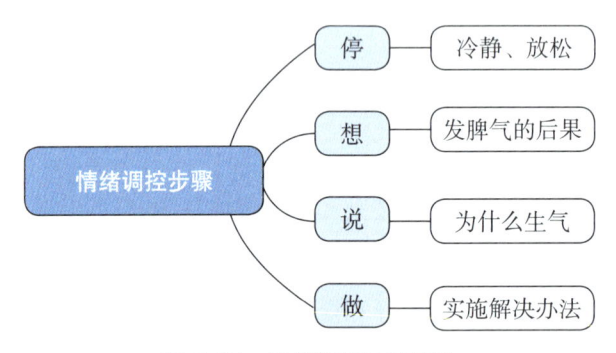

图 6-24　情绪调控思维导图

通过思维导图呈现情绪调控的四个步骤：停、想、说、做。

学生活动：读一读这些步骤，厘清学习思路，建立逻辑框架。

（2）情境导入，逐个击破。

教师导入情境案例：

下课的时候，贝贝坐在自己的座位上写作业，坐在后面的亮亮一直用脚踢贝贝的椅子，贝贝感到很苦恼，于是她站起来握紧拳头，准备发脾气揍亮亮……

（利用学生日常生活中的情境导入，贴近学生的生活，增加实践性和趣味性，帮助学生梳理情绪背后的因果关系，从而更好地进行情绪调控。）

第一步：停，冷静——放松身体，告诉自己不可以乱发脾气。

教师：感觉到愤怒的时候，我们可以通过数数、深呼吸、离开现场、自我对话或者寻求协助的方式让自己冷静下来（辅以动作示范）。

教师：还可以通过读歌谣来提示自己冷静下来、不要生气。

冷静歌谣：

  1、2、3 我不生气；

  1、2、3 我抱抱自己；

  1、2、3 放松深呼吸；

  1、2、3 我不生气。

学生活动：A组学生选择应对此情境的冷静方式；B组学生读一读并熟悉"冷静歌谣"。

第二步：想，想一想——想想发了脾气会有什么样的后果。

教师：如果贝贝发脾气动手打了亮亮，会有什么后果？

学生活动：B组学生思考并回答，同伴或教师可提示。

第三步：说，说出来——跟惹你生气的人说出自己生气的原因。

教师：这时贝贝可以告诉亮亮"我不喜欢这种行为，让我觉得很不舒服"，或者说"我在写作业，你打扰到我了"。

学生活动：A组学生思考并说出自己的想法，教师可提示。

第四步：做，选方法——选一种易执行、易成功的、让自己开心的办法。

教师：这样的方法有很多，我们可以选择忽视、告诉教师、直接告诉他"我不喜欢，请停止"，等等。如果你是贝贝，你会选择什么方式？

学生活动：学生讨论解决办法，A组学生独立思考并说出自己的选择，B组学生在教师提示下说出选择。

拓展其他解决方法：表情调节（对自己微笑）、人际调节（和父母、好朋友聊一聊）、环境调节（去公园或其他自然风光好的地方散步）、认知调节（转换角度看问题）。

环节二：使用情绪调控步骤管理自己的情绪

请学生代入主人公角色，结合刚才所学知识，依步骤管理好自己的负面情绪。

（1）代入情境一。

重现视频案例（外卖配送员将外卖打翻）。

（2）代入情境二。

你在食堂准备吃午饭，刚打到了最喜欢的饭菜，结果被旁边打闹的同学不小心打翻。

学生活动：学生分组讨论（A组、B组交叉分组），在同伴和教师提示下，说出两个情境中小组的选择。

环节三：使用情绪调控步骤处理人际关系

（1）回忆步骤：停、想、说、做。

冷静下来、观察情绪、想因果关系、做出相应调整。

（2）刮刮乐。

请学生逐一上台，刮一刮课件上的"刮刮乐"，里面包括了5种情境案例。学生需要抽取题目并依据情境或外部表现判断图片中的人物情绪，并说出会如何调节自己的行为。

表6-2 情境案例表

情境	图片
A. 你养了一只可爱的小狗，当你想把它抱过来给你的朋友们摸一摸、看一看时，你朋友的反应是这样的，你会怎么做？为什么？	
B. 期末考试成绩出来了，你获得了很大的进步，正准备和你身边的好朋友分享，此刻她是这样的状态，你会继续分享吗？为什么？	
C. 今天是你的生日，当你告诉你的好朋友时，他是这样的反应，你认为他是否为你准备了生日礼物？你会怎么做？为什么？	
D. 你在面试新工作，面试结束时面试官是这样的状态，你认为自己有机会获得这份新工作吗？为什么？	
E. 当你向你的上司提出要求时，她是这样的，你认为你的要求还会被批准吗？为什么？你会怎么做？	

学生活动：学生刮出不同情境，并使用情绪观察的步骤，结合图片和文字，辨别人物情绪，并学会依据自己的生活经验做出行为调整，行为调整部分需要教师提供语言引导。

4. 课堂小结

（1）总结本课所学内容。

处理调控的四大步骤：停、想、说、做。

（2）课后作业布置。

课本第6页第2题：情绪记录表；情绪相关情境练习。

表 6-3 情绪记录表

情绪	我的心情		处理方法	我想对自己说
	情绪	强度		
上课时，教师表扬我的作业完成得非常好	兴奋	非常	表示感谢，并继续努力	我要继续做好每一天的作业

（九）板书设计

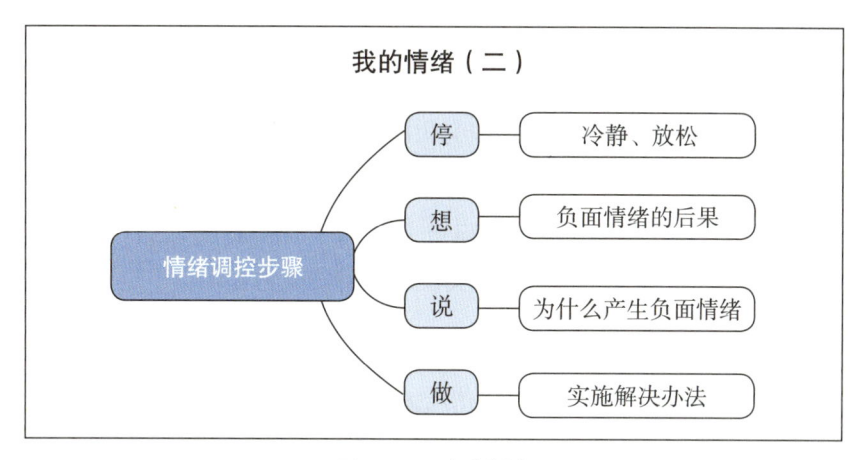

图 6-25 内容板书

（十）教学反思

（1）通过学生的反应可以知道他们喜爱观看视频和"刮刮乐"环节，在以后的课程中可以适当增加活动环节。

（2）绘本是一个很好的教学工具，日后可以考虑利用情绪管理类的绘本进行教学，增强课堂的趣味性，吸引学生的注意力。

（3）学生能够掌握情绪调控步骤的部分内容，但还不够熟练，还需要在课后利用自然场景多加练习。

教师简介

麦子翘，硕士研究生，毕业于华东师范大学，美国堪萨斯大学访问学者。现任深圳市第二特殊教育学校教导处干事、课程建设工作小组专干、社会适应课程教师及班主任。主持省实验室课题 1 项、校级课题 1 项，作为主要成员参与省、市、校级课题共 4 项。参编特殊教育方面的出版物 3 本。任职以来，曾获深圳市线上教学优秀课例三等奖、深圳市教师微课大赛三等奖、学校教学设计比赛特等奖、学校教育故事征文一等奖等多个奖项。

六、社会适应教学案例——以"我们的校园活动"为例

（一）教学内容

本节课以《培智学校义务教育课程标准（2016年版）》为依据，参照义务教育学校道德与法治五年级上册第一课《自主选择课余生活》和人教版培智学校义务教育实验教科书二年级下册《多彩的生活》等。本节课教学内容主要围绕校园内的活动展开，是学校适应的重点内容之一，与学生生活联系紧密。具体内容建立在学生已经了解校园物理环境、熟悉学校日常常规的基础之上，需要进一步学习和了解校园活动的主要内容。教学内容包括：① 了解丰富的校园活动，明白校园活动的积极作用；② 能够积极主动地参与校园活动，遵守学校活动的规则；③ 了解和掌握如何应对在活动中发生的突发事件，保证自己和同伴的安全。其中第一课时，主要针对了解校园活动、理解参加校园活动的意义和了解校园活动的规则。

"我们的校园活动"的学习，主要让学生了解丰富多样的校园活动；想要积极参加集体活动，了解并遵守规则；能够基本掌握应对突发事件的安全常识。

（二）学情分析

本班共8名学生，其中智力障碍5名、精神障碍3名（孤独症2名，选择性缄默症1名）。

从发展评估来看，大部分学生具有一定的感知能力和运动能力，能够参与大部分的学校活动；具备一定的认知能力，能够认读、书写部分汉字，但记忆力和逻辑思维能力的差异较大，需提供个别化的支持。具备一定的言语理解和表达能力，但仍需进一步激发学生主动表达的兴趣。在社会适应能力方面，班级学生均在普通学校以随班就读的形式完成了义务教育，大部分学生有过参与校园活动的实践经验，掌握了区分不同活动的能力；但参与活动的积极性不高、规则意识不强。

依据学生评估实际，结合弹性分组、动态分层原则，将对学生教学进行分组。

（三）教学目标

1. 班级共性目标

（1）通过观察图片和联系实际，学生了解丰富多彩的校园活动，引导学生感受参与校园活动的乐趣。

（2）通过交流、引导，了解参与校园活动的意义，激发学生参与校园活动的兴趣。

（3）通过思考、交流，培养学生规则意识，了解参与校园活动的基本规则。

2. 个人学习目标

A 组：通过观察图片和联系实际，学生了解丰富多彩的校园活动，感受参与校园活动的乐趣；通过交流、引导，学生了解参与校园活动的意义，激发其参与校园活动的兴趣；通过思考、交流，培养学生的规则意识，让其了解参与校园活动的基本规则。

B 组：在语言支持下，通过观察图片和联系实际，学生了解丰富多彩的校园活动，感受参与校园活动的乐趣；在语言辅助下，通过交流、引导，学生了解参与校园活动的意义，激发其参与校园活动的兴趣。

C 组：在语言支持下，通过观察图片和联系实际，学生了解丰富多彩的校园活动，感受参与校园活动的乐趣。

（四）教学重难点

（1）通过交流、引导，了解参与校园活动的意义，激发学生参与校园活动的兴趣。

（2）通过思考、交流，培养学生规则意识，了解参与校园活动的基本规则。

（五）教学资源准备

（1）教师准备：平板电脑、课件、自制提示卡、学习任务单、平静篮（包括感统球、超轻黏土、彩笔等，以备学生突发情绪问题）。

（2）学生准备：纸、笔、读写板（辅助沟通设备）。

（六）教学环境准备

（1）环境准备：依据同伴互助原则安排同伴座位；依据重点支持原则安排辅管教师座位。

（2）心理准备：课前师生交流互动、举手点名、静待正式上课；课上保持积极的课堂气氛。

（七）教学方法

情境教学法、纲要图示法、多感官教学法。

（八）辅管教师注意事项

（1）给予 B 组学生语言或肢体提示，鼓励学生注意课堂常规，集中注意力。

（2）给予 C 组学生语言提示，鼓励学生参与课堂互动。

（九）教学过程

1. 课堂常规

教师：同学们好，上课。

学生：学生起立向教师问好。

设计意图：提示学生上课了，注意力回到课堂，培养学生课堂常规和文明行为的养成。

2. 动态导入，引发关注

教师：（播放视频《我们的校园生活》）同学们来到我们学校已经有两个多月了，参加了很多丰富的校园活动。后续的校园生活中，还有更多的精彩活动等着大家。请同学们认真观看，有一个问题需要同学们看完回答。

学生活动：观看视频，回答教师问题。

设计意图：教师利用录像软件预先制作视频，通过校园活动集锦的视频导入，激发学生学习兴趣，同时回顾多彩的校园活动，为后续学习做好准备。

3. 我是"活动策划师"

教师：同学们，我为大家准备了学习任务单，需要同学们策划一个你最喜欢的校园活动。

指导语：同学们，如果完成了任务单，请坐直身体，面向黑板，让教师知道你已经完成了任务。

使用平板电脑先后展示A组和B组同学的学习任务单，请学生回答自己的答案，并追问："为什么想要主办这个校园活动，能够给我们带来什么积极影响？"

学生活动：学生完成学习任务单，其中C组学生需要辅管教师帮助；A组、B组学生主要由主管教师进行帮助。

设计意图：请辅管教师分发学习任务单。通过图片、文字等方式为不同层次的学生提供支持。

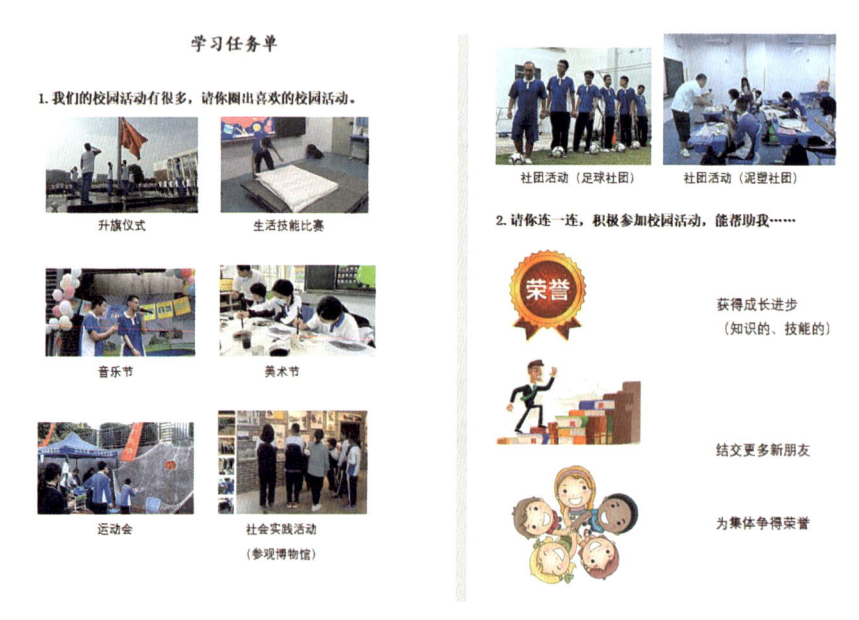

图 6-26 学习任务单

4. 情境分析，结构化探讨

教师：同学自己想要主办的校园活动，不仅非常有趣，还能带来很多好处，我也很想参加。同学们，我们一起来看看，我们参加过哪些校园活动呢？它们又有什么样的积极意义呢？

通过结构化设问，逐级引导学生回答。最后归纳总结：在校园活动中，我们学习到了新知识、新的生活技能和劳动技能，这些都是我们的成长和进步。

图 6-27 结构化提示

学生活动：联系实际，认读图片和汉字，回答活动名称。

设计意图：通过结构化设问，引导学生一步步深入思考，总结认识到不同校园活动带来的不同好处。

5. 我是"活动监督员"

教师：请同学们，在学习任务单反面写一写如果你是"活动督导员"，你觉得参加活动应该遵守什么样的规则。

指导语：同学们，如果完成了学习任务单，请坐直身体，面向黑板，让教师知道你已经完成了任务。

使用平板电脑展示同学的学习任务单，并邀请同桌读一读他所选择的活动。

设计意图：通过学习任务单的形式，让学生主动思考在学校活动需要遵守的规则。

6. 我是"活动小评委"

教师：（绘本情境评价）今天小猪佩奇和他的家人们一起参加了运动会，小兔子瑞贝卡遥遥领先，大家觉得小猪佩奇能够获奖吗？结果，小猪佩奇和他的哥哥都没有获得奖项，他们很难过，大家觉得他们还要继续参加比赛吗？为什么？

学生：结合屏幕上的评价标准自评，给自己的表现打分。

回答问题：要不要继续参加运动会以及阐释原因。

设计意图：通过绘本这种学生感兴趣的方式，集中学生的注意力。通过绘本的故事，设置情景，以检验学生对于本节课重难点的掌握情况，以及是否理解了参与校园活动的积极意义。

（十）板书设计

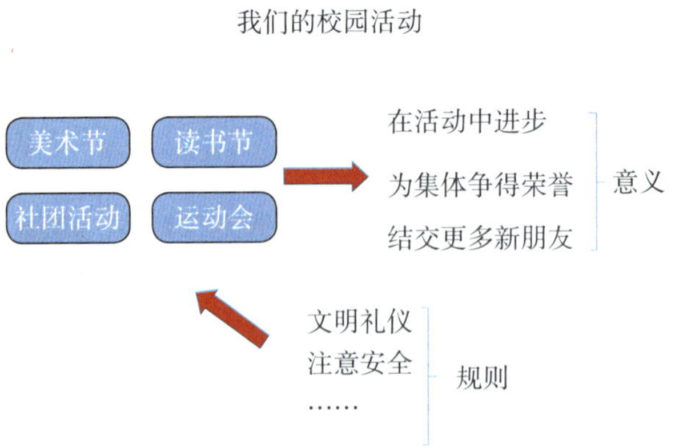

图 6-28 "我们的校园活动"板书设计

（十一）学习评价设计

以学习任务单为依据，围绕教学重难点进行课程评估，了解学生参与校园活动的意义和遵守校园活动的相关情况。

在课程最后，设置"我是'活动小评委'"活动，引导学生进行自我评估，回顾课堂内容。

（十二）教学反思

本节课，学生兴趣和参与度较高，主动参与多个活动环节，通过学生熟悉的校园活动，提高了学生参与校园活动的热情，培养了学生参与校园活动的规则意识。教学过程中主要突出了以下几点。

1. 自然导入，生成性课堂

以同学们熟悉的、喜欢的校园活动进行自然导入，激发了学生的兴趣。以"我是'活动策划师'"（我最喜欢的活动）、"我是'活动监督员'"（遵守活动规则）、"我是'活动小评委'"（自我评价课程）三个主题活动层层深入，让同学们充分参与课堂，通过自我表达，师生共同生成了本节课的主要学习内容。这样把握住了学生的认知特点，又深化了学生对校园活动的认识。

2. 以生为本，个别化支持

本班学生差异较大，部分需要特殊支持。在教学目标设定、教学方式选择、教辅具准备环节，对学情进行了针对性准备，为学生提供个别化支持，如为选择性缄默学生提供读写板、为常见情绪问题学生准备平静篮、为注意力时间较短的学生准备提示卡等。

在课堂中，基于学生的课堂活动表现，进行动态发展评估，实时了解学生对教学内容的掌握情况，针对学生特点及时调整教学节奏。

3. 适应发展，为职业生涯准备

本部分教学内容以《培智学校义务教育生活适应课程标准（2016 年版）》《义务教育道德与法治课程标准（2022 年版）》等为指导，以学生基本情况及发展需要为基础，符合学生的最近发展区。在具体教学环节中，注重对学生分层教育、指导和提问，学生的学习积极性日益高涨，同时也为学生职业生涯发展做准备，以适应社会或职场要求。

仍然存在的不足和需要改进的地方：在教学时间的把控上，学生书写环节占用时间较长，后续教学内容临时做了调整，将在第二课时中进行深入学习。

教师简介

秦铭欢，硕士，现任深圳市第二特殊教育学校教导处干事、班主任。曾先后获得广东省特殊教育专业学术年会优秀论文特等奖等奖项，于《中国特殊教育》等期刊发表学术论文 19 篇，参编《特殊教育学校学科教学法》等课程教材 6 部，参与省级科研项目 6 项。

第二节　特殊教育康复课程教学案例

特殊教育培智类学校的高中康复课程突出康复功能，包括运动康复、心理康复和职业康复三个方面，聚焦于学生动作、感知觉、情绪与行为、职业准备等方面的能力提高，培养其珍惜生命、热爱生活的观念，实现身心健康和谐发展，为融入社会做好职业准备。康复课程包括运动与康复、心理健康、职业教育等课程。

一、运动与康复教学案例——以"篮球双手胸前传接球"为例

（一）设计思路

本课以原地双手胸前传接球教学为主线，讲解、示范传接球基本技术，师生互动，让学生在小组合作学习中掌握传接球的基本技术要领，体验在篮球运动中原地双手胸前传接球的乐趣。

本课主要围绕以下几个方面来展开：① 动作简介与完整示范，可以让学生对技术动作

有一个初步的认识，建立完整技术动作的概念；② 分解练习，通过细化动作要领，方便学生准确掌握各个动作环节的技术要点；③ 集体练习与分组练习，让学生在练习的过程中强化动作，形成肌肉记忆；④ 纠错指导，通过语言提示或动作示范，加深对正确动作的印象；⑤ 课后思考与练习，让学生巩固本节课所学知识，并灵活运用所学技能。

（二）教学目的

本课练习以让学生了解双手胸前传接球技术为主要目的，创设乐学情境，并充分发挥学生的主体作用，挖掘每个学生的潜能，培养学生的自主性、创造性和独立性。

（三）教学目标

（1）运动能力：通过练习与纠错，学生初步掌握双手胸前传接球的动作方法，提高传接球能力，发展学生的速度、灵敏度、耐力等能力素质。

（2）健康行为：通过小组练习，培养学生团队合作与社会适应能力，使学生积极参与篮球运动的学习和锻炼，较好地掌握传接球技术的同时，体验学习和成功的乐趣。

（3）体育品德：培养学生自主学习、合作探究的能力，激发学生顽强拼搏、敢于突破自我的精神，提高学生参与体育运动的兴趣。

（四）教学重难点

（1）教学重点：传球手型、接球后引。

（2）教学难点：传球的翻腕、拨指和接球的前伸、后引，动作连贯、协调用力。

（五）教学过程

1. 认识动作

介绍原地双手胸前传接球，并进行完整动作示范。

2. 分解练习

将原地双手胸前传接球技术动作分解成下面三个部分。

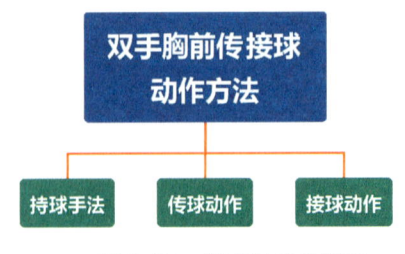

图 6-29 技术动作分解图

（1）持球手法。

两手五指自然分开，拇指相对成八字形，用指根以上部位握球的侧后方，掌心空出（见

图 6-30)。两肘自然弯曲于体侧,将球置于胸前。肩、臂、腕部肌肉放松,两眼注视传球目标,身体保持基本站位姿势(见图 6-31)。

图 6-30　持球手法示范图（一）　　　图 6-31　持球手法示范图（二）

（2）传球动作。

传球时,后脚蹬地,身体重心前移,两臂前伸,手腕由下向上翻转,同时拇指用力下压,食指、中指用力弹拨,将球传出。出球后手心和拇指向下,其余手指向前。

图 6-32　传球动作示范图

（3）接球动作。

面对来球,两臂自然伸出迎球,手指自然分开,两拇指成八字形,朝着来球方向,手指触球的同时,两臂随球缓冲,将球后引至胸前。

图 6-33　接球动作示范图

3. 练习方法

（1）持球手法练习：双手持球，向前跨步放球然后回到基本姿势，跨另一脚持球然后回到基本姿势。

（2）原地徒手模仿接球、传球练习。

接球练习：将接球技术分解成伸臂、触球缓冲两个环节进行练习。

传球练习：将传球技术分解成伸臂、翻腕、拨球三个环节进行练习。

（3）对墙传接球练习：距墙3—4米站立，向墙上传球，然后接住从墙上反弹回来的球。

4. 易犯错误与纠正方法

（1）掌心触球，传出的球力量太小。

图 6-34　易犯错误及纠正示意图（一）

纠正方法：讲解示范正确动作或两人一球互推练习，体会正确的持球和用力方法。

（2）持球或传球时，肘关节外张，手指、手腕用力不当。

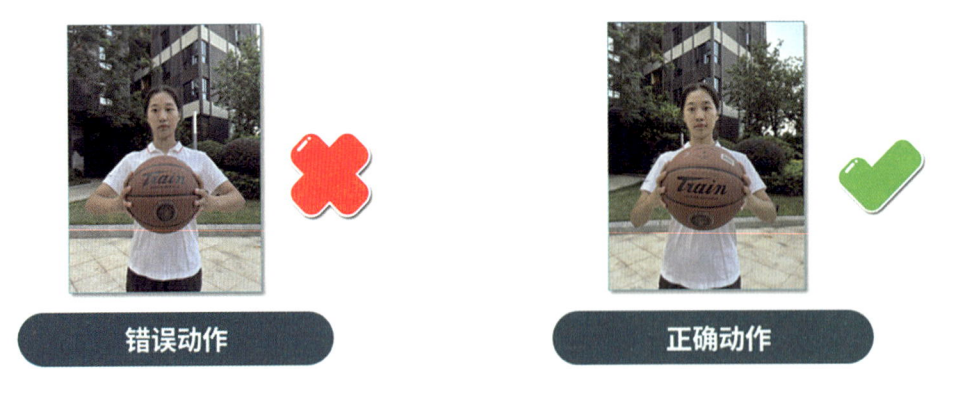

图 6-35　易犯错误及纠正示意图（二）

纠正方法：两人一球互推练习或对墙传球、接球练习，强化正确动作。

（3）接球时不缓冲，身体重心没有随球后移。

纠正方法：做持球模仿练习，体会屈臂缓冲，重心后移。

5. 课后思考

（1）请你说出双手胸前传球的动作要领和练习方法。

（2）如果你的同伴不能独立完成，你如何指导他完成？

6. 课后练习

巩固双手胸前传接球的练习方法，复习所学的篮球动作，尝试组合练习，要求动作之间连贯。

教师简介

牛嘉，硕士研究生，毕业于北京体育大学，是国家一级健美操裁判员、一级健美操社会体育指导员。现任深圳市第二特殊教育学校体育教师，兼办公室干事。参与市级课题1项，曾获2022年深圳市中小学教师微课大赛一等奖、学校2021—2022年度"优秀教师"、2021—2022学年教学设计比赛二等奖、2022年学习标兵、2022—2023学年教学说课比赛二等奖等荣誉。

二、心理健康教学案例——以"花季雨季"为例

（一）教学内容

"花季雨季"的教学主要设计为2个课时，选自培智高中心理健康学科高一年级下册（校本教材）第三单元《花季雨季》。第一课时为"男女生异性交往"，学生通过体验活动，认识男女生异性交往的意义和原则。第二课时为"该不该说爱你"，学生初步了解什么是真正的爱情，面对青春期的特殊情感，学生能够做出理性的判断和选择。

（二）学情分析

本班共有8名，均为孤独症谱系障碍者。一方面他们正处于青春期，正在经历从未成年向成年转变的过渡阶段，情感发展的两极性仍较为明显，理智上仍是幼稚的；另一方面，生理日趋成熟，青春期性意识得到相当发展，对异性有所好奇，却因现实生活中信息媒体接触不当，产生许多对爱情的过度幻想，而其他同学对这种行为的态度和评价也各有不同，需要在认知上给予澄清疏导。将学生分为2组，每位学生可以根据自身特点，了解、掌握不同的教学目标。

（三）教学目标

1. 共性目标

以积极的态度看待异性交往，树立正确的爱情观。

2. 个性目标

A 组：参与教学活动，理解男女生异性交往的意义和原则，了解什么才是真正的爱情。面对青春期的特殊情感，学生能够做出理性的选择。

B 组：参与教学活动，了解男女生异性交往的意义和原则，了解什么才是真正的爱情。面对青春期的特殊情感，学生能够分辨理性的选择。

（四）教学重难点

（1）教学重点：认识男女生异性交往的意义和原则，了解什么才是真正的爱情。

（2）教学难点：面对青春期的特殊情感，学生能够做出理性的判断和选择。

（五）教具准备

多媒体教学设备、课件、眼罩 2 副、电影剧照、相关视频。

（六）教学方法

游戏法、情景体验法、讲授法、小组讨论法。

（七）辅管教师注意事项

（1）辅助管理课堂纪律。

（2）辅助 B 组学生参与课堂活动。

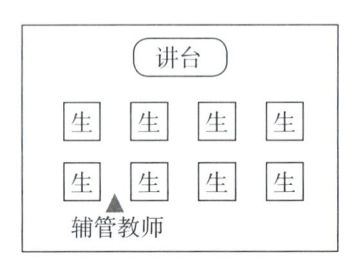

图 6-36 学生及辅管教师座位图

（八）教学过程

【第一课时：男女生异性交往】

1. 热身活动："心动的 0.5 米"

目的：激发学生的兴趣，体验异性之间朦胧的情感。

（1）游戏规则：请 2 名志愿者上台，一名男生和一名女生各戴上眼罩，面对面站在指定的位置；教师会调整你们之间的距离。

（2）注意：其他同学可以给出真实的反应，体验过程中志愿者可随时申请停止。

（3）教师引导学生表达自己真实的感受，如害羞、不好意思等。

学生活动：学生参与活动，体验在不同距离时的感受；其他同学做出自己真实的反应。

2. 了解青春期异性交往的意义

目的：通过事例引出青春期特征，阐述异性交往的意义。

（1）猜猜这是为什么？

家长的困惑：孩子以前都是懒得洗澡，从初中开始就非常关注自己的外表，每天都要洗头，很爱打扮、照镜子。是不是有什么情况？

教师的办法：班主任从宿管教师那里了解到男生的宿舍比较脏、乱、差，于是班主任组织了一次参观宿舍活动，请全班女生到男生宿舍参观。结果男生宿舍立即被整理得非常干净整洁。

原因：青春期来了。

（2）青春期异性交往的意义。

① 有利于情感的补偿。

② 有利于人格的和谐发展。

③ 有利于增进心理健康。

学生活动：学生猜测发生变化的原因，了解青春期异性交往的意义。

3. 头脑风暴

目的：通过头脑风暴总结出最欣赏的男生/女生的特点，并自我对照从而确定各自努力的方向。

（1）头脑风暴：女生写下最欣赏的男生的特点；男生写下最欣赏的女生的特点。

（2）对照大家写下的最欣赏的男生/女生的特点，找出自己已经具备的特点是什么？

（3）我的努力方向是什么？

学生活动：男女生写下最欣赏的异性的特点，分享自己具备的特点和今后努力的方向。

4. 青春期异性交往的原则

目的：通过分析总结异性交往应注意的尺度和原则。

（1）回顾最开始的游戏"心动的 0.5 米"，你觉得异性交往要注意什么？

（2）异性交往的原则。

① 不必过分拘谨。

② 不卖弄自己，令人生厌。

③ 不必过分严肃。

④ 既要尊重他人，也要保持自尊。

学生活动：学生分享男女生交往的注意事项。

5. 情景演练

目的：通过情景演练，学生学习与异性交往的方法。

想一想，在下面的情景中，你会怎么做？

（1）你一直很欣赏某一位异性同学。有一天，他（她）写信向你表示好感。其实你从未想过与他（她）建立恋爱关系；但你又不希望失去这个朋友。这时，你会怎么做？为什么？

（2）晚自习后，小明（异性）约你去小树林讨论周五的表演活动，你会去吗？为什么？

（3）好朋友告诉你："我喜欢上了一位同学，不知道该怎么办？"你会给他（她）什么建议？

学生活动：学生通过情景演练，进一步理解男女生异性交往的尺度和原则。

6. 课堂总结

教师：通过这节课，你了解到男女生交往要注意什么？

7. 课后作业布置

欣赏"心动力"版块的诗歌《不，不要说》。

【第二课时：男女生异性交往】

1. 热身活动：橡皮糖

目的：激发学生的兴趣，体验异性之间朦胧的情感，同时思考好感和爱情的差异。

（1）游戏规则：全体学生围成一个大圈，跟随音乐逆时针走动，当教师发出口令"橡皮糖粘粘粘"的时候，学生回应"粘什么"，教师说"粘几个同学的手指"，请学生做出相应的动作。

（2）提问：在刚刚的活动中，有什么感受和体验？怎样看待好感和爱情？

（3）教师引导学生表达自己真实的感受，如害羞、不好意思等。

学生活动：学生体验和完成热身游戏，感受活动中的心理变化。

2. 我眼中的爱情

目的：体会不同时代的爱情，表达自己的爱情观。

（1）出示不同时代的爱情电影剧照，每个时代对爱情有不同程度的理解。

（2）提问：你眼中的爱情是怎样的？（浪漫的、美好的……）

学生活动：学生分享对于爱情的看法。

3. 爱情三角

目的：明确爱情的定义，了解完美的爱情是由激情、亲密、承诺三个部分组成。

（1）出示心理学中爱情的定义。斯滕伯格（Sternberg）认为完美的爱情是由激情、亲密、承诺三个部分组成的。

（2）提问：刚刚同学们所理解的爱情，是完美的爱情吗？

图 6-37　爱情三角示意图

学生活动：学生分享对于完美的爱情的看法，理解好感并不等于爱情。

4. 花季之雨

目的：通过辩论思考异性学生之间的表白带来的利弊，理性面对青春期的情感。

（1）播放视频《花季之雨》，提问：如果你是小明，你会向她表白吗？

（2）辩一辩："同意表白"是正方，"不同意表白"是反方。用 3 分钟时间讨论论点和论据，并记录核心观点的关键词。

（3）提问同意表白的学生：面对情感时，有做好面对这些困难的准备吗？

学生活动：学生分成正反方，辩论是否需要表白？

5. 想一想

目的：思考如何更好地处理异性同学之间的情感，培养爱的能力。

（1）提问：若不表白会不会有遗憾，如何处理这份情感会更好？

（2）与其沉迷于爱情，不如培养爱的能力。

① 告诫自己，保持冷静。

② 来往适度，保持距离。

③ 广泛交往，避免独处。

④ 接纳情感，放眼未来。

学生活动：学生分享如何培养爱的能力。

6. 课堂总结

教师：通过这节课，你眼中的爱情是怎样的？

7. 课后作业布置

欣赏"心动力"版块的诗歌《青春》，学会朗诵并在下节课展示。

（九）板书设计

图 6-38　板书内容设计

（十）教学反思

（1）"心动的 0.5 米"在一定程度上可以达到预期目的，男女生在距离比较近的时候会觉得害羞、尴尬，相对远一点的距离会让彼此比较舒服。因而导入男女生正常的异性交往是比较重要的。热身游戏"橡皮糖粘粘粘"让全体学生动起来，兴奋起来，激发学生的兴趣和热情，同时在活动中，男女生除了粘脚外，应尽量避免接触。

（2）课堂以游戏活动为主，将爱情理论通过活动的形式呈现出来。心理课注重学生体验，不直接告诉学生结论，而是根据学生现有的经验总结生发，最大限度地调动了学生的积极性。

（3）"辩一辩"这个环节，学生从正方和反方的角度去看待该不该表白，表不表白各有哪些利弊，从而理性对待爱情。

（4）心理课的内容源于生活，课堂中所找的案例大多来自网络，学生很难产生共鸣，可以选择学生生活或咨询中的案例，这样能增加学生的参与感。

教师简介

胡自强，深圳市第二特殊教育学校心理教师。从事特校学生心理健康教育 6 年，坚持以特校学生为中心，开发适合特校学生的心理健康教材，创设有利于特校学生心理健康的活动，注重激发学生的幸福感和体验感，促进学生心灵成长。

三、职业教育教学案例——以"西式烘焙常用辅助材料"为例

（一）教学内容

"常用辅助材料（一）"一课是深圳市第二特殊教育学校校本课程资源《西式面点指导手册（第二册）》"理论篇"的第一课，在学生已经基本掌握西式面点的常用原料知识后，学习西式面点的部分常用辅助材料，以提高学生对西式面点的了解，丰富其理论知识。

（二）学情分析

本班共有8名学生，2名学生为孤独症谱系障碍者，4名学生为智力障碍者，1名学生为多重障碍者，1名学生为选择性缄默症。大部分学生认知能力较好，经过一个学期的学习已基本能看懂操作流程图，但是独立操作能力稍有欠缺，需要教师多引导、多练习。

根据学生认知能力、实操能力的具体情况，将班级8名学生分为A组和B组，分别达成掌握、知道、了解这三个不同的教学目标。

（三）教学目标

1. 共性目标

通过学习，增加对西式面点的兴趣。

2. 个性目标

A组：认识"吉利丁、粉类、果仁、果干、巧克力、椰蓉、调味酒"7种常用辅助材料；知道"吉利丁、粉类、果仁、果干、巧克力、椰蓉、调味酒"7种常用辅助材料的储存方法；知道"吉利丁、粉类、调味酒"在西式面点制作中的使用方法。

B组：认识"吉利丁、粉类、果仁、果干、巧克力、椰蓉、调味酒"7种常用辅助材料；在教师辅助下，跟读"吉利丁、粉类、果仁、果干、巧克力、椰蓉、调味酒"7种常用辅助材料的储存方法；了解"吉利丁、粉类、调味酒"在西式面点制作中的使用方法。

（四）教学重难点

（1）教学重点：认识"吉利丁、粉类、果仁、果干、巧克力、椰蓉、调味酒"7种常用辅助材料；了解"吉利丁、粉类、调味酒"在西式面点制作中的使用方法。

（2）教学难点：知道"吉利丁、粉类、果仁、果干、巧克力、椰蓉、调味酒"7种常用辅助材料的储存方法。

（五）教具准备

多媒体教学设备；教学课件；"吉利丁、粉类、果仁、果干、巧克力、椰蓉、调味酒"等辅料的图片；拓展认识视频；吉利丁片实物、抹茶粉实物、可可粉实物、巧克力实物、椰蓉实物、白朗姆酒实物等。

（六）教学方法

讲授法、问答法。

（七）辅管教师注意事项

为 B 组学生提供课堂提示并关注其上课状态。

（八）教学过程

1. 组织教学

（1）课前朗读：《西式面点课堂常规》。

（2）师生问好。

2. 复习导入

教师：在上一学期的学习中，我们了解到了西式面点的主要原料，它们分别是什么？

教师活动：教师引导学生回忆前面所学内容。

教师：在这个学期我们也将从西式面点会使用到的材料入手，开启我们本学期的西式面点课程。请同学们和教师一起进入第一课"常用辅助材料（一）"。

教师活动：板书课题并带领学生朗读课题。

3. 知识新授

（1）吉利丁。

简介：吉利丁又称明胶或鱼胶，是由动物骨头提炼而成的蛋白质凝胶，分为片状和粉状两种。（常用于烘焙甜点的凝固和慕斯蛋糕的制作）

学生活动：学生齐读吉利丁的文字介绍，通过图片区分吉利丁片和吉利丁粉，并圈画吉利丁的使用范围。

吉利丁的储存条件：密封储存放置在阴凉干燥的地方。

学生活动：记录吉利丁的储存条件。

> **常用辅助材料**
>
> **吉利丁片的使用方法**
> **1. 软化**
>   为了方便保存，吉利丁片在加工制作过程中需要进行脱水干燥处理，所以在制作甜品时如果要使用吉利丁片，必须先在冷水里面软化。
>   具体操作方法：取一个碗倒入适量冷水，放入吉利丁片，吉利丁片便会在冷水中膨胀、变软。
> **2. 融化**
>   软化过后的吉利丁需要使用隔水加热的方法使之融化。单独融化吉利丁片，待其呈现透明清晰的状态时，迅速倒入液体配料中并充分搅拌均匀；将软化过的吉利丁片放入液体中，同时隔水加热融化，待融化完成放凉后即可使用。

图6-39 新授知识示意图

注意事项：一旦泡软立马取出；使用前需挤干水分；隔水融化的水温不要超过80℃。

学生活动：观看教师演示、阅读文字、观看视频，学习吉利丁片的使用方法。

（2）粉类。

玉米淀粉：常用作面粉改良剂，也可用作食品凝固剂。

教师活动：教师出示"玉米淀粉介绍视频"和"实用淀粉区别视频"来介绍玉米淀粉。

学生活动：学生圈画、补充玉米淀粉在西式面点中的使用。

抹茶粉、可可粉、杏仁粉：猜一猜图片分别对应的是什么粉？它们的使用和保存方式分别是什么？

教师活动：教师出示图片，通过"猜一猜"环节分别来介绍三种粉类。

学生活动：学生圈画，补充玉米淀粉在西式面点中的使用方法。

（3）果仁。

果仁的用途：广泛用作西式面点的馅料、配料（直接加入面团或面糊中）、装饰料（装饰制品的表面）。

学生活动：学生齐读课本并圈画果仁用途的关键词。

果仁的储存方式：果仁容易变质，应放入干燥、密封的玻璃瓶中保存，在保存过程中禁止暴晒。

学生活动：学生圈画，学习果仁的储存方式。

分别介绍常用果仁：杏仁、核桃仁、芝麻。

学生活动：通过阅读和观看图片了解杏仁、核桃仁和芝麻。

（4）果干。

蔓越莓干和葡萄干在西点制作中的应用：增加烘焙甜品的口感。

学生活动：阅读和观看图片了解蔓越莓干、葡萄干。

蔓越莓干的储存条件：放在阴凉干燥处，避免阳光直射。

学生活动：记录蔓越莓干的储存条件。

葡萄干的保存方式：放入冰箱冷藏。

学生活动：记录葡萄干的储存方式。

（5）巧克力。

常用的两种巧克力及其在西点制作中的应用：常用于制作蛋糕和甜品。

学生活动：阅读文字和观看图片，了解巧克力。

黑巧克力和白巧克力的区别：白巧克力不含可可粉。

学生活动：圈画黑巧克力和白巧克力在西点制作上的区别。

（6）椰蓉。

椰蓉及其在西点制作中的应用：椰蓉是椰丝和椰粉的混合物，用来制作糕点、月饼、面包等，可以增加口感和装饰甜点表面。

学生活动：学生通过阅读和实际观察了解椰蓉。

椰蓉的保存方式：置于阴凉、干燥、通风处，避免阳光直射。

学生活动：记录椰蓉的储存方法。

（7）调味酒。

调味酒在西点制作中的作用：西式面点制作中常加入调味酒以增加制品的风味。

学生活动：圈画调味酒在西点制作中的作用。

了解各种调味酒及其使用。

学生活动：记录白朗姆酒、樱桃白兰地、苹果白兰地、樱桃利口酒、柑橘利口酒和咖啡利口酒的使用。

4. 课堂总结

教师：通过两个课时的学习，我们知道了西式面点的部分常用辅助材料，了解了它们的用法和储存方式。请同学们在课后及时复习，同时在之后的实践中积极运用今天的所学知识。

5. 课后作业布置

略。

（九）板书设计

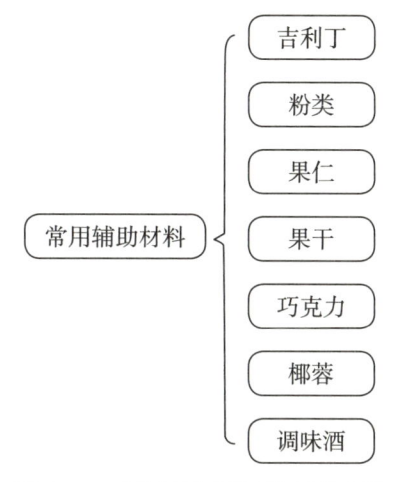

```
                    ┌── 吉利丁
                    ├── 粉类
                    ├── 果仁
         常用辅助材料 ┤── 果干
                    ├── 巧克力
                    ├── 椰蓉
                    └── 调味酒
```

图 6-40 "常用辅助材料"板书设计

教师简介

褟姝颖，毕业于南京特殊教育师范学校，现为深圳市第二特殊教育学校教师。任教生活语文、西式面点课程，同时担任班级辅管教师。2021 年获深圳市中小学教师微课大赛三等奖。

第三节 特殊教育艺术课程教学案例

特殊教育学校高中艺术课程突出艺术对培智高中生的教育功能，美育对培智高中生的全面发展、素质提升具有重要的积极作用。美育类课程包括绘画与手工、休闲生活等课程。

一、绘画与手工教学案例——以"色彩的明度"为例

（一）教学内容

高一上册第三单元"色彩"的第二小节是"色彩的三要素"，其中第二个知识点是"色彩的明度"，本次授课内容围绕这一知识点来展开。学习色彩明度知识，有利于提高学生对色彩的辨别度，对分析画面和对画面中明亮度的把控起到了重要的理论基础作用。

（二）学情分析

两个班级共 8 名学生，其中 4 名为智力障碍者，3 名为孤独症谱系障碍者，1 名为多重障碍者。

A 组：李某某，孤独症患者。想法丰富，动手能力强，但是不善表达。需要多鼓励，在绘画与手工课上的情绪一直以来比较稳定。杨某某，智力障碍者。学过简单的绘画基础知识，喜欢按照自己的理解方式去画画，有一定的模仿意图，有时会故意做一些跟教师要求相反的事。陈某某，智力障碍者。发言积极，但是动手积极性不够，需要多加鼓励。

B 组：彭某某，孤独症患者。积极性高，喜欢发言，善于表达自己的情感，但动手能力偏弱。蔡某某，智力障碍者。有自己的想法，但动手能力欠佳。

C 组：林某某，孤独症患者。好动，刻板行为明显。喜欢玩弄多媒体设备和教具，有时还会突然跑出教室。陈某某，多重障碍者。胆子小，怕失败，不敢尝试，需要多加鼓励。谢某某，智力障碍者。不愿上课，有情绪。

（三）教学目标

1. 知识与技能

了解色彩明度知识，掌握分辨色彩明与暗的能力。

2. 过程与方法

通过对画面中色彩明度的观察和体验，发展学生的创作能力和想象力。

3. 情感、态度与价值观

体验色彩明度变化的乐趣，敢于创作和表现，产生对色彩学习的持久兴趣，并学会发现生活中色彩的美。

（四）教学重难点

（1）教学重点：学会区分色彩的明暗关系，合理运用其关系进行实践创作。

（2）教学难点：在不同颜色中分辨出最亮和最暗的颜色。

（五）教具准备

多媒体课件、作业卡纸、丙烯颜料、调色盘、水粉笔若干支、铅笔。

（六）教学方法

演示法、讨论法、讲授法、示范法、实践指导法。

（七）辅管教师注意事项

（1）将教学用具放置在讲台旁，指导学生摆放桌椅。

（2）辅助管理课堂纪律。

（3）辅助 C 组学生参与课堂活动。

（八）教学过程

1. 导入课题

（1）教师在屏幕上展示两组颜色，提问："两组颜色中，哪个颜色亮，哪个颜色暗？"

（2）学生回答问题，教师纠正学生的回答，引出课题——"色彩的明与暗"。

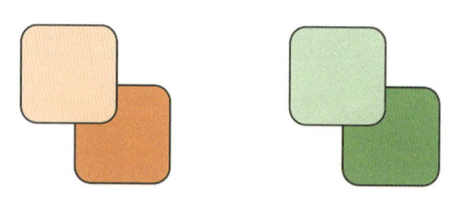

图 6-41　导入课题示意图

2. 寻找不同颜色之间的明暗差异

（1）教师在屏幕上给同学们展示一个 12 色环，问学生们其中最亮的颜色和最暗的颜色分别是哪两块。

（暂时不纠正学生的错误，先鼓励学生凭自己的感觉和认知回答。）

（2）由于受到各种颜色的干扰，学生们不太容易分辨出最亮和最暗的颜色。此时教师将 12 色环变成黑白色，再提问："最亮的颜色和最暗的颜色分别是哪两块颜色？"（将彩色变成黑白色后，它们的对比会很明显，容易找出最亮颜色和最暗颜色。）

（3）纠正之前学生的答案，并通过对照黑白色环来寻找正确答案。

（4）总结：将有色色环去色后变成黑白色环，就能轻松判断出最亮和最暗的颜色。

（5）练习：用康定斯基（Kandinsky）的《红黄蓝》做巩固练习。用"去色法"，找出作品中颜色最亮和最暗的区域。

图 6-42　色彩示范图

3. 寻找同种颜色间的明暗变化

（1）教师提问："刚才我们分析的是不同颜色之间的明暗变化，那么我现在有个问题，同一种颜色，如何让它发生明暗变化呢？"

（2）教师拿出橙色颜料，问："如果在橙色中不断加入白色，它会发生怎样的变化呢？"教师在提前准备好的卡纸上画一笔橙色颜料，然后在调色盘中加一点白色颜料，与橙色颜料调和并将调和好的颜料画在卡纸上（画在前一笔颜色的旁边）。随后再在调色盘中加入一点白色颜料继续调和，并画在卡纸上，以此类推。

（3）反之，如果在橙色颜料中不断加入黑色颜料，会发生什么变化呢？

▲ 图 6-43 色彩变化演示图

（4）总结：在某个颜色中不断加入白色，它的明度就会变得越来越亮；而在某个颜色中不断加入黑色，它的明度就会变得越来越暗。

（5）练习。

教师将学生按层次分成三组：A 组学生和辅管教师 1 为一组；B 组学生和辅管教师 2 为一组；C 组学生和主管教师为一组。

每组分发一张卡纸，每组自选颜色进行明暗过渡变化练习。

4. 展评小结

（1）展评：作品完成后，将三组作品贴在黑板上，每组派一名代表阐述本组的创作意图。最后进行学生互评及教师点评，教师在点评时，对 A 组的要求要更高，对 B 组和 C 组以鼓励为主。

（2）小结：教师总结本节课要点，引导学生感受色彩明暗变化中的美。

5. 课后作业

教师给每位同学分发作业卡纸，请学生运用本节课所学知识，自选两种颜色进行明暗渐变，并填到画面中，每个空白区域仅限画一种颜色。

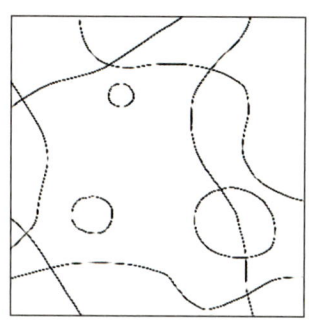

图 6-44　作业设计图

（九）板书设计

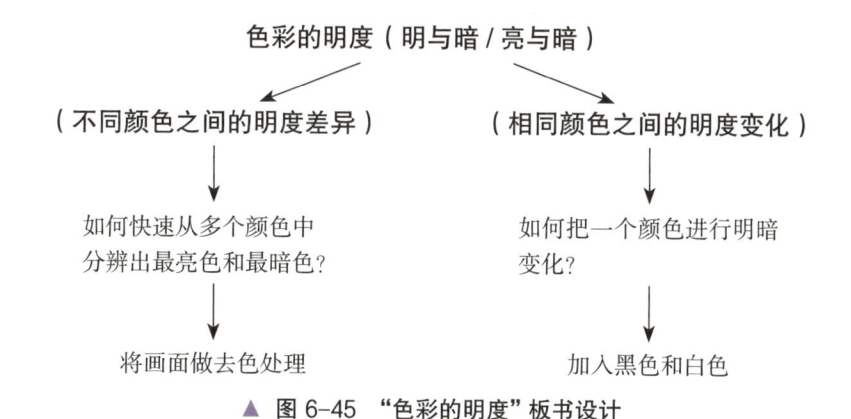

图 6-45　"色彩的明度"板书设计

（十）教学反思

（1）在"去色"环节还可以让学生眯起眼睛进行观察，更易看清画面中的黑白关系。

（2）在最后环节，应该引导学生通过板书回顾整堂课的知识脉络，这样有助于加深学生对本节课的印象，巩固所学知识。

（3）学生的积极性相较之前有所提升。

教师简介

张骏，深圳市第二特殊教育学校美术教师。2021 年获深圳市中小学教师微课大赛二等奖；2022 年获深圳市中小学"在线教学"优秀课例三等奖；2022 年指导三名学生获深圳市中小学生安全教育主题宣传作品创作大赛高中组"优秀奖"。

二、休闲生活教学案例——以"俄罗斯舞曲"为例

（一）教学内容

"俄罗斯舞曲"分为3个课时进行教学，通过探索声势的多种可能性引导学生学会聆听音乐，提高音乐审美，关注音色、乐器，了解音乐结构，参与音乐演奏。

第一课时带领学生了解声势，通过尝试不同身体动作或拍击身体不同部位来感受和体验不同的音色（清脆、低沉、沉闷、尖锐等）。

第二课时初听《俄罗斯舞曲》，了解音乐情绪、音乐特点和音乐结构，并用简单的声势表现出来。

第三课时细听《俄罗斯舞曲》，关注交响乐团，用声势模仿乐器音色，在第二课时的基础上继续丰富声势组合，完整地用声势表现和演奏音乐。

本课为第二课时。

（二）学情分析

本班共有8名学生，3名为孤独症谱系障碍者，1名为多重障碍者，4名为智力障碍者。学生们在音乐活动中的水平差异较小，在音乐鉴赏方面水平差异较大。A组学生能够较准确地歌唱和进行小型打击乐的演奏；课堂参与度高，喜欢进行自主表现；有一定的音乐鉴赏能力。B组学生节奏感强，能够准确地进行小型打击乐演奏，但注意力容易分散；课堂参与度高，喜欢进行自主表现。C组学生课堂参与度较低，自主性较差，需要在教师的帮助下参与音乐活动。

（三）教学目标

1. A组目标

【音乐活动】

（1）能够辨别不同的音色，并能自主选择适合的声势进行音乐演奏。

（2）能够协调、富有表现力地完成简单的声势演奏。

【音乐鉴赏】

（1）能够体验《俄罗斯舞曲》欢快热烈的音乐情绪。

（2）较迅速地感受《俄罗斯舞曲》中两个不同的音乐段落，体验音乐中最大的特点——重音。

2. B组目标

【音乐活动】

（1）能够在教师的提示下选择合适的声势进行音乐演奏。

（2）能够主动反应，较准确、完整地完成简单的声势演奏。

【音乐鉴赏】

（1）能够体验音乐欢快的情绪，感受音乐中的重音。

（2）通过讲解和音乐活动能够感受到音乐中存在两个不同的段落。

3. C 组目标

【音乐活动】

（1）能对音乐中的重音做出反应，并在重音处做相应声势。

（2）能跟随教师的引导较准确地完成整体声势演奏。

【音乐鉴赏】

（1）能跟随教师的引导用不同的声势表现音乐的不同段落。

（2）能体验音乐欢快的情绪。

（四）教学重难点

（1）教学重点：能感受到《俄罗斯舞曲》的音乐特点——重音，并能够选择适合的声势表现音乐；了解音乐的段落划分，并用声势表现出来。

（2）教学难点：富有表现力地、完整地完成声势演奏。

（五）教具准备

多媒体教学设备、课件、音色卡片。

（六）教学方法

讲授法、问答法、演示法、练习法。

（七）辅管教师注意事项

（1）辅助管理课堂纪律。

（2）坐在浅蓝色位置，辅助 C 组学生参与课堂活动。

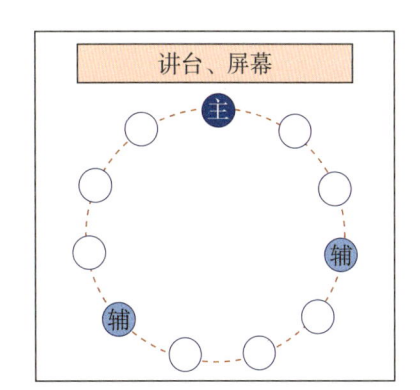

图 6-46　学生及辅管教师座位图

（八）教学过程

1. 课堂引入

（1）复习。

上节课我们了解了声势，知道了我们的身体就是一件打击乐器，通过不同的身体动作或拍不同的身体部位可以发出不同的声音。

（2）游戏热身。

教师随机抽取音色卡片，卡片上有不同音色的形容词，学生们举手抢答，最快举手的学生做相应声势，其他学生进行评价和补充。

（3）引出课题。

如果每一个人都是一件打击乐器，8位同学加上3位教师就可以组成一支打击乐队。之前我们用小乐器演奏过《胡桃夹子进行曲》，今天我们用另外一种方式——声势来演奏《俄罗斯舞曲》。

2. 新课讲授

【感受音乐情绪】

（1）音乐欣赏。

播放《俄罗斯舞曲》A段，提醒学生关注舞蹈演员的表情和动作变化。

（2）思考与讨论。

提问：这段舞蹈和音乐给你带来怎样的感受？音乐是欢快热烈的吗？可引导学生将《俄罗斯舞曲》和《胡桃夹子进行曲》进行对比。

【关注音乐特点】

（1）音乐欣赏。

观看纯交响乐版的《俄罗斯舞曲》A段，感受音乐欢快热烈的情绪，听的过程中引导学生关注是什么元素让音乐如此欢快热烈。

（2）讨论与讲解。

什么元素让音乐如此欢快热烈？引导学生关注重音和重音处使用的乐器。

板书记录学生的想法，进行讲解，并揭示最重要的因素——用锣、鼓演奏的重音。

（3）实践操作。

边做不同声势引导学生边提问：哪种声势适合替代锣、鼓来演奏重音？（跺脚或跳跃）引导学生用声势表现出来。

【关注音乐结构】

（1）音乐欣赏与感受。

A段音乐结束后提醒学生注意音乐的变化。提问：这段音乐的旋律和刚刚一样吗？刚刚用锣、鼓演奏的重音现在还有吗？音乐情绪还有那么热烈吗？还适合用跺脚、跳跃的声势吗？

（2）段落讲解。

讲解音乐中的段落并板书：音乐和语文课的课文一样，都存在段落，刚刚我们跺脚的音乐旋律可称为A段，那么刚刚听到的新旋律我们可以将它划分成新的段落——B段。

（3）思考与讨论。

B段的旋律听起来给你怎样的感受？听起来是热烈还是较为平淡？音色听起来是清脆还是较为沉闷的？你觉得用哪种更合适呢？（拍腿，因为旋律较为平淡，且音色较沉闷。）

（4）声势练习。

从 B 段开始完整播放音乐，带领学生做拍腿的声势，快到 B 段连续重音处提醒学生注意重音将要出现，要认真听并做出相应声势。

（5）思考与练习。

B 段连续重音后紧接着再现 A 段，提问学生：是你们熟悉的旋律吗？刚刚我们是怎么做声势的？引导学生们做 A 段跺脚或跳跃的声势。

播放音乐，请学生们在重音处跺脚或跳跃。

（6）讲解段落。

讲解音乐中的段落并板书：在 B 段后再次出现了我们熟悉的旋律，是哪个段落呢？——A 段。

（7）完整播放音乐并做声势。

3. 练习与总结

这节课我们运用声势来演奏《俄罗斯舞曲》，我们用跺脚或跳跃来表示音乐中的重音，用声势的变化为音乐划分了段落。

下节课我们将再次走进《俄罗斯舞曲》，一起探索还有什么更加有趣、复杂的声势能让我们的音乐更加丰富！

（九）板书设计

《俄罗斯舞曲》

欢快、热烈——重音——【A 段】——跺脚、跳跃

较平淡——【B 段】——拍腿

欢快、热烈——重音——【A 段】——跺脚、跳跃

图 6-47 《俄罗斯舞曲》板书设计

（十）教学反思

（1）对于 B 组和 C 组的同学可以采用直接提问或者演示引导的方式，但对于 A 组能力较强的同学，可以适当采用反问的方式引导他们进行深入的思考。

（2）教学活动内容丰富，教学环节循序渐进环环相扣，根据学生具体情况可扩展为两个课时。

教师简介

林璇，毕业于中央音乐学院，现任深圳市第二特殊教育学校音乐教师，主要承担休闲生活课程教学和潜能开发声乐、合唱、钢琴教学。2021 年获校级教育教学基本功比赛暨教学设计比赛一等奖；2022 年获校级教育教学基本功比赛暨说课大赛三等奖。目前参与市级课题 1 项、校级课题 1 项。

第七章　特殊教育研究成果

对于学校发展而言，教科研工作将为学校专业发展指引方向。对于特校教师而言，教科研能力始终是教师专业能力的重要组成部分。特校教师面对的教育问题、教育对象较为复杂多样，教师应该具备发现特殊教育教学中现实问题的能力，具备遵循学术规范开展教育教学研究的能力。教科研能力对于特校新教师发展的作用不容忽视，一方面教师能够在教科研中提升自己的教科研能力，解决教学中的难题；另一方面也将有助于教师的心理健康，[1]满足教师精神需求，在合作研究中获得更多社会资本。

在特校教师专业共同体建设过程中，依托于不同工作小组，深圳市第二特殊教育学校教师在特殊教育教科研方面取得了诸多成长，如特殊青少年发展研究和特殊教育相关组织研究领域发表了多篇学术论文。

第一节　特殊青少年发展研究

特殊青少年因处于青春期等特殊时期，在身心发展方面存在着诸多特殊性。在特殊青少年身心健康发展方面，郭俊峰撰写了《高中孤独症学生危机事件心理干预及反思》，重点关注高中孤独症学生社会交往障碍，通过危机事件的案例分析，提出系列建议措施。刘毅撰写了《运动干预儿童青少年神经发育障碍的应用进展》，主张通过运动干预的方式，对孤独症谱系障碍、注意缺陷多动障碍、脑性瘫痪及抽动症等特殊青少年神经发育障碍进行非药物性干预，其研究具有积极的促进作用，有助于特殊青少年身心健康发展。彭婧等撰写了《培智中学学生休闲生活现状及对策研究》，主张通过休闲生活课程系统地提高特殊青少年休闲技

---

[1] 巩立君，李燕峰. 特教学校青年教师教科研能力的培养探究[J]. 中学课程辅导（教师通讯），2020（23）：102-103.

能、休闲鉴赏能力，进而促进其健康发展、享受生活，该研究通过365份问卷调查了当前培智中学生居家休闲活动的主要特点，并从学校、社会、个人和家庭层面提出了建议。

高中孤独症学生危机事件心理干预及反思[①]

郭俊峰

孤独症是一种广泛性发育障碍，其核心症状包括社会交往障碍、沟通交流障碍、兴趣狭窄和重复刻板行为。《"十四五"特殊教育发展提升行动计划》要求积极探索科学适宜的孤独症儿童培养方式。高中阶段的孤独症学生正处于青春期，受内分泌变化的影响，情绪不够稳定，经常会因为一些意想不到的事情而引发状况。这就要求学校建立危机处理机制，能够对孤独症学生的突发问题进行及时干预，避免引发更大的问题。本文以1名高中孤独症学生的危机事件心理干预为例，介绍如何进行现场及时干预以及后续的心理干预。

一、个案基本情况

李同学，女，16岁，精神残疾三级，患有孤独症谱系障碍。李同学是独生女，家庭状况良好，义务教育阶段为随班就读学生，曾有被同伴歧视经历，高中进入特殊教育学校就读。李同学生理感官状况较好，视听觉良好，身体协调能力较好，痛觉迟钝，有多次服用抗抑郁药的经历。宗氏焦虑测试结果正常，宗氏抑郁测试结果显示快感缺乏、负性情绪较高。韦氏智力测验结果为102分；瑞文标准推理测试结果为87分。艾森贝格行为量表测验结果为155分，为中重度水平；儿童孤独行为检查量表测验结果为30分，表现出轻中度孤独症症状。依据以上评估结果和学校入学评估结果综合得出：李同学情绪不稳定，存在语言攻击行为；具有典型刻板行为，喜欢抽动身体；具备较好的认知能力，学业表现较好；具备一定的语言基础，较少与人社交，不愿发起语言沟通；对于手机、网络的依赖较强，常因此出现较为严重的情绪行为问题。因此，学校将李同学列入重点关注对象，安排心理教师负责定期跟踪和提供咨询。

[①] 本文发表于《现代特殊教育》2022年第23期。本文系深圳市教育科学2021年度规划课题"以艺术治疗为基础的培智类高中心理健康课程建设的实践研究——以深圳市第二特殊教育学校为例"（课题批号：ybzz21029）阶段性成果。

二、危机事件的发生及现场干预

2022年5月11日，李同学的个训课原本安排心理教师负责，但因为心理教师外出参加培训，她被告知个训课调整为英语课，当时就出现情绪失控。班主任及时进行干预，大致了解了李同学的想法：她以为以后再也没有心理教师的心理课了，感觉不能接受，因而大哭。于是，班主任告知她只是本周三的个训课调换了，之后还会有心理教师的个训课。李同学的情绪问题得到缓解。

5月12日下午，学校举办了第一届劳动知识技能竞赛，李同学在现场积极参与竞赛活动，在知识技能竞赛环节获得第一名，在其他技能竞赛环节表现同样出色。当比赛结果公布后，李同学作为知识技能竞赛第一名上台领奖，收到一等奖奖品保温杯。她立即表示不喜欢保温杯，想要画笔。在同学与她交换后，她仍然不满意，情绪开始波动并大哭，且持续时间比较长。

根据对李同学的了解，在她出现情绪问题的时候，现场教师及时减少刺激性的言语，带她离开刺激场景，给她一定的空间和时间宣泄情绪。李同学的情绪问题表现为间断性、持续性大哭，摔东西，且安抚无效。现场教师及时与教导处负责人、班主任、心理教师等相关人员取得联系，学校安排心理教师陪伴李同学，保障其人身安全。等李同学情绪稍微稳定下来后，心理教师采用心理绘画干预，教其心理放松的方法，帮助她将情绪逐渐稳定下来。

三、危机事件后干预措施的进一步完善

根据李同学近期的表现和本次危机事件中突发的情绪状况，结合医院评估、入学评估，学校危机干预小组组织相关人员召开专题会议，进一步完善针对李同学情绪问题的干预措施。

（一）综合评估

干预小组根据心理教师的心理访谈、班主任和科任教师的观察与反馈，结合李同学在校表现情况，明确李同学是因抑郁心境加上负性偏差认知，在内心不满足和环境的刺激下，导致了一系列的情绪行为问题。在与心理教师交谈的过程中，李同学语言极少。在心理教师的建议下，她尝试用画画的方式来表达。心理教师通过绘画的内容对李同学进行心理评估，发现她在绘画过程中反复涂抹，画中存在多处修改和涂黑的痕迹，所画的人物有被天空压制的感觉，表明李同学当下有明显的焦虑和抑郁情绪。经过绘画，李同学脸上明显放松，情绪得到缓解。结合《中学生心理危机筛查问卷》的测试结果，目前李同学心理危机程度较高，需要进一步跟进和干预。

（二）责任分工

根据学校危机干预预案，校长作为危机干预的总负责人统筹干预工作，主管安全的副校长负责危机干预资源的调度工作；心理教师负责学生的心理评估、心理支持，必要时转介学生到医院或有资质的机构进行后续治疗；班主任及科任教师密切观察学生白天课上及课下的行为表现，及时与家长沟通学生的心理状态；生活教师及值班教师关注学生晚自习和就寝后的行为表现，确保学生人身安全，必要时可请求校领导和心理教师提供资源与心理支持。危机干预小组通过落实各方责任来确保学生人身安全。

（三）确定心理干预方法，实施干预

根据李同学反复出现情绪崩溃的情况，结合危机干预小组在干预过程中总结的经验，确定以下几种干预方法。

1. 稳定化技术

心理教师带领李同学进行冥想训练，引导她调整呼吸，关注自己的身体，注意周围的温度和声音，慢慢进入积极的冥想状态。经过多次冥想训练，李同学慢慢安静下来，放松下来，达到躯体和心理的稳定化。

2. 支持性陪伴

心理教师告知相关教师进行支持性陪伴的具体要求。在李同学情绪不稳定时，相关教师只需要认真地倾听、陪伴，尽量减少指导性的语言或者不指导，给李同学一定的时间和空间，也可以给她一杯温水、一张纸巾，允许她慢慢倾诉自己的痛苦。经过一段时间的观察，发现这种支持性陪伴可以让李同学变得越来越平静，对其情绪的平复有一定帮助。

3. 应用行为分析

应用行为分析是一种通过有效的训练机制来实现目的性辅助作用的干预方法，主要针对特校学生存在的不良问题或行为进行消退干预，减弱其行为机会，在常规的干预训练过程中需要坚持一对一训练模式。教师将已有的干预目标进行分解，拆分为若干个细小单元，有计划、有顺序地进行训练干预。在教学和个训的过程中，当李同学出现大哭大叫、摔东西等问题行为时，教师会把她带离现场，在安全的环境下让她自由发泄，不去过多关注其不合理的要求。经过干预，李同学的问题行为的发生次数减少、程度降低。

4. 表达性艺术治疗

对于有沟通障碍的孤独症学生，表达性艺术治疗是很好的疗愈方式。运用沙盘、绘画、音乐、心理剧等方式将学生无意识的内容具象化，有助于发现其情绪问题的根源。心理教师定期对李同学进行专业的表达性艺术治疗，如绘画、沙盘等。通过这种方式，可以看到李同学内心一些未表达的想法和压抑的情绪。李同学比较容易接受表达性艺术治疗。在咨询的过程中，李同学开始进行一些语言表达，与心理教师进行简短的交流。

四、干预效果及反思

经过心理干预和训练，李同学的情绪逐渐趋于稳定，在课堂上出现突发情绪问题的频率降低，一周大部分时间都能平静地进行课堂学习，与教师也能进行一些简单交流。

面对特校学生的危机事件，学校首先要有一套系统的、清晰的危机处理机制，能积极应对危机事件，并及时对学生进行干预。管理者、班主任、科任教师、生活教师等在危机处理机制的指导下要能进行有效协作。其次，要对全体教师进行相应的危机应对培训，让教师面对学生突发状况时知道如何及时恰当地进行处理。再次，要及时总结经验，对不是很适合特校学生的一些活动进行相应的调整，减少刺激源，让学生更愉快地参与活动。

班主任要掌握班上每一位特校学生的身心特点，关注日常教学工作协调。如有课程调整需要提前预告，帮助学生做好心理建设。对于学校举行的活动，需要提前预判学生可能出现的突发事件，做好应急预案。当危机事件发生时，要保证学生安全，及时把其他学生带离现场，并在保障问题学生的人身安全的情况下，将其带到一个相对安静的场地。

心理教师要做好预防工作，重点关注心理健康筛查中筛查出的学生，以及平时情绪行为问题频发的学生，定期对有需要的学生进行心理辅导。处理危机事件要及时恰当。当危机发生时，要稳定学生情绪，疏散其他无关人员。此外，平时要带领学生开展团体心理活动、艺术性治疗活动等，提升学生的人际沟通能力、情绪调节能力、社会适应能力、抗挫力等，促进学生身心健康发展。

运动干预儿童青少年神经发育障碍的应用进展[①]

刘　毅

儿童青少年神经发育障碍的主要临床表现为由发育缺陷引起的认知、行为、社交和学业障碍。根据美国《精神障碍诊断与统计手册（第五版）》中对神经发育障碍疾病的分类，这一类疾病可以分为孤独症谱系障碍（Autism Spectrum Disorder，ASD）、注意缺陷多动障碍（Attention Deficit Hyperactivity Disorder，ADHD）、脑性瘫痪、抽动症、交流障碍、学习障碍

---

① 本文发表于《当代体育科技》2022 年第 30 期。

等。目前国内外关于神经发育障碍儿童青少年个体干预的方法有很多，如经颅磁刺激、补充微量元素等。虽然这些方法对改善神经发育障碍具有一定疗效，但是较大的经济付出是他们的共同特点。在已有干预方法中，体育运动作为一种经济且安全的干预方式，给患儿家庭和社会带来了更易接受的选择。基于以上背景，本文梳理总结了国内外已有的运动干预 ASD、ADHD、脑性瘫痪及抽动症儿童青少年的研究。

一、运动对儿童青少年神经发育障碍相关疾病的干预效果

（一）运动与 ASD

ASD 又称孤独症谱系障碍，是一种复杂且普遍的神经发育障碍疾病，发病年龄以学龄前为主，其核心特征主要包括社交障碍、重复刻板行为和兴趣受限。除了核心症状外，ASD 患者还存在同时发生生理和心理疾病的风险，如超重或肥胖、骨密度降低、睡眠障碍、运动障碍、执行功能障碍等。目前，ASD 在全球人口中的患病率约为 1%，且近年来有上升趋势。由于 ASD 的发病机制尚不明确，导致药物研发仍处于停滞不前的状态，这给患者本人、家庭和社会造成了沉重负担。

运动作为一种非药物干预方式，给 ASD 的治疗带来了一丝曙光。目前研究表明，运动干预对于 ASD 的核心症状具有一定改善效果。运动能够改善 ASD 儿童的社交障碍。13 名年龄在 6 至 12 岁之间的 ASD 儿童在每次 1 小时、每周 2 次，共 17 周的足球运动干预后，ASD 儿童的基本社交技能、情感相关技能、人际问题解决技能和成人关系技能得到有效提升，教师观察量表中反映的 ASD 儿童的优势——攻击、抑制、帮助/合作、友善、社会责任 5 个维度得到明显改善。[1] 除了团体运动，个人运动对于 ASD 儿童社交障碍也有积极影响。46 名年龄为 11.46±6.21 的 ASD 患者，进行为期 6 周，每周 2 次的高尔夫球训练，训练结束后，与训练前相比，ASD 患者的沟通技能、社交技能均有统计学上的显著提高。[2] 重复刻板行为是 ASD 核心障碍之一，有学者将 30 名 9—12 岁表现出拍手和身体摇摆刻板行为的 ASD

---

[1] Lopez-Diaz J M, Felgueras Custodio N, Garrote Camarena I. Football as an Alternative to Work on the Development of Social Skills in Children with Autism Spectrum Disorder with Level [J]. Behavioral Sciences, 2021, 11 (11): 159.

[2] Shanok N A, Sotelo M, Hong J. Brief Report: The utility of a golf training program for individuals with autism spectrum disorder [J]. Journal of Autism and Developmental Disorders, 2019, 49 (11): 4691–4697.

儿童分为对照组（故事时间）和实验组（击球—运动干预）。[1]实验组进行12周、每周2次，每次20分钟的运动干预，每节干预课主要包括15分钟的击球和5分钟的拉伸。在此期间，孩子们被要求尽可能多次地敲打球。结果表明，运动组ASD儿童的拍手重复刻板行为显著减少，而身体摇摆刻板行为在击球运动干预后没有显著变化。该实验结果不仅证实了运动干预对刻板印象行为的积极影响，而且进一步表明，体育运动形式应该与刻板行为的生物力学相匹配，以产生理想的行为干预益处。

运动对ASD的其他症状也具有一定改善作用。目前研究发现，足球运动干预对于ASD儿童的肌肉力量、平衡性、身体协调性等身体素质方面具有显著改善功效。[2]同时，运动干预对于ASD儿童粗大动作技能（跑步速度、敏捷性、平衡性、两侧协调性和力量）和精细动作技能（反应速度、视觉运动控制、上肢速度和灵活性）同样具有良好的改善作用。[3]另外，运动对于ASD儿童的认知功能[4]和睡眠障碍[5]也具有一定疗效。

（二）运动与ADHD

ADHD又称注意缺陷多动障碍，是常见于儿童时期的神经发育障碍性疾病，我国ADHD儿童发病率已经超过5%。患者临床主要表现出多动、注意力不集中、冲动以及在社会交往和学习方面的障碍，部分患者的症状可能会持续到青春期，甚至是成年。由于ADHD的病因未明，目前的药物治疗并不能根治，且有一定的不良反应。基于这一前提，寻找其他非药物干预方法是非常有价值的。

虽然ADHD儿童具有多动等症状，但是其参加体育运动的情况却显著劣于同龄对照组。考虑到体育运动对ADHD儿童辅助治疗的诸多益处，因此，对ADHD儿童进行运动干预是必须的。[6]目前的研究表明，各种类型的运动干预对于ADHD儿童均具有较好的疗效。足球

---

[1] Tse C, Pang C, Lee P H. Choosing an appropriate physical exercise to reduce stereotypic behavior in children with autism spectrum disorders: A non-randomized crossover study [J]. Journal of Autism and Developmental Disorders, 2018, 48 (5): 1666-1672.

[2] 汪胜, 孙玉梅. 自闭症谱系障碍儿童足球运动干预的个案研究 [J]. 现代特殊教育, 2017 (2): 56-63.

[3] Hassani F, Shahrbanian S, et al. Playing games can improve physical performance in children with autism [J]. International Journal of Developmental Disabilities, 2022, 68 (2): 219-226.

[4] Wang J G, Cai K L, Liu Z M, et al. Effects of mini-basketball training program on executive functions and core symptoms among preschool children with autism spectrum disorders [J]. Brain sciences, 2020, 10 (5): 263.

[5] Ansari S, AdibSaber F, Elmieh A, et al. The effect of water-based intervention on sleep habits and two sleep-related cytokines in children with autism [J]. Sleep Medicine, 2021, 82: 78-83.

[6] Mercurio L Y, Amanullah S, Gill N, et al. Children with ADHD engage in less physical activity [J]. Journal of attention disorders, 2021, 25 (8): 1187-1195.

作为世界第一运动，普及范围广泛。宋以玲等人[①]的研究发现，每次 30 分钟，每天上午、下午各 1 次，每周 5 天，持续 6 周的足球运动干预，能够有效改善 6—8 岁 ADHD 儿童的执行功能，对于患儿的抑制控制能力和认知灵活性也具有较好改善效果。11—14 岁的 ADHD 患者在 8 周的游泳运动干预后，患者的抑郁参数、应激参数、认知灵活性和选择注意参数得到明显改善，在运动协调能力和体适能方面，结果显示下肢协调性、柔韧性和腹部力量有显著提升。[②]近年来，在体医融合和"运动是良医"的理念背景下，运动干预 ADHD 的精准性与靶向性得到不断关注。有研究发现，与无认知要求的有氧跑步运动相比，有认知任务要求的有氧跑步运动对 ADHD 患者的执行功能和多动症症状的改善有更积极、更持久的影响。[③]因此，虽然体育运动对于 ADHD 儿童生理和心理均具有一定的干预效果，但是在干预方案设计过程中，提前评估 ADHD 患者的身心状况，再进行靶向干预是必要的，也是更有效的。

（三）运动与脑性瘫痪

脑性瘫痪（以下简称脑瘫）是儿童青少年中最普遍、最严重的神经发育障碍疾病之一，运动和姿势发育障碍是儿童青少年脑瘫功能障碍的核心表现，发病率约在 2‰ 左右。因此，脑瘫是公共卫生预防的重点，但其病因已被证明是复杂的。

目前研究发现，适当的运动干预对于脑瘫患儿具有一定的益处。4—12 岁的轻度脑瘫患儿在参加每周 2 次、每次 60 分钟，持续 3 个月的芭蕾舞训练后，平衡能力和运动能力得到显著提升。[④]研究发现，每次 30 分钟、每周 5 次，持续 6 个月的悬吊运动训练对于脑瘫儿童的粗大运动功能、平衡功能和日常生活活动能力有改善效果。[⑤]考虑到家庭照护在脑瘫患儿康复治疗中起到的重要作用，通过家庭管理联合悬吊运动训练，发现联合干预对于脑瘫患儿的益处显著高于单独的悬吊运动训练。水中运动疗法是一种安全、有效且趣味性强的非药物干预方式，在脑瘫康复中具有一定优势，近年来不断受到关注。一项 Meta 分析发现，水中运动疗法对于治疗脑瘫具有较好的疗效，具体体现在水中运动疗法可以显著改善脑瘫患者

[①] 宋以玲，李阳，刘靖，等. 足球练习对注意缺陷多动障碍男童执行功能的影响［J］. 中国运动医学杂志，2022，41（3）：165-172.
[②] Silva L, Doyenart R, Henrique S P, et al. Swimming training improves mental health parameters, cognition and motor coordination in children with Attention Deficit Hyperactivity Disorder［J］. International journal of environmental health research, 2020, 30（5）: 584-592.
[③] Nejati V, Derakhshan Z. The effect of physical activity with and without cognitive demand on the improvement of executive functions and behavioral symptoms in children with ADHD［J］. Expert Review of Neurotherapeutics, 2021, 21（5）: 607-614.
[④] 陈芩，徐纯鑫，陆洋阳，等. 芭蕾舞训练对脑性瘫痪患儿平衡及粗大运动功能的影响［J］. 中国康复医学杂志，2022，37（2）：250-253.
[⑤] 张莉莉，刘一苇，叶常州，等. 悬吊运动训练结合家庭姿势管理对痉挛型脑瘫儿童粗大运动功能、平衡功能和日常生活活动能力的影响［J］. 中华物理医学与康复杂志，2021，43（10）：927-929.

的粗大运动技能、提高水中运动能力，同时在生活质量、肌肉力量、肌肉张力、平衡能力和姿势控制能力等方面也有相当程度的促进作用。[1]

综上所述，虽然不同形式的运动干预对于儿童脑瘫患者均有一定益处，但是在运动干预的过程中，需要将脑瘫患者的身体和心理情况纳入考量，以此采用具有针对性和可行性的运动干预方法，达到事半功倍的效果。

（四）运动与抽动症

抽动症是一种复杂的，发病于儿童期的神经发育障碍疾病，以多发性运动和声音抽动为特征。抽动指的是动作或声音以一种刻板的方式重复多次，通常单次发生时间很短暂，看起来可能是故意的，其实没有任何目的，常见的抽动包括强烈的眨眼、鼻子抽动、头部抽动和清嗓子等。儿童和青少年的总体患病率在3%左右，抽动症的持续发作，会引起慢性疾病的出现，严重损害患儿的生活质量。因此，寻找能够抑制抽动发生的方法显得尤为必要。

近年来研究发现，体育运动对于缓解儿童青少年的抽动症状具有一定效果。年龄为14.48±2.47岁的抽动症患者在经过运动干预后，与基线相比，运动期间的抽动率显著降低。同时运动后的抽动率也相对低于基线值，这可能反映了运动对减少抽动的持续作用。另外，运动干预也对患儿自我报告的焦虑和情绪水平产生了有益的影响。[2]杰克逊（Jackson）等人[3]的研究发现，低强度有氧运动训练（太极拳）与中等强度有氧运动训练（搏击）对于抽动症具有不同程度的益处。搏击对于认知控制任务表现有显著提高，而太极拳的效果较小。此外，虽然两种运动干预均显著降低了患儿每分钟抽动次数，但搏击训练后这种减少幅度更大，持续时间更长。重要的是，搏击运动后，患儿认知控制的增强程度预示了抽动频率的降低程度。这些发现表明，有氧运动可能是一种有效的干预措施，可以通过增强相关认知控制回路来改善儿童抽动症的抽搐。需要注意的是，长期体育运动对于抽动症的益处虽然在停止运动后会持续一段时间，但是随着运动干预的终止，抽搐的严重程度或频率会逐渐恢复到基线水平。[4]

综上所述，运动对于儿童的抽动症状具有一定的干预效果，但是在干预过程中，需要选

---

[1] 崔尧，萧敦武，丁琳，等.水中运动治疗对脑性瘫痪儿童青少年运动功能和活动效果的系统评价与Meta分析[J].中国康复理论与实践，2021，27（1）：79-92.
[2] Nixon E, Glazebrook C, Hollis C, et al. Reduced tic symptomatology in Tourette syndrome after an acute bout of exercise: an observational study[J]. Behavior modification, 2014, 38（2）: 235-263.
[3] Jackson G M, Nixon E, Jackson S R. Tic frequency and behavioural measures of cognitive control are improved in individuals with Tourette syndrome by aerobic exercise training[J]. Cortex, 2020, 129: 188-198.
[4] Kim D D, Warburton D, Wu N, et al. Effects of physical activity on the symptoms of Tourette syndrome: A systematic review[J]. European Psychiatry, 2018, 48（1）: 13-19.

择合适的方式评价或监控运动强度，避免运动强度过高。同时，运动干预的持续性也需要得到关注，以此保持运动的干预效果。

二、运动改善神经发育障碍相关疾病的建议

（一）普及运动知识，加强家庭对患儿身体活动的监督与引导

家庭是神经发育障碍患儿生活、学习和成长的重要场所，加强家庭成员对于运动干预重要性的认识、养成运动干预意识和培养运动干预习惯至关重要。为提升运动干预儿童青少年神经发育障碍疾病的效果，促进患儿的身心发展，可以从以下几个方面入手：① 加强家庭成员对于运动干预的认识。虽然运动干预神经发育障碍相关疾病具有较好的效果，且同时兼具经济适用性和安全性，但是不加强宣传，患儿家长对于运动的认知存在偏差，难以对运动干预加强重视。因此，可以借助学校、教育局、卫健委的微信公众号、短视频等线上平台以及线下途径，宣传运动干预对于儿童青少年神经发育障碍相关疾病的益处，让家长认识运动干预、了解运动干预、接纳运动干预。② 强化运动知识的普及。虽然有些家长认识到了运动干预对于患儿的重要性，但是因为自身专业知识缺乏，难以帮助患儿开展身体活动。因此，在利用线上、线下途径推送传播运动知识的同时，还可以通过知识竞赛、有奖问答等方式来激发家长学习运动知识的兴趣，进而帮助他们掌握和运用相应运动干预方法。③ 儿童青少年神经发育障碍相关疾病具有各自不同的发病特点，每个患儿的身心状态也各不相同。因此，在家庭中实施运动干预必须要有针对性、个性化地进行。这就要求学校教师和家长之间需要保持良好的沟通与交流，学校教师可为每个患儿量身订制运动干预方案，家长据此在家庭中支持患儿运动。

（二）在校园内营造"运动是良医"的氛围

校园环境是影响个体发展的重要因素，通过在校园内营造"运动是良医"的氛围，一方面可以引导广大教师对运动干预儿童神经发育障碍的效果形成正确认识，在思想认知层面发生转变，接纳并积极践行"运动是良医"的理念，促使教师实现由被动实施运动干预到主动投入到运动干预转变；另一方面良好的校园运动氛围可以影响学生参加体育运动的积极性，促使学生形成由"要我动"到"我要动"的良性转变，实现人人爱运动、人人去运动的良好校园氛围。具体操作层面，可以从学校制度与舆论宣传出发。学校制度方面，要对场地设施、运动安全性、运动时间提供保障；舆论宣传方面，要重点宣传"运动是良医"理念，宣传国家层面出台的相关文件、运动干预的安全性与经济性、运动对儿童神经发育障碍的良好干预效果、国内外特别是同行的成功干预案例等，宣传方式上可以联合传统媒介与新媒体，

如利用校园广播台、黑板报、宣传栏、主题作文与画报等传统方式，结合学校微信公众号、短视频平台、微博等自媒体手段进行宣传。

（三）多途径提升体育教师的专业知识与能力

体育教师的专业知识与能力包含体育教学设计与实施、体育伤害事故预防与应急、运动训练与竞赛以及校园体育赛事的组织与裁判，专业知识与能力是体育教师核心素养重要维度之一，是体育教师胜任本职工作、对学生进行传道授业的基础与保证。由于儿童神经发育障碍生理特点和心理特点的特殊性，在对他们进行体育授课特别是运动干预的过程中，不能采用与正常发育同龄人相同的方法。这就要求体育教师除了具备最基础的专业知识与能力外，还需要学习与神经发育障碍儿童相关的生理、心理知识，以及运动干预患儿的相处方法。具体操作上，学校可以根据本校患儿的类型，鼓励本校体育教师有针对性地参与上级部门组织的培训活动，同时可以联合兄弟学校邀请高校以及本省、市的相关领域教学名师到校或线上进行讲学，这种走出去和引进来相结合的方式，可以一定程度上提升体育教师的专业知识与能力。另外，对于体育教师自身来说，要具有危机意识与主动意识，要积极利用当前的信息化手段，通过聆听线上学术讲座、阅读专业书籍、查阅最新发表的文献等，持续强化自身的专业知识与能力，为能更好地开展运动干预儿童神经发育障碍工作不断努力。

（四）优化体育课程内容，促进干预个性化

就特殊教育学校而言，教师对于学生的具体患病情况在入校之初已经有了初步了解，在此基础上，需要对学生的患病程度进行分类，并定期对学生的身心情况进行评定，根据患病的轻、中、重程度来制定对应的课程内容，以此寻求干预的适应性与效果的最大化。同时，鉴于音乐、游戏等干预方式对儿童神经发育障碍具有的效果，在进行运动干预过程中，将音乐与游戏融入课程内容之中，会获得更好的干预效益。在普通中小学学校中，患有神经发育障碍的儿童人数较少，且以多动症和抽动症等患儿为主。因此，这类学校的体育教师需要和班主任做好沟通与交流，掌握好患病学生的具体情况。在此基础上进行体育授课时，可以对他们的运动强度、运动时间等进行适当的调整或灵活变动，使他们得到最大化的运动干预效果，但这种做法必须是润物无声的，不能让患儿感受被特别对待，不应引起其他学生的特别关注。

（五）探索更加适宜的运动处方

虽然目前的研究证实运动干预对于儿童神经发育障碍具有一定的效果，但是何种运动形式、多长运动时间、多大运动强度、多高运动频率所带来的运动效益是最好的，目前尚未有定论。在未来的研究中，可以着眼于此方面的研究，探索出更加适宜的运动处方。同时，中

小学、高校、科研院所之间应加强合作交流，避免单打独斗，争取在合作研究中发挥各自的优势，通过整合资源来扩大研究成果。

三、结语

综上所述，运动作为一种经济安全的非药物治疗方式，在干预儿童神经发育障碍的症状方面具有较好疗效，这对于患儿的家庭和社会具有重大积极意义。但是运动干预的效果也存在一定局限性，对于重度神经发育障碍儿童的干预效果甚微，因此，在进行运动干预之前，必须对患儿的症状进行科学的评估，再在评估的基础上实施有计划、有目的的干预。未来的研究中，在行为学的基础上，可以利用分子生物学、运动神经科学等学科方法进行运动干预效果的检测，以此探寻最佳的运动干预处方。

培智中学学生休闲生活现状及对策研究[1]

彭婧　亢鸿志　林璇

休闲生活，是指人们在完成工作、学习任务之余，自由进行的休闲活动。目前，我国中学生休闲生活层次普遍偏低，绝大多数中学生的休闲活动停留在摆脱单调、消磨时间的层次上，类似的问题在培智中学学生身上也多有体现。《培智学校义务教育课程标准（2016年版）》明确指出，学生通过参与休闲活动，陶冶生活情趣和品位，提高生活质量。因此，对培智中学学生休闲生活进行科学指导，提高其休闲技能、休闲鉴赏能力迫在眉睫。为全面、准确了解培智中学学生休闲生活现状，本课题组以网络问卷调研的形式，对"珠三角"地区9所培智中学在读学生的监护人进行了调查，收集有效问卷365份。

一、调研结果分析

（一）培智中学学生居家休闲活动层次低

在居家休闲活动中，52.6%的学生选择"玩手机、电脑游戏或其他游戏机"，49.32%的学生选择"看电视或电影"。由此可推测，半数学生的居家休闲活动目的性低。选择需要动

---

[1] 本文发表于《湖南教育（A版）》2022年第33期。本文系2022年度深圳市第二特殊教育学校校级课题"培智高中休闲生活校本课程的实践研究"（编号：SZET2022A01）阶段性成果。

脑思考的"书法、绘画与手工"（27.95%）、"积木、拼图或棋牌类游戏"（26.03%）和互动性、社交性较强的"与家人朋友聊天"（27.95%）的学生均不足30%，由此可推测，学生对技术性较强的活动参与意愿较低。可见，培智中学学生的休闲活动层次较低，休闲技能不足，休闲价值取向有待提高。

（二）可利用的非居家休闲活动场所受限

在非居家休闲活动中，学生选择最多的是"逛公园"（59.18%），其次是"逛街购物"（35.34%）。由此可见，学生倾向于选择能自由活动、活动空间较大、无特定规则且能放松身心的休闲活动。此外，选择"在户外进行体育运动"的学生（28.49%）少于选择"在家进行体育运动"的学生（46.85%）。选择"去影院看电影"（12.33%）、"参观动物园、植物园及水族馆"（10.14%）、"野餐"（10.96%）、"旅行"（10.96%）的学生均约占11%左右，说明可供培智中学学生利用的运动场馆和公共设施较少。

（三）培智中学学生社会融入程度不高

调查培智中学学生的集体活动参与情况发现，排第一位的是参加"家人集体活动"（68.77%），排第二位的是参加"学校组织的活动"（57.53%），参加"妇联、残联等机关组织的活动"占30.96%，参加"传统节日庆典"占19.45%，"志愿者组织的活动"占18.9%，"企业举办的竞赛类、公益性活动"占6.3%，还有6.3%的学生没有参与过任何集体活动。由此可见，培智中学学生参加家庭或学校组织的集体活动高于参加社会组织和机构举办的集体活动，说明培智中学学生的社交面较窄，社会参与程度不高。此外，"妇联、残联等机关组织的活动"的参加人数是除学校、家庭以外最多的，说明政府有关部门在促进培智中学学生的社会融合中，起到了较为积极的作用。

二、对策与建议

（一）学校层面

更新教育理念。对于培智中学学生而言，艺术休闲对学生有着不同寻常的意义。学生们在离开校园后，因个人能力不同，并非每个人都能够找到适宜的工作岗位，但每个人都有享受社会文明发展成果的权利。培智中学应充分认识到艺术休闲教育对学生发展的重要作用，更新教育理念，积极组织音乐、美术、手工、绘画、游戏等教学活动。

加强课程建设。休闲教育在促进学生的休闲认知、提高休闲技能、树立正确的休闲价值取向等方面有着极为重要的作用。学校应重视艺术休闲课程的建设，但目前开设艺术休闲课程的学校较少。深圳元平特殊教育学校以一年级学生为对象，开展艺术休闲课程校本化实施工作，切实促进了学生艺术休闲能力的提升。

营造艺术休闲氛围。马斯洛需求层次理论认为，当生理和安全的需求得到满足之后，人们便会寻求社交、尊重及自我实现的需求。艺术休闲活动的开展，不仅能增强学生的社交性，促进社会融合，还能让学生通过活动获得他人的尊重和欣赏，实现自我价值。因此，学校作为教育主阵地，要本着开放、赏识的教学原则，积极为学生搭建休闲活动实践平台，营造丰富多彩的文化艺术环境，体现人文关怀。

（二）社会层面

加快无障碍环境建设。课题组通过本次调查发现，智力障碍学生在公共设施利用上存在困难。因此，应加快无障碍环境建设。无障碍环境建设应充分考虑残障人士的特性和需求，做好硬件设施的同时还应提供相应的支援服务。

充分发挥社区作用。对残障人士而言，社区是个人活动的主要场所，是除了家庭、学校、工作场所以外的休闲活动主阵地。社区应建立健全制度，保障残障人士的设施使用权，为残障人士使用公共设施及场所提供便利。社区还应充分发挥艺术休闲的教育功能，保障残障人士的休闲生活。比如，可以邀请有相关经验的社工或招募志愿者开展休闲活动，丰富残障人士休闲生活。

转变固有观念。在本次调查中，除家庭集体活动与学校集体活动外，培智中学学生的其余集体活动参与度均较低。究其原因，社会大众对残障人士缺乏理解，带有抵触情绪。因此，应通过普通学校和特殊学校之间的交流活动、残联妇联的宣传活动等方式帮助人们改变固有观念。当人们普遍接纳残障人士时，残障人士才能尽情开展休闲活动。

（三）个人层面

树立正确休闲认知。课题组在实际教学中发现，培智中学学生对休闲生活的认知较为片面，休闲活动层次低，对假期时间缺乏规划。因此，帮助学生树立正确的休闲认知是艺术休闲教育的首要任务，可从活动认知、时间认知、环境认知、自我认知四个维度着手进行。

提高休闲活动技能。针对培智中学学生存在的休闲活动目的性低、技术性较强的活动参与意愿低等问题，帮助学生提高休闲活动技能是开展丰富多彩的休闲活动的必要保障。因此，培智中学应在以下方面切实提升学生的休闲活动技能。首先，学生应掌握生活中较为常见的休闲活动技能；其次，应学会根据时间、地点、人员等情况制订活动计划；再次，知道获取休闲资源的主要途径；最后，树立活动安全意识和活动规则意识，全方位提高休闲活动质量。

（四）家庭层面

重视家庭休闲活动教育。在本次调查中，有家长反映虽然想帮助孩子开展一些有意义的休闲活动，但缺乏休闲活动教育相关经验，常常无从入手。因此，家庭的休闲活动教育需要学校的科学指导。第一，学校应制订家长帮扶计划，分享休闲生活教育相关课程资源；第二，教师应及时与家长沟通，强化孩子已习得的休闲活动技能，以确保在家也能顺利开展休闲活动；第三，家长应营造和谐的、积极向上的家庭休闲活动氛围，使孩子在家也乐于开展休闲活动。

第二节　特殊教育相关组织研究

　　新时代中国特殊教育事业快速发展，特殊教育支持保障体系正不断完善，特殊教育相关组织正逐步丰富。特殊教育资源中心便是具有鲜明中国特色的特殊教育组织形式之一，作为推进融合教育发展的重要组织形式，正在快速发展。诸多研究聚焦于特殊教育资源中心这一组织形式，《我国特殊教育资源中心发展现状调查研究》一文通过对176所特殊教育资源中心进行问卷调查，了解我国特殊教育资源中心的资源保障和职能运行现状，并提出相应的建议，为特殊教育资源中心发展提供参考。《特殊教育资源中心发展问题的质性研究》一文通过访谈研究发现当前特殊教育资源中心发展面临着诸多问题，包括缺少政策和资金的支持、运行体系不完善、教师数量和专业性不足、地区不均衡等，并提出加强政策支持、厘清权责关系、补足教师数量、营造良好社会氛围等建议。《中美特殊教育资源中心发展历程及现状比较研究》一文通过梳理分析中美两国特殊教育资源中心的发展历程和现状，比较其功能定位、组织形式和保障制度三个方面的不同，建议继续坚持发挥中国特殊教育资源中心集合式的优势，并借鉴美国的发展经验，进一步明确职能定位，加强资源建设。

我国特殊教育资源中心发展现状调查研究[①]

秦铭欢　赵斌

一、问题提出

2021年12月，国务院办公厅转发了教育部等部门制定的《"十四五"特殊教育发展提升行动计划》，要求不断完善特殊教育保障机制，全面提高特殊教育质量，并第一次提出"大力推进国家、省、市、县、校五级特殊教育资源中心建设"。[②] 特殊教育资源中心是中国特殊教育发展过程中的本土化产物，是我国特殊教育支持保障体系的重要组成部分，是提高融合教育质量的有效途径。[③] 特殊教育资源中心能够整合区域优质资源、咨询指导融合教育、辐射引领区域特教发展，为区域内融合教育学校教师、特殊教育学生及其家长提供专业支持与服务，[④] 促进区域融合师资水平提升、指导融合实践难题的化解。[⑤] 2017年修订后的《残疾人教育条例》首次在全国范围提出特殊教育资源中心制度，主张通过建立特殊教育资源中心为区域提供特殊教育指导和支持服务。[⑥]《第二期特殊教育提升计划（2017—2020年）》要求县级以上地方人民政府教育行政部门统筹特殊教育资源建设特殊教育资源中心，在有特殊教育学校的地区可以依托特殊教育学校建立特殊教育资源中心；在没有特殊教育学校的区县，依托有条件的普通学校，整合相关方面的资源建立特殊教育资源中心。[⑦] 在政策推动下，全国各地依托于特殊教育学校挂牌成立了一大批特殊教育资源中心，如北京市、上海市、江苏省、浙江省、江西省、山东省、云南省等省市已建立了省级特殊教育资源中心；[⑧] 贵州遵义市[⑨]、四

---

① 本文发表于《中国特殊教育》2022年第4期。本文系2021年度广东省特殊教育研究专项课题"构建特殊教育高中新任教师专业共同体的循证研究"（项目审批编号：GDJY-2021-T-a09）；2022年度重庆市教育科学规划重点委托课题"重庆市教育科学研究'十四五'规划"（项目号：2020-WT-12）。
② 参见中华人民共和国教育部网站，《国务院办公厅关于转发教育部等部门"十四五"特殊教育发展提升行动计划的通知》。
③ 彭霞光.随班就读支持保障体系建设初探［J］.中国特殊教育，2014（11）：3-7.
④ 王红霞，王秀琴，王艳杰，等.融合教育教师对区级特殊教育资源中心职能期望的调查研究［J］.中国特殊教育，2018（12）：10-14.
⑤ 王红霞，王秀琴，王艳杰，等.特教中心对促进区域融合教育发展的作用研究——以海淀区特教中心为例［J］.中国特殊教育，2017（4）：41-45、52.
⑥ 参见中华人民共和国教育部网站《残疾人教育条例》。
⑦ 参见中国政府网，《七部门关于印发〈第二期特殊教育提升计划（2017—2020年）〉的通知》。
⑧ 参见中华人民共和国教育部网站，《对十三届全国人大三次会议第6110号建议的答复》。
⑨ 参见中华人民共和国教育部网站，《医教齐发力　静待迟花开——贵州遵义国家特殊教育改革实验区4年实现跨越式发展》。

川成都市[①]等已基本实现了市区两级特殊教育资源中心全覆盖。然而在实践中，特殊教育资源中心工作仍存在诸多问题，例如：工作人员编制不足，教师科研能力薄弱，[②]功能定位不明确，[③]与特殊教育学校的教学任务、办学关系等因素不好处理。[④]

从组织管理学的角度来看，特殊教育资源中心作为一个特殊教育组织，应是静态结构及其动态运行的统一。[⑤]了解特殊教育资源中心的发展现状，也应从组织的静态结构、动态运行两方面展开。所有组织的竞争优势和组织结构都来源于其所拥有的或可以支配的资源，[⑥]掌握组织资源保障情况便能在一定程度上了解组织的静态结构状态。组织的动态运行情况则可以通过对组织职能运行情况的调查来获得。所以，可以从特殊教育资源中心的资源保障和职能运行两方面来了解其发展情况。但现有文献更多地从单一的资源保障方面来研究特殊教育资源中心的发展，或关注单一地区的特殊教育资源中心的发展。本研究通过问卷调查，了解我国特殊教育资源中心的发展现状，讨论其资源保障和职能运行的具体情况，为特殊教育资源中心发展建设提供参考。

二、研究方法

（一）研究对象

本研究以特殊教育资源中心工作人员为问卷调查对象。在全国范围内，采用方便取样的方式，向调查对象发放网络问卷或纸质问卷。每1所特殊教育资源中心发放1份问卷，并通过对问卷的筛选，保证问卷调查对象来自不同的特殊教育资源中心。共发放180份问卷，筛选后得到有效问卷176份，问卷有效率约为97.8%，问卷研究对象的基本情况如表7-1所示。

表7-1 研究对象基本情况

名称	选项	频数	百分比（%）
性别	男	72	40.9
	女	104	59.1

[①] 魏祥明. 成都市区县级特殊教育资源中心建设的问题及对策研究[D]. 成都：四川师范大学，2018.
[②] 陆艳. 贵州省区县级特殊教育资源中心建设现状与对策研究[J]. 教育现代化，2019，6（63）：252-255.
[③] 文涛，郑萍，杨勇. 特殊教育资源中心推进随班就读工作的实践思考[J]. 现代特殊教育，2018（3）：30-31.
[④] 李里，陈晓. 云南省融合教育发展现状研究[J]. 昆明学院学报，2018，40（5）：48-53.
[⑤] 熊勇清. 组织行为管理[M]. 长沙：湖南人民出版社，2011：3.
[⑥] 朱颖俊. 组织行为与管理[M]. 武汉：华中科技大学出版社，2017：411-412.

续 表

名称	选项	频数	百分比（%）
年龄	25岁以下	2	1.1
	25—35岁	29	16.5
	36—45岁	56	31.8
	46—55岁	86	48.9
	56岁以上	3	1.7
学历	大专	18	10.2
	本科	144	81.8
	硕士研究生	14	8.0
专业背景	特殊教育专业	85	48.3
	教育学非特殊教育专业	74	42.0
	非教育学专业	17	9.7
任职情况	主任	32	18.2
	副主任	44	25.0
	部门负责人	36	20.5
	行政人员	51	29.0
	教师	42	23.9
在其他单位兼职情况	教育局分管负责人	1	0.6
	特殊教育学校（副）校长	74	42.0
	特殊教育学校部门负责人	23	13.1
	特殊教育学校教师	54	30.7
	未在其他单位任职	22	12.5
	其他（教研员/普校教师）	2	1.1

注：任职情况为多选题，每种任职情况的频数为重复计算。

（二）研究工具

采用自编《特殊教育资源中心现状调查问卷》，共设置51个题项，包括单选、多选、填空等题型。问卷分为三个部分，第一部分是调查对象的基本信息（如年龄、学历、专业背景、任职情况）和调查对象所在特殊教育资源中心情况（地区、级别、成立时长、学生数量、主任任职情况）；第二部分是特殊教育资源中心资源保障现状，包括教师资源（5题）、物质资源（5题）、支撑保障（2题）三个维度，共12题；第三部分是特殊教育资源中心职能运行现状，包括管理与指导（8题）、教学指导（5题）、培训与教研（6题）和社会服务（7题）四个维度，共26题。① 其中，问卷的第三部分采用5级计分方法，从"完全没有达成"到"完全达成"，"1"表示"完全没有达成"，"5"表示"完全达成"，分数越高表明特殊教育资源中心职能的运行情况越好。验证性因素分析显示模型拟合良好，$\chi^2/df=2.76$，RMSEA=0.09，NFI=0.86，TLI=0.90，CFI=0.91。该问卷的 Cronbach's α 系数为0.97，折半信度系数值为0.94，表明问卷具有较高的信度。

三、研究结果

（一）特殊教育资源中心基本情况

通过问卷调查，收集了176所特殊教育资源中心的基本信息，样本来自23个省市。其中东部地区79所（44.9%）、西部地区80所（45.5%），其余为中部地区。在行政级别上，样本数量最多的是区县级127所（72.2%），其次是市级41所（23.3%）、省级2所（1.2%）、乡镇级2所（1.2%），部分地区还建立了学区级、片区级特殊教育资源中心。在机构类型上，依托于特殊教育学校建立的特殊教育资源中心共157所（89.2%），独立设置的特殊教育资源中心13所（7.4%），还有少量依托普通学校或依托高等院校建立的特殊教育资源中心。在中心主任任职上，教育局（副）局长兼任中心主任的特殊教育资源中心有57所（32.4%），特殊教育学校（副）校长兼任的有57所（32.4%），教育局部门负责人兼任的有26所（14.8%），特殊教育学校部门负责人或教师兼任的有27所（15.3%），其他人员担任主任的有9所（5.1%）。在成立时长上，成立1年以内的有33所（18.8%），成立1—5年的特殊教育资源中心有90所（51.0%），成立6—10年的有30所（17.1%），成立11年及以上的有23所（13.1%）。在学生数量上，50人以下的有39所（22.2%），50—100人的有34所（19.3%），101—150人的有22所（12.5%），151—200人的有17所（9.6%），200人以上的特殊教育资源中心有64所（36.4%）。

（二）资源保障现状

资源支持是保障融合教育成功的重要手段。② 特殊教育资源中心的发展离不开人力资源、物质资源、制度资源和经验资源等不同类型资源的支持。③ 据此，本研究将特殊教育资源中心的资源保障具体分为教师资源、物质资源和支撑保障三项。

---

① 秦铭欢，刘霏霏. 关于特殊教育资源中心职能期待的调查研究［J］. 教育与教学研究，2021，35（12）：111-120.
② Lang G, Berberich C. All children are special: creating an inclusive classroom［M］. Portsmouth: Stenhouse Publisher, 1995: 24-25.
③ 邱轶，陈东珍. 特教指导中心功能定位的构建因素［J］. 现代特殊教育，2010（Z1）：79-80.

（1）教师资源。

人才资源是区县级特殊教育资源中心建设和运转过程中最为重要、关键和核心的要素，同时又是最为薄弱的一环。教师的数量和质量不仅反映人力资源配置情况，而且直接关系着教育质量。[1]本研究调查了特殊教育资源中心的教师数量和教师类型，分别统计了拥有不同教师人数的特殊教育资源中心数量（见表7-2），以及拥有不同类型教师的特殊教育资源中心数量（见表7-3）。

表7-2 拥有不同教师人数的特殊教育资源中心数量

	选项	频数	占比（%）		选项	频数	占比（%）
教职工（含兼职）总数	10人以下	100	56.8	全职在编教职工数	5人以下	104	59.1
	10—20人	32	18.2		5—10人	31	17.6
	21—30人	22	12.5		11—15人	7	4.0
	31—40人	9	5.1		16—20人	12	6.8
	40人以上	13	7.4		20人以上	22	12.5

表7-3 拥有不同类型教师的特殊教育资源中心数量

教师类型	频数	占比（%）
行政管理人员	91	51.7
特殊教育教师	167	94.9
普通学校教师	53	30.1
康复治疗师	41	23.3
医生	14	8.0
其他（社会工作者等）	8	4.5

注：教师类型为多选题，每种教师类型的频数为重复计算。

如表7-2所示，从教师人数来看，拥有10人以下教职工（含兼职）的特殊教育资源中心占比56.8%，拥有20人以下教职工（含兼职）的特殊教育资源中心占比75%；拥有10人以下全职教职工的特殊教育资源中心占比76.7%，拥有20人以下全职教职工的特殊教育资源中心占比87.5%。从教师类型来看，拥有特殊教育教师的特殊教育资源中心占比94.9%，拥有行政管理人员的资源中心占比51.7%，拥有普通学校教师、康复治疗师、医生等类型教师的资源中心分别占比30.1%、23.3%、8.0%。从统计结果来看，特殊教育资源中心教职工数量整体较少，教师类型主要为特殊教育学校教师。

---

[1] 古炳玮.义务教育均衡发展研究现状及趋势分析[J].大学教育，2013（4）：37-39、22.

（2）物质资源。

必要的特殊教育设施是特殊儿童发展的关键,[1]办好特殊教育,必须有最低限度的特殊设备及教具。[2]特殊教育资源中心的物质资源大致包括：黑板、桌椅等常规设备,电脑、电话等办公设备,投影仪等多媒体设备,感觉统合训练器材等康复训练设备,蒙台梭利教具等教具以及助听器、助步器等辅具,教材、教学案例、图书资料、评估测量工具和干预训练资源包,等等。[3]本研究通过统计目前拥有和目前需要各项物质资源的特殊教育资源中心数量,得到表7-4；通过统计特殊教育资源中心资源的主要来源,得到表7-5。

表7-4 特殊教育资源中心物质资源现状及需求现状

物质资源内容	现状 频数	现状 占比（%）	需求 频数	需求 占比（%）
常规设备	145	82.4	13	7.4
办公设备	152	86.4	20	11.4
多媒体设备	130	73.9	26	14.8
康复训练设备	145	82.4	52	29.5
教具	111	63.1	55	31.3
辅具	94	53.4	54	30.7
教材	127	72.2	48	27.3
教学案例	106	60.2	75	42.6
图书资料	147	83.5	50	28.4
评估测量工具	110	62.5	109	61.9
干预训练资源包	71	40.3	117	66.5
其他	10	5.7	0	0.0

注：物质资源现状和需求调查均为多选题,相关频数为重复计算。

---

[1] 李欢,杨赛男.我国特殊教育均衡发展研究述评［J］.现代特殊教育,2016（2）：15-20.
[2] 李欢.如何实现特殊教育的均衡发展［N］.光明日报,2014-03-01.
[3] 上海市教育委员会教育技术装备中心.个性空间 成长阶梯：特殊教育学校个训室的建设和运行［M］.上海：上海教育出版社,2018：27.

表 7-5 特殊教育资源中心物质资源的主要来源

主要来源	频数	占比（%）
教育行政部门	84	47.7
特殊教育学校	150	85.2
普通教育学校	49	27.8
高校	25	14.2
残联等组织	46	26.1
家长	20	11.4
企业	11	6.3
上级特殊教育资源中心	44	25.0
本级特殊教育资源中心（自制资源）	46	26.1
下级特殊教育资源中心	12	6.8
其他地区特殊教育资源中心	12	6.8
其他	6	3.4

注：物质资源主要来源为多选题，相关频数为重复计算。

从表 7-4 可以看出，在物质资源现状上，目前拥有办公设备、图书资料、常规设备和康复训练设备的特殊教育资源中心占比分别为 86.4%、83.5%、82.4% 和 82.4%。在物质资源需求上，目前仍需要干预训练资源包、评估测量工具和教学案例的特殊教育资源中心占比分别为 66.5%、61.9% 和 42.6%。从表 7-5 可以看出，特殊教育资源中心的物质资源主要来源于特殊教育学校，有 85.2% 的被试认为特殊教育学校是其资源中心物质资源的主要来源之一；其次是教育行政部门，有 47.7% 的被试认为教育行政部门是其资源中心物质资源的主要来源之一；选择普通学校、本级特殊教育资源中心（自制资源）、残联等组织和上级特殊教育资源中心作为物质资源主要来源之一的被试占比依次为 27.8%、26.1%、26.1% 和 25.0%。从统计结果来看，特殊教育资源中心拥有较多的硬件设施设备，对教育康复和课程教学资源较为需要，物质资源主要来源于特殊教育学校和教育行政部门。

（3）支撑保障。

特殊教育资源中心运行和发展离不开经费保障和运行制度的支撑保障。本研究调查了样本的经费预算及其内部运行管理制度情况，并划分选项进行统计。

表 7-6　特殊教育资源中心支撑保障情况

支撑保障	选项	频数	占比（%）
经费预算	不清楚	12	6.8
	无独立预算	67	38.1
	25万元以下	65	36.9
	25—50万元	19	10.8
	50—100万元	3	1.7
	100万元以上	10	5.7
运作管理制度	已制定	96	54.6
	正在制定中	56	31.8
	尚未制定	24	13.6

从表 7-6 可以看出，无独立预算的特殊教育资源中心占比 38.1%；预算 25 万元以下的占比 36.9%。在运行管理制度方面，已制定运行管理制度的特殊教育资源中心占比 54.6%；其次是正在制定运行管理制度的资源中心，占比 31.8%；尚未制定运行管理制度的资源中心占比 13.6%。

（三）职能运行的现状

依据服务对象和服务内容，特殊教育资源中心职能分为管理与指导、教学指导、培训与教研和社会服务四个职能。

（1）职能运行的总体情况。

对特殊教育资源中心职能运行情况进行调查，对各个职能的得分进行描述性统计，并采用单样本 t 检验分析各职能得分的平均值与理论中值 3 之间是否存在显著差异。各职能的平均值、标准差以及单样本 t 检验的统计值见表 7-7。

表 7-7　特殊教育资源中心职能运行情况

职能	平均值	标准差	t
管理与指导	2.96	8.19	38.33***
教学指导	2.93	5.16	37.71***
培训与教研	2.87	6.33	36.14***
社会服务	3.04	7.17	39.34***

注：*$p<0.05$，**$p<0.01$，***$p<0.001$，下同。

从表 7-7 可以看出，特殊教育资源中心四个职能得分的平均值在 2.87—3.04 之间，仅有社会服务职能运行情况的平均值略高于理论中值3。管理与指导、教学指导和培训与教研职能运行的平均值略低于理论中值3，这说明特殊教育资源中心运行尚未达到基本职能要求。

（2）职能运行在各因子上的差异分析。

分析特殊教育资源中心各职能运行在相关背景变量上的差异后，发现特殊教育资源中心职能运行在行政级别、机构类型因子上没有显著差异，而在特殊教育资源中心地区因子、中心主任因子、成立时长因子和学生数量因子四个方面有显著差异。

表7-8　特殊教育资源中心职能运行在地区因子上的差异比较（M±SD）

职能	东部地区（n=79）	西部地区（n=80）	t
管理与指导	25.66±8.24	22.80±7.97	2.53*
教学指导	15.98±5.24	13.86±4.97	2.51*
培训与教研	18.98±6.16	16.08±6.27	3.62***
社会服务	22.63±7.31	20.15±7.07	3.14**

注：在地区因子上，因中部地区样本量很小，仅选取我国东部地区和西部地区的数据进行差异比较。

在地区因子上，独立样本t检验结果表明，我国东部地区、西部地区的特殊教育资源中心在管理与指导、教学指导、培训与教研和社会服务职能上均呈现出显著差异。东部地区的特殊教育资源中心职能运行情况显著高于西部地区的特殊教育资源中心（见表7-8）。

表7-9　特殊教育资源中心职能运行在中心主任因子上的差异比较（M±SD）

职能	教育局（副）局长（n=57）	教育局部门负责人（n=26）	特殊教育学校（副）校长（n=57）	特殊教育学校部门负责人或教师（n=27）	其他（n=9）	F
管理与指导	26.61±8.81	24.00±7.57	22.21±7.83	22.63±6.42	16.11±5.99	4.46**
教学指导	16.74±5.37	13.42±4.51	14.35±4.99	13.59±4.64	10.33±3.39	4.05**
培训与教研	18.79±6.26	15.73±6.10	17.39±6.55	16.56±5.49	12.78±6.12	2.01
社会服务	23.84±7.24	19.19±7.18	21.46±6.85	19.00±5.80	16.44±7.37	3.50**

在资源中心主任任职情况方面，单因素方差分析结果表明，特殊教育资源中心的管理与指导、教学指导、社会服务三项职能在中心主任因子上均呈现出显著差异。事后检验发现，教育局（副）局长兼任主任的特殊教育资源中心在管理与指导、教学指导、社会服务三项职能运行上得分最高，而由其他人员兼任主任的资源中心在这三项职能上得分最低（见表7-9）。

表 7-10　特殊教育资源中心职能运行在成立时长因子上的差异比较（M±SD）

职能	1年以内（n=33）	1—5年（n=90）	6—10年（n=30）	11年及以上（n=23）	F
管理与指导	18.12 ± 5.95	22.50 ± 7.12	27.57 ± 8.27	31.00 ± 7.59	18.23***
教学指导	11.82 ± 4.25	13.98 ± 4.61	16.47 ± 5.14	19.09 ± 5.07	12.93***
培训与教研	12.79 ± 4.20	16.38 ± 5.90	20.63 ± 5.43	22.52 ± 5.95	18.49***
社会服务	16.97 ± 5.76	20.34 ± 6.52	23.80 ± 6.38	27.70 ± 7.21	14.63***

在成立时长因子上，单因素方差分析结果表明，特殊教育资源中心的管理与指导、教学指导、培训与教研、社会服务四项职能在中心成立时长因子上均呈现出显著差异。事后检验发现，成立时间较长的特殊教育资源中心职能运行较好，成立 11 年及以上的资源中心职能运行得分较高，成立 1 年以内的资源中心职能运行得分最低（见表 7-10）。

表 7-11　特殊教育资源中心职能运行在学生数量因子上的差异比较（M±SD）

职能	50人以下（n=39）	50—100人（n=34）	101—150人（n=22）	151—200人（n=17）	200人以上（n=64）	F
管理与指导	18.69 ± 6.91	22.88 ± 6.70	23.86 ± 9.29	22.76 ± 7.08	27.25 ± 7.97	7.86**
教学指导	11.82 ± 3.94	14.15 ± 4.88	14.77 ± 6.08	14.65 ± 5.11	16.64 ± 4.90	6.02**
培训与教研	13.67 ± 5.30	16.03 ± 5.41	17.64 ± 7.17	17.94 ± 5.41	19.72 ± 6.26	6.73**
社会服务	17.41 ± 5.87	20.44 ± 6.84	21.55 ± 8.00	22.24 ± 7.51	23.69 ± 6.78	5.32**

在学生数量因子上，特殊教育资源中心的管理与指导、教学指导、培训与教研、社会服务四项职能在学生数量因子上均呈现出显著差异。事后检验发现，学生数量越多的特殊教育资源中心职能运行越好，学生数量为 200 人以上的资源中心在四个职能运行上得分最高，学生数量为 50 人以下的资源中心在各职能运行上得分最低。

四、讨论

（一）已配有专兼职教师，团队建设仍有不足

多数特殊教育资源中心成立之初，教育行政部门已注意到教师资源对特殊教育资源中心发展的重要性，在相关文件中提出了"增配专职人员""实行专兼职相结合的办法""聘用专职人员负责日常工作""专职人员所需编制在特殊教育学校内部调剂解决，兼职人员由资源中心根据工作需要聘用"等具体措施。例如，陕西省明确县区特殊教育资源中心设置至少 2 名

特殊教育指导教师，其中 1 名为专职。① 本研究结果显示，特殊教育资源中心都已配备了一定数量的专兼职教师，负责日常运行或担任巡回指导教师工作，是特殊教育资源中心基本的人力保障。但当前的特殊教育资源中心教师资源整体规模小，教师数量少、教师类型单一。特殊教育资源中心全职编制数量在 5 人以内的占比接近 60%，全职教职工在 10 人以下的占比累计接近 80%。即使算上兼职人员，教职工在 10 人以下的特殊教育资源中心仍超过 50%。按照常规的特殊教育师生比的要求进行估算，当前特殊教育资源中心的教师数量远远不能满足服务学生的需要。

目前，在特殊教育资源中心的教师资源上，一方面缺少有力的政策支持，人员编制数量有限；另一方面也缺少明确的管理规定，对特殊教育资源中心教师的数量、类型、专业背景等尚无具体的要求。当前特殊教育资源中心教师资源受限于对特殊教育学校的依赖，工作人员主要是以特殊教育学校教师为主导，拥有普通学校教师、康复治疗师、医生等类型专业人员的特殊教育资源中心占比较低。医疗、康复等领域专业人员的缺乏不利于特殊教育资源中心开展医教康复等多学科整合实践，无法满足资源中心指导随班就读学生教育康复的需要。这与研究者冯雅静所提出的"特殊教育资源中心的专业团队在数量和质量上均存在明显不足"的观点一致。②

（二）硬件设备较丰富，教育康复资源仍有缺口

调查显示，特殊教育资源中心的物质资源主要为办公设备、图书资料、常规设备和康复训练设备等硬件设备，对于干预训练资源包、评估测量工具和教学案例等教育康复和教学资源需求较大。近年来，国家通过《特殊教育提升计划（2014—2016 年）》《第二期特殊教育提升计划（2017—2020 年）》等政策支持完善特殊教育发展必备的硬件设施，并出台了《特殊教育学校建设标准（建标 156—2011）》对特殊教育学校的硬件设施设备做出了规范性要求。也有地方因地制宜地细化了特殊教育资源中心建设标准，例如，2015 年出台的《陕西省特殊教育指导中心建设项目实施方案》列举了特殊教育资源中心的建设应包括教室、书籍和三类残疾检测与康复设备。当前特殊教育资源中心的物质资源高度依赖特殊教育学校，其物质资源分布情况与特殊教育学校资源分布也较为相似。③ 特殊教育资源中心对课程教学、教育康复资源的需求与特殊教育学校课程教学资源较少之间存在矛盾。特殊教育资源中心的服

---

① 参见陕西省教育厅，《关于印发〈陕西省特殊教育指导中心建设项目实施方案〉〈陕西省特殊教育资源中心建设项目实施方案〉的通知》。
② 冯雅静. 我国县级特殊教育资源中心建设和运作：政策演进、现实困境与对策[J]. 中国特殊教育，2020（7）：19-23、43.
③ 宿淑华，赵航，刘巧云，等. 特殊教育学校自闭症儿童教育康复现状调查[J]. 中国特殊教育，2017（4）：60-65.

务对象、服务范围等决定了特殊教育资源中心需要更多适用于融合教育的课程教学、教育康复资源，尤其是干预训练、评估测评等方面的资源需求较大，应作为特殊教育资源中心必备资源提前准备。[1][2]

除了物质资源配置中重硬件设施设备[3]、轻教育康复和教学资源外，还存在资源单一的问题。当前一些特殊教育资源中心与其他特殊教育资源中心、高校、企业等交流较少，缺乏相应的资源连接能力和渠道。此外，特殊教育资源中心自制资源所占的比例也较低，缺少自我造血的可持续发展能力，后期面对不同服务个体时，将难以提供适合的资源和支持。特殊教育资源中心在物质资源方面遇到的问题与其成立时间较短、社会中教育康复资源较少等因素有关。一方面，大部分的特殊教育资源中心成立于《第二期特殊教育提升计划（2017—2020年）》发布之后，成立时长在5年以内。这些成立初期的特殊教育组织将大量经费投入到了硬件设施设备建设上，对教育康复和教学资源建设的投入较少，因为教学资源建设是一个长期的、复杂的系统工程。[4]另一方面，当前社会中特殊教育相关的教育康复、课程资源总体仍然较少，难以直接购买获得。加强课程教材建设、开发各种教学资源将成为今后特殊教育发展的重要方向。[5]

（三）经费制度逐渐建立，运行制度尚待完善

健全的经费制度和运行制度是特殊教育资源中心正常工作的必要保障。教育经费是办学必不可少的财力条件，更是影响教育规模扩大和教育质量提升的最直接因素，在特殊教育中尤为明显。部分省市已对特殊教育资源中心的经费制度做了较为明确的规定，例如：浙江省提供了必要的专项资金支持，专项划拨到浙江省盲人学校的账户，做到专款专用；[6]山东省要求各级教育行政部门安排工作经费，省级采取以奖代补的形式，支持资源中心建设。[7]本研究中，38.1%的特殊教育资源中心无独立预算，不到40%的特殊教育资源中心年预算在25万元以下，也有少数的特殊教育资源中心年预算超过100万元。这说明特殊教育资源中心的

---

[1] Jesus L D. Drop-in to special education centers in Bulacan [J]. African Educational Research Journal, 2018, 6 (4): 250-261.

[2] 陈琳. 特殊教育学校教师对特殊儿童评估的认识误区及其对策 [J]. 现代特殊教育, 2019 (24): 44-48.

[3] 郭炯, 钟文婷. 特殊教育信息化环境建设与应用现状调查研究 [J]. 电化教育研究, 2016, 37 (4): 26-35.

[4] 崔玲玲, 张天云. 中国特殊教育资源网听障资源建设探析 [J]. 中国教育信息化, 2011 (14): 75-78.

[5] 唐淑芬. 优化教学资源，深化课堂改革，持续推进特殊教育高质量发展 [J]. 现代特殊教育, 2019 (23): 1.

[6] 参见浙江省教育厅，《浙江省教育厅办公室关于成立浙江省特殊教育指导中心的通知》。

[7] 参见山东省教育厅，《关于加强特殊教育资源中心建设的通知》。

经费制度正在逐步建立。

要科学、规范推进特殊教育资源中心的各项工作，就离不开各项规章制度的规范和约束。[①]国外已有实证研究指出，建立高效的运行体制是建设特殊教育资源中心的基础之一。[②]在国内，上海、江苏、陕西、山东、广东等省市已出台较为具体的特殊教育资源中心建设和保障文件，对特殊教育资源中心的领导团队、工作任务、保障体系等进行了规范。但其他多数省市教育行政部门尚未制定相关的制度，这方面仍待完善。本研究发现，在内部运行制度制定方面，仍有近一半的特殊教育资源中心还未制定或仍在制定运作制度过程中。这与特殊教育资源中心是一个创新的特殊教育组织形式有着较大的关系，无论是组织的管理者还是工作人员，对组织工作的开展仍缺乏经验，需要在实践中探索完善，形成规范。

（四）虽已具备多重职能，运行效率仍待提高

当前我国特殊教育资源中心正承担着管理与指导、教学指导、培训与教研和社会服务四项职能，为学校、教师、学生及家长提供特殊教育相关服务。其中，管理与指导职能主要是参与区域特殊教育资源规划、特殊教育制度完善、督导评价等工作；教学指导职能是为学校提供教育教学指导；培训与教研职能是为教师提供培训和教科研活动；社会服务职能是面向社会提供公共服务，包括为特殊儿童及家长提供筛查评估、转衔安置服务等。

特殊教育资源中心职能运行情况是对特殊教育资源中心动态运行的直观反映。本研究发现，从特殊教育资源中心职能运行的具体情况来看，仅有社会服务职能得分略高于理论中值，其他职能得分由高到低依次是管理与指导职能、教学指导职能、培训与教研职能，且均略低于理论中值。说明当前特殊教育资源中心只有社会服务职能运行效率较好，其他三项职能运行效率有待提高。从整体来看，特殊教育资源中心职能运行水平较低。说明我国特殊教育资源中心职能运行正处于一个中等偏低的水平。这也佐证了研究者彭霞光的"全国各级资源教室或资源中心真正有效发挥其作用的较少"这一研究结论。特殊教育资源中心运行效能较低与诸多因素有关，一方面与特殊教育资源中心的资源保障现状相关，专业的教师资源、丰富的物质资源和有力的支撑保障资源将促进特殊教育资源中心职能的有效运转。正如本研究所发现的结果，当前特殊教育资源中心本身资源仍有短板，亟须加快建设和完善。另一方面，特殊教育资源中心的工作主要与融合教育相关，其职能能否有效履行与社会对融合的态

[①] 林开仪，汤剑文.发挥特教指导中心功能，推进区域融合教育高质量发展——以广东省中山市特殊教育指导中心为例[J].现代特殊教育，2020（3）：14-17.
[②] Choi, Jeawan. Finding out the Management for Improvement of Special Education Support Center: Focus Group Interview with Teachers of Special Education Support Centers and Schools[J]. Special Education Research, 2010, 9（1）: 71-94.

度有着密切关系。[1] 有调查显示，无论是普通学校教师还是学生家长，其对融合教育的了解仍然较少，对融合教育的态度较为消极。[2][3] 这些因素都将直接影响特殊教育资源中心职能运行的效率。

（五）区域发展仍不均衡，职能运行差异显著

本研究发现，不同地区、不同中心主任情况、不同成立时长、不同学生数量的特殊教育资源中心职能运行存在差异。不同特殊教育资源中心职能运行的差异可能与其发展历程、资源保障现状和社会融合氛围等因素有关。

在地区分布上，本研究发现我国东部地区特殊教育资源中心职能运行状况显著优于西部地区。回顾我国特殊教育资源中心发展历程，不难发现最早一批特殊教育资源中心主要集中于上海、江苏、浙江等东部沿海地区，具有较为明显的地方特色。另外，受到东西部地区经济水平差异对教育资源配置的影响，[4] 东部地区整体基础教育优质教学资源优于西部地区，[5] 东部地区特殊教育资源中心拥有更多资源。此外，这与不同地区社会对特殊教育资源中心的关注重视程度也有着密切的关系。

从中心主任任职来看，本研究发现，教育局（副）局长兼任主任的特殊教育资源中心在管理与指导、教学指导、社会服务三项职能运行上显著优于由其他人员担任主任的特殊教育资源中心。特殊教育资源中心作为一个区域性特殊教育服务组织，需要统筹区域内的特殊教育资源，与其他的组织或学校进行合作。管理者的有力支持是促进特殊教育成功的第一个要素，[6] 教育局（副）局长具有较高的行政级别，能够更好地提供行政支持、统筹资源配置、协调各方工作，从而保障特殊教育资源中心职能的有效运行。

从成立时长来看，本研究发现，特殊教育资源中心各项职能总体上随着中心成立时间增长而运行得越来越好。成立时间较长的特殊教育资源中心经过长时间的实践探索，各项资源保障条件逐步完善。例如，在物质资源方面，成立时间较长的特殊教育资源中心可能积累了

---

[1] Sharma U. Impact of training on pre-service teachers's attitudes and concerns about inclusive education and sentiments about persons with disabilities [J]. Disability and Society, 2008, 23 (7): 773-785.

[2] 张玉红，高宇翔. 新疆普通学校师生和家长对全纳教育接纳态度的调查研究 [J]. 中国特殊教育，2014 (8): 14-20.

[3] 严冷. 北京普通幼儿家长全纳教育观念的调查 [J]. 中国特殊教育，2009 (9): 8-13、18.

[4] 郑展鹏，岳帅. 我国教育资源配置的区域差异缩小了吗——基于省际面板数据模型的分析 [J]. 教育发展研究，2017, 37 (9): 28-36.

[5] 汪茹，吕林海. 我国基础教育优质教学资源的区域、省域分布之考察——基于两届基础教育国家级教学成果奖的分析 [J]. 上海教育科研，2019 (2): 5-9、62.

[6] Lemons C J, Sinclair A C, Gesel S, et al. Integrating Intensive intervention into Special Education Services: Guidance for Special Education Administrators [J]. Journal of Special Education Leadership, 2019, 32 (1): 29-38.

较为丰富的课程教学和教育康复资源，相应的经费和制度保障也更完善。新建立的特殊教育资源中心在资源保障的各方面仍存在较多的不足，仍需在政策的推动下不断完善和积累。

从学生数量来看，本研究发现，服务学生数量较多的特殊教育资源中心，其职能运行情况较好。服务学生越多的特殊教育资源中心在争取资源方面更有话语权，在办学条件、师资队伍等方面展现出实际优势，[①]为职能运行提供了更好的资源保障。另外，较多特殊需要学生能够接受特殊教育资源中心的支持和服务，说明当地社会较为重视特殊教育发展，具有较好的特殊教育文化氛围，这也有利于特殊教育资源中心工作顺利开展。

五、建议

（一）多级网络，全域覆盖

我国地域辽阔、人口众多且分布不均，不同地区的特殊教育实际情况相差悬殊，在同一地区内部特殊教育发展情况也存在较大差异，特殊儿童及其家庭会因为特殊教育资源中心数量不够或者地理位置较远等原因而放弃或减少寻求特殊教育服务。所以，条件允许的情况下，有必要织密特殊教育资源中心网络，完善特殊教育资源中心体系，将所有有需要的特殊儿童全部纳入到支持保障体系中。正如《"十四五"特殊教育发展提升行动计划》所提出，可以在建设完整的三级特殊教育资源中心格局基础上向两端延伸，加快建设国家级特殊教育资源中心、因地制宜地在区（县）级特殊教育资源中心下设置校级特殊教育资源中心，构成完整的五级特殊教育资源中心格局。国家级特殊教育资源中心可以成为国家特殊教育发展智库，为全国特殊教育的发展规划提供指导，提高全国特殊教育发展质量。在国家级特殊教育资源中心的建立过程中，也可以借鉴美国的做法，采用设立分中心的形式，在美国东中西部各设立国家级特殊教育资源中心分中心，既能协调各区域间的发展不均衡，也能有效解决区域内部的发展不均衡问题。美国、日本等国已建立了国家级的特殊教育资源中心，为全国的特殊教育管理与指导、培训与教研等服务，[②]这些都可以给我们提供一些启示。同时，我国各县、区可根据当地人口分布、资源分布等情况因地制宜地建立校级特殊教育资源中心，或加快对已建资源教室的赋权增能，[③]以实现特殊教育资源中心服务全覆盖。

[①] 杨海燕.超大规模学校的现实困境与规模选择[J].国家教育行政学院学报，2007（8）：58-65.
[②] 王等等，梁涧溪.日本特别支援教育新进展及对我国特殊教育的启示[J].比较教育研究，2014，36（9）：100-105.
[③] 赵斌，周树勤，刘霏霏.乡村振兴视域下推进乡村融合教育的思考——基于基站模型的启示[J].现代特殊教育，2021（14）：52-58.

（二）保障经费，夯实师资

在经费提供方面，特殊教育资源中心的日常管理主要纳入所依托的特殊教育学校的经费预算之中。当前大量经费用于设施设备建设和采购，待基础设施建设基本完成后，特殊教育资源中心的常规运行经费将成为其主要支出。在多数特殊教育资源中心依托于特殊教育学校开展工作的现实下，应为特殊教育资源中心提供专项资金支持，专款划拨到所在特殊教育学校账户，做到专款专用。在经费管理上，应根据特殊教育资源中心日常运作的实际情况，减少合理经费使用的限制。因为特殊教育资源中心肩负着重要的对外指导服务职能，所以与常规学校的支出结构存在较大的不同，例如，送教上门、巡回指导等工作将会产生大量的交通费用、餐补费用、差旅费用等特殊费用。这些支出是特殊教育资源中心运行中必不可少的保障，所以在制定特殊教育资源中心经费标准时，应秉持"特教特办"的原则，基于合理需求制定特殊标准。

在人员编制方面，关于特殊教育资源中心建设的文件中并没有具体人员安排的规定，也没有特殊教育资源中心专职工作人员编制安排的规定；少数省份规定了每一个特殊教育资源中心将安排1个人员编制。当前，特殊教育资源中心的专职教职工数量少，兼职教职工工作负荷大、专业性不足、流动性大，现有师资难以满足日常工作的需要。因此，主管部门有必要根据特殊教育资源中心的实际需求设置专职岗位，区分特殊教育资源中心和特殊教育学校的人员编制。对于其他兼职教师，应保障其能够同等享受特殊教育津贴补助、职称评定照顾等政策。

（三）开发资源，共建共享

特殊教育资源中心的资源保障与其职能运行紧密联系。满足日常工作所需要的物质资源和保障资源，是特殊教育资源中心履行职能和发挥优势的关键之一。特殊教育资源中心应成为区域内特殊教育专业资源的聚集处，其中包括设施设备资源和课程教学资源等物质资源。当前特殊教育资源中心很大程度上依赖于特殊教育学校，与其他组织包括其他特殊教育资源中心合作较少。应该加强特殊教育资源中心和其他组织之间的合作，实现优质专业资源的共建共享。特殊教育资源中心可以采取跨专业、跨学科、跨部门的合作方式，加强与普通学校教师、高校专家、特殊儿童家长等的合作，充分发挥不同专业人员的优势，不同地区特色资源的优势，为每一个有特殊教育需要的个体提供支持。以送教上门工作为例，特殊教育资源中心可以整合特殊教育学校、普通学校、医疗机构、家庭等各方面资源，根据学生特点，开展针对性的送教上门服务，加强家庭教育指导。特殊教育资源中心可以通过行政推动、教研跟进，积极宣传、广泛动员等方式鼓励广大教师参与特殊教育资源征集活动，建设特殊教育（融合教育）资源库；加强融合教育学校案例应用和收集，提高教师教学技能和资源共享意识，丰富区域教学资源和应用案例。

此外，还需要加强不同区域特殊教育资源中心的合作，可以通过建立共同的信息通报系统、工作经验交流、共同教学研讨、课程开发合作等方式，扩大资源库规模，提高资源利用效率。加强对下级特殊教育资源中心和普通学校资源教室的指导和协助，提供专业支持；合作共建优质特殊教育资源，并推广优秀融合教育实践经验，充分发挥组织优势，促进区域融合教育发展。

（四）规范管理，加强督导

加强特殊教育资源中心的管理，建立健全各项规章制度，才能全面提高特殊教育资源中心管理效能，真正地有效发挥支持融合教育的作用。特殊教育资源中心的运行制度包括内部管理制度和外部服务制度。内部管理制度包括特殊教育资源中心教职工选聘、教师团队管理、经费管理等方面，应制定特殊教育资源中心教师选聘流程、工作职责要求、交流培训制度、经费管理制度、安全管理等。外部服务制度可细分为行政管理制度和业务管理制度两类。行政管理制度主要对应其管理与指导职能，需要明确提供咨政建议的流程、区域特殊教育发展成效评价标准，制定资源教室管理规范、特殊儿童信息管理规范等。业务管理制度涉及特殊教育资源中心的教学指导、教研与培训职能和社会服务职能，需要制定的制度包括特殊儿童入学安置、教育评估、巡回指导、送教上门、康复指导以及教师教研、培训和咨询服务等具体制度。

规范化的建设标准、明确的工作制度和流程，是特殊教育资源中心运行的重要制度保障，但是单单文本是不够的，特殊教育资源中心还要有有效的督导制度，以落实特殊教育学生及教师的支持服务。对特殊教育资源中心工作的督导，需要明确的评价标准，具体包括对其资源现状、职能履职情况、服务满意度等内容的评价标准。可以由当地教育督导部门或委托第三方组织执行对特殊教育资源中心开展评价和督导。对特殊教育资源中心的督导评估可以采用灵活的评估方式、质性与量化相结合的标准；调查对象可以包括接受指导的普通学校领导、教师，接受服务的特殊儿童及其家长等；评估形式可以有月报自主上报、专项调研、随机抽查、社会公示、签订责任状等。特殊教育资源中心的督导结果应写入区域特殊教育督导报告，予以公开。通过有效的督导，确保特殊教育资源中心的正常运行，[1]监督特殊教育资源中心是否真正发挥其作用。

---

[1] Choi N, Shin M.School Supervisors in South Korea's Special Education Support Centers: Legal Duties and Preparation for their Supervisory Responsibilities [J]. International Journal of Special Education，2017，32（4）：784-792.

（五）厘清权责，明确职能

厘清特殊教育资源中心和特殊教育学校的权责关系，明确特殊教育资源中心的职能要求，才能真正地促进特殊教育资源中心的发展。不同级别特殊教育资源中心的职能也应有不同的侧重，才能在有限资源情况下，保障不同级别的特殊教育资源中心都能够得到相应资源，履行各自既定的职能。如省市级特殊教育资源中心可以更加重视管理与指导职能和培训与教研职能，发挥省市级较高行政级别的优势，协助更高行政级别教育部门制定特殊教育相关政策和制定省市内的特殊教育资源规划；利用高校人才资源，开展符合本地需求的特殊教育科研指导；研制省市课程设计指南和教育质量标准等；组织开展更高质量、更具专业性的教师培训工作。县区级特殊教育资源中心可以重点发挥教学指导职能，为辖区内的融合学校提供制订个别化教育计划、教育教学、医教结合工作的指导，为特殊需要学生提供康复训练和送教上门指导等。

特殊教育资源中心发展问题的质性研究[①]

秦铭欢　黄永秀

一、引言

融合教育发源于西方人权运动，是对残疾人权利的维护，从保障残疾人的生存权到教育权，再到保障其融入社会生活的人格权。[②]特校学生有权与同龄儿童一起在自然的、正常的环境中学习和生活，这些学生也拥有平等参与所有学校活动的机会。[③]除了保障特校学生能够享有一个普通的教育环境外，还需有能满足学生个性化发展的教育支持和资源，才能够实现高质量的融合教育。融合教育已从一种组织倡导的理念，发展成为世界诸多国家的共识，并以法律形式加以确认，真正成为世界特殊教育发展潮流。中国特殊教育发展也受到世界融合教育思潮的影响，在我国的特殊教育实践和国家政策方针中也可以看出，融合教育理念正逐步落地实践，也向着融合教育的趋势发展。[④]我国融合教育的发展既有国际的共性，也具有本国的特色。随班就读就是我国本土的融合教育实践方案，至今仍是我国融合教育发展的主要形式之一。经过长期的探索，我国随班就读形式也得以完善，但依然存在融合质量不

[①] 本文发表于《现代特殊教育》2021 年第 18 期。
[②] 雷江华.融合教育导论[M].北京：北京大学出版社，2016：29.
[③] 柳树森.全纳教育导论[M].武汉：华中师范大学出版社，2007：4.
[④] 赵斌，秦铭欢.新中国 70 年特殊教育发展：成就与趋势[J].现代特殊教育，2019（18）：3-11.

高、随班就读"回流"等问题，同时也出现了随班就读占比下滑的现象。

20世纪末，为了能够提高随班就读的教育质量，我国沿海地区开始自发探索建设各类特殊教育资源中心。直到2017年，修订后的《残疾人教育条例》首次在全国范围提出特殊教育资源中心制度，主张通过建立特殊教育资源中心为区域提供特殊教育指导和支持服务，[1]特殊教育资源中心的概念也因此进入大众的视野。《第二期特殊教育提升计划（2017—2020年）》进一步落实了特殊教育资源中心制度，提出县级以上地方人民政府教育行政部门应统筹特殊教育资源来建设特殊教育资源中心，在有特殊教育学校的地区可以依托特殊教育学校建立特殊教育资源中心；在没有特殊教育学校的区县，依托有条件的普通学校，整合相关方面的资源建立特殊教育资源中心。[2]此后，全国各地开始大规模建设特殊教育资源中心。

目前尚无全国性的特殊教育资源中心数量统计数据。依据已有报道和研究统计发现，上海、重庆、浙江、江苏、云南[3]和陕西等省市已基本实现各区县特殊教育资源中心全覆盖。此外，山东省等多地将建设特殊教育资源中心作为2020年当地教育发展的工作要点。短期内仍将有大量的特殊教育资源中心快速成立，特殊教育资源中心数量确实在大幅增加，但现在特殊教育资源中心的发展质量如何？又存在哪些困难？为了回答这些问题，本研究对17名特殊教育资源中心、特殊教育学校教师进行了访谈，以期详细了解当前我国特殊教育资源中心发展的问题。

二、研究方法

由于特殊教育资源中心分布地区广泛，成立年限差别较大，不同资源中心的发展现状可能存在较大差异，且目前仍没有相关的量化评价标准，因此本研究选择质性研究的范式。在自然情境下通过深度访谈的方法获得资料，再对搜集的资料进行编码整理和分析，最后得到研究的结果。

（一）研究对象

在研究对象的选择上，本研究运用了质性研究较为常用的"目的抽样原则"，即按照研究目的抽取能够为研究问题提供最大信息量的研究对象。目的抽样是非概率抽样方法的一种，这种方法通常根据一些预先设定的抽样标准，选择能够较准确回答研究者问题的样本，

---

[1] 参见中华人民共和国教育部网站，《残疾人教育条例》。
[2] 参见中国政府网，《七部门关于印发〈第二期特殊教育提升计划（2017—2020年）〉的通知》。
[3] 李里，陈晓．云南省融合教育发展现状研究［J］．昆明学院学报，2018，40（5）：48-53．

而不在意样本数的多少。[①] 根据研究目的，将选取与特殊教育资源中心工作相关的人员作为研究对象。本研究为了兼顾不同工作单位、工作岗位、年龄、性别、地区、教龄、学历等方面因素，最终确定17名访谈对象，并按照访谈对象的工作单位依次进行编码。其中，包括就职于各级特殊教育资源中心的主任、副主任、教师等，共11名（编码为"Z"）；仅就职于特殊教育学校的教师，共3名（编码为"T"）；就职于残疾人联合会的工作人员1名（编码为"Q"）；就职于高校从事特殊教育研究的专家，共2名（编码为"G"）。

（二）资料收集方法

本研究根据已有研究综述及研究目标，制定了初步的半结构化访谈提纲，编制了资料收集框架。根据预访谈的结果、专家的指导意见，对访谈提纲进行了2轮修订，最终确定基本的访谈提纲。访谈提纲包括访谈对象基本信息、对特殊教育资源中心的认识、在特殊教育资源中心的工作情况、对特殊教育资源中心发展的评价以及所面临的问题等。在访谈过程中，研究者将对部分关键信息进行追问，以尽可能多地获得访谈对象的详细观点和感受。在访谈结束后，立即对访谈中的语音或文字进行转录，整理出每一位访谈对象的文字版记录，并由另一位研究者进行校对，共得到17份文件材料。研究者还通过网络等渠道收集了大量有关特殊教育资源中心的政策文件、新闻稿件、工作记录、研究文献等文字资料，作为访谈材料的补充和佐证。

（三）资料整理与分析方法

本研究遵循了陈向明教授提出的质性研究流程，首先抛弃研究者自己的价值判断、价值标准，详细地阅读获得的原始访谈材料和补充材料；再对全部资料进行登录和编码。本研究主要使用了Nvivo11分析软件将资料进行逐字逐句的编码，建立初步节点。然后将初步节点进行初步类别化，寻找点与点之间的关系，逐步建立树节点。最终形成了一个不同类属间的关系网络，包括了主要类属和次要类属两级，其中次要类属是用来表述主要类属所包含的具体意义维度。

三、结果与分析

（一）需要更多政策、资金支持

当前全国范围内建设特殊教育资源中心的政策依据，主要是2017年的《残疾人教育条

[①] 孙亚玲，罗黎辉.教育研究的抽样问题——有目的抽样[J].云南师范大学学报（哲学社会科学版），2002（3）：127-129.

例》和《第二期特殊教育提升计划（2017—2020年）》两项政策法规。在对两项文本进行深入研究后发现，其中对特殊教育资源中心的内容规定文字数量较少，描述较为笼统。各地在建设特殊教育资源中心的过程中，部分的省份出台了更加具体的方案，具有一定的可操作性，如陕西省出台了《陕西省特殊教育资源（指导）中心建设项目实施方案》，对特殊教育资源中心的功能、人员配备、组织领导和建设标准等内容做出了进一步规定。但是多数的省市并未出台类似配套方案，"还需要更多文件支持，我们怎么开展工作也还没有具体的要求和规范"（Z7）。特殊教育资源中心的经费问题将关乎其能否持续有效运行。"经费不稳，受财政投入影响比较大，要看当年的财政状况了"（Z11）、"对特殊教育的投资也没有那么大，又没有钱怎么去干呢？"（T3）。当前特殊教育资源中心建设仍需要更多具体的指导政策，以及稳定的经费来源。

（二）仓促挂牌，运作体系不完善

我国大部分特殊教育资源中心的成立时间都非常短，特殊教育资源中心的发展基本上"还在尝试阶段"（Q1）。有的受访者给出了所在特殊教育资源中心成立的具体日期，距今还不满一年时间。"没有什么经验"（Z9），成了大多数新建特殊教育资源中心的发展困境。无论是特殊教育资源中心的管理者还是教师，对这项工作都没有经验，常常需要自己去摸索如何开展工作。有些地方只是仓促地在特殊教育学校挂牌成立当地特殊教育资源中心，实际上还没有开展具体的工作。在特殊教育资源中心实际运行中，一方面多数的教育行政部门没有出台相应的工作评级标准，另一方面受普通学校对特殊教育消极态度的影响，很多的特殊教育资源中心的工作出现了放任自由的情况。"如果市里有相关文件的话，我们就行动"（Z7），对开展特殊教育工作较为被动。有受访者表示当前工作的开展主要取决于"领导重视"（Z1）。这一观点也得到了其他受访者的印证，"如果负责人积极一点，工作就做得多点"（Z7）。特殊教育资源中心的工作"需要正常的运作体系，需要将工作任务落实到具体的责任人"（T3）。

（三）人员不足，教师专业性有待提升

特殊教育资源中心作为一个为区域提供特殊教育指导和支持的组织，将为区域内的教育行政部门、融合学校、特殊教育学校、特校学生及家长等提供持续的特殊教育专业服务。专业的服务离不开数量稳定、配置完备、高质量的师资队伍。组建数量稳定的师资队伍是当前特殊教育资源中心发展亟须解决的问题。现实中，绝大多数的特殊教育资源中心教师完全由特殊教育学校教师兼职，兼职的特殊教育教师常常利用特殊教育学校的课余时间开展随班就读的指导、送教上门等工作。仅少量的特殊教育资源中心有个别数量的编制人员专职开展特殊教育资源中心的工作。"特殊教育学校的教师本来也没多少，现在好了，还要搞资源中心的工作，每位教师都要承担更多的任务了"（Z11）。

除了数量问题和配置结构外，特殊教育教师的专业能力也是一大挑战。特殊教育资源中心不同于特殊教育学校的教学和康复工作，教师不仅需要直面特校学生，还需要指导其他开展融合教育的教师，协调各方的特殊教育资源等。在有些地区，"随班、送教全由普校教师承担，而普校教师缺乏专业知识"（Z2），特殊教育资源中心教师不仅需要掌握特殊教育的教学方法、制订个别化教育计划等技能，还需要为普通学校教师提供有关融合教育相关的指导和培训。特殊教育资源中心教师需要更多"理论加实践的培训"（Z6），才能应对新角色的挑战。

（四）了解不够，缺乏重视

在访谈中发现，对于特殊教育资源中心这一"新机构"，特殊教育教师对此都有所了解，但并不清楚其具体的工作内容；普通教育教师对此的了解则更少。在访谈中，受访者无论是否在特殊教育资源中心兼职，都普遍表示了解或是听说过，可见特殊教育资源中心在短期内确实获得了特殊教育相关教师的关注。一方面可能本研究的受访者本身就是在特殊教育资源中心工作或者其所在的特殊教育学校已成立了特殊教育资源中心，所以对此有一定的了解；另一方面，随着相关政策文件的出台和实践的推进，更多的特殊教育教师开始接触特殊教育资源中心的活动。"其实这个资源中心以前我们有做过这方面的方案，就是我写的，所以有过了解"（Q1）、"这个现在比较热门，很多培训也都有提到过"（G2）。但是随着访谈的深入，受访者的回答出现了分化。一部分受访者能够较为详细地表述自己所理解的概念，这部分的受访者通常为特殊教育资源中心的工作人员；另一部分的受访者则表示"理论上谈到过，实际不多见"（Q1）、"具体又比较模糊"（T1）、"这个不太了解"（Z10）。这部分受访者对特殊教育资源中心的了解较为表面，可能只是曾经听说过或者在文献中见过，对特殊教育资源中心的工作还是缺乏全面认知。

特殊教育资源中心不同于传统特殊教育学校，拓宽了特殊教育的服务对象范围，需要与区域内各类与特校学生相关的组织和个人开展联系。但其他的教师并没有认识到特殊教育的重要性，"不是很重视特殊教育"（T3）、"教育系统对这方面重视程度不够"（G1）。其中普通学校作为接收随班就读学生的主要教育场所，是特殊教育资源中心主要服务对象之一，应有大量的沟通交流和合作，但现实并非如此。"特殊教育资源中心与普通学校的合作很不够，普通学校也一般不会求助于我们"（Z7）、"普通学校教师和特殊教育学校之间的交流合作较少，他们参与活动的积极性、主动性不高"（Z4）。无论是特殊教育教师对于特殊教育资源中心本身的了解不深，还是普通教育教师对于特殊教育工作的忽视，这些观念上的问题都将极大地限制特殊教育资源中心的发展。

(五)地区间发展不均衡

在特殊教育资源中心建设和发展时间上,存在着非常明显的地区差异。20 世纪末,上海市已经开始探索特殊教育资源中心的建设,其中上海静安区特殊教育指导和康复中心已成立 20 多年;2005 年浙江省也开始建立省级特殊教育资源中心。这些地区的特殊教育资源中心已经积累了较为丰富的发展经验。但在我国其他地区,特殊教育资源中心基本上是"刚刚开始做"(Z9)、"刚起步阶段"(Z1)。因为不同地区特殊教育资源中心建设的时间和经验不同,导致了各地特殊教育资源中心发展存在着一定的差距。在谈到特殊教育资源中心发展成效的时候,便出现了两极化的评价。一些特殊教育资源中心成立较早地区的受访者的回答都是较为正面的,如"逐渐走上正轨了,工作也变得系统了"(Z3)、"在一定程度上引领着全市特殊教育的发展"(Z6)、"已建立起覆盖全区的融合教育支持体系"(Z11)。但是其他地方的受访者对当前特殊教育资源中心的发展成效评价普遍较为负面,如"可能就是北京、上海的特殊教育资源中心发展比较好,我们这边好像不怎么样"(T3)、"现在它的作用并没有很好地显现出来"(T3)、"普校和特校教师之间的交流合作较少,工作成效还不明显"(Z4)。也有受访者表达了更加消极的评价,认为当地的特殊教育资源中心"很粗糙"(Z7)、"没有开展什么工作"(Z9)、"就刚开始挂牌的时候做了一些工作,后来不了了之了"(G1)等。通过受访者的访谈能够发现,不同地区的特殊教育资源中心发展情况存在着较大的差异。

四、特殊教育资源中心的发展问题

我国特殊教育资源中心整体上仍处于发展起步阶段,并未能够充分发挥资源中心统筹区域特殊教育资源、支持融合教育发展和提高特殊教育质量的作用。其发展面临的问题仍然较多,总的来看主要体现在特殊教育资源中心的政策不具体、经费来源不稳定;职能定位不明确、管理经验不足;教师数量不足、专业技能缺乏;思想认识不到位、重视程度不高等。

(一)政策不具体,经费来源不稳定

在支持保障方面,特殊教育资源中心面临的问题就是相关政策不具体、经费来源不稳定。根据《第二期特殊教育提升计划(2017—2020 年)》的要求,大部分县区都已成立了特殊教育资源中心,但教育行政部门等却并未及时出台特殊教育资源中心相关的指导政策、管理制度、评价标准等具体的政策规范。不少特殊教育资源中心并无独立的财务来源,日常支出依赖于特殊教育学校的财政预算。如何理顺特殊教育资源中心财务支出与实际工作之间的关系是一个亟待解决的问题。现实中送教上门的学生学籍是建立在就近的普通学校或特殊教育学校,这部分学生的生均公用经费将纳入学籍所在学校。但特殊教育资源中心又肩负着提供教学指导、

社会服务等职能，因此将产生大量的办公费用、教职工薪资补贴、交通费、教辅具费用等支出，这就要求特殊教育资源中心有稳定的经费来源。特殊教育资源中心教师日常可以根据工作需要申请专项的经费，但是常态化的经费并未得到政策保障。

（二）职能定位不明确，管理经验不足

在自身建设方面，特殊教育资源中心作为一个创新的特殊教育组织形式，被寄予厚望。教育行政部门、专家学者、教师、学生、家长等都希望特殊教育资源中心能够发挥其特殊教育领域的资源优势，提供专业的支持和指导。具体来看，特殊教育资源中心应承担规划特殊教育发展、督导和评价特殊教育质量等管理指导职能；指导随班就读、送教上门工作等教学指导职能；提供教师专业能力培训等培训职能；为学生及家长提供评估鉴定、咨询等社会服务职能。但现实中，已建成的特殊教育资源中心并未能在这些方面有效发挥其作用。[1] 一方面，特殊教育资源中心承载的功能在不断地丰富，特殊教育资源中心职能边界并未明确。能否准确抓住特殊教育资源的职能定位问题，将直接影响到如何理顺和处理好与特殊教育学校的教学任务、办学关系等问题，[2] 也将影响特殊教育资源中心整体的运行成效。另一方面，大量新建特殊教育资源中心的管理者缺乏相关的建设和管理经验，不能继续使用特殊教育学校的管理框架、管理流程，需要更多地探索如何协调与教育行政部门、普通学校等的关系，创造性地开展工作。

（三）教师数量不足，专业技能缺乏

不少已挂牌的特殊教育资源中心受到人员编制的限制，少有专职的特殊教育资源中心教师，多数教师由特殊教育学校教师兼任。特殊教育资源中心难以配足专职的教师队伍开展相关的工作，将限制特殊教育资源中心发挥作用。[3] 虽然兼职的特殊教育教师具有丰富的一线特殊教育实践经验，但由于特殊教育资源中心工作的服务对象发生了改变，特殊教育资源中心的教师需要面对普通学校教师、资源教师等相关人员，仅有的特殊教育经验还是难以满足需求。特殊教育资源中心的教师还需要了解普通学校的教育环境和工作方式，需要能够提供适应融合环境中开展的个别化教育方案。服务内容、服务对象的变化也对特殊教育资源中心教师的共同协调技能、教育领导力等提出了新的要求。

（四）思想认识不到位，重视程度不高

在社会观念方面，普遍存在对特殊教育资源中心不了解、不重视的情况。特殊教育资源

---

[1] 彭霞光.随班就读支持保障体系建设初探［J］.中国特殊教育，2014（11）：3-7.
[2] 李里，陈晓.云南省融合教育发展现状研究［J］.昆明学院学报，2018，40（5）：48-53.
[3] 彭霞光.保障所有残疾儿童的义务教育权利——《残疾人教育条例》解读［J］.中国特殊教育，2017（6）：13-17、62.

中心的建立、发展与我国随班就读工作的推进、融合教育的发展有着密不可分的关系。[①] 特殊教育资源中心建立之初，便是期望能够连接特殊教育和普通教育之间的关系，通过为学校提供特殊教育资源和专家支持，促进学校和教师加速向融合教育的方向转变，[②] 从而促进融合教育的发展。同样，普通学校的融合教育观念也将影响特殊教育资源中心的实际工作开展。当前现实的问题就是普通学校和教师仍缺乏对特殊教育资源中心的了解，未认识到特殊教育资源中心的重要性，加之特殊教育资源中心又"没有什么行政实权"（G2）。特殊教育资源中心很难开展相应的指导工作，也难以号召普通学校教师参加融合教育相关培训。这种思想观念上的问题，将会持续影响融合教育、特殊教育资源中心的发展。

五、发展特殊教育资源中心的建议

多数的特殊教育资源中心成立时间较短，对于如何发展和建设特殊教育资源中心确实存在经验不足等问题。这既是当前发展的一个短板，也为创新特殊教育服务提供了机会，可以不局限于传统的经验，根据特校学生的需要大胆地创新服务内容、服务方式。针对特殊教育资源中心现有的发展问题，提出以下四项建议。

（一）加强政策支持，制定建设标准

特殊教育资源中心作为由教育部门主管的教育组织，其发展离不开政府的支持和引导。通过修订现有特殊教育相关政策法规，承认和明确特殊教育资源中心的组织形式，再制定具体的特殊教育资源中心建设标准、经费制度、管理规范等，确保特殊教育资源中心能够有法可依，有章可循。[③] 在融合教育的发展背景之下，特殊教育资源中心的服务范围已不再局限于特殊教育领域，不可避免地会与普通教育学校等教育组织建立合作。相应的特殊教育资源中心支持政策也不能局限于特殊教育发展，应在义务教育政策、全局性的教育规划中体现特殊教育资源中心的作用，如在教育现代化发展纲要、教育现代化实施方案、区域教育规划等文件中，增设特殊教育章节，支持和鼓励中小学、幼儿园等教育组织与特殊教育资源中心开展合作。当前在特殊教育相关政策中，虽然已经逐步开始关注到特殊教育资源中心的建设和发展，但相应的配套政策还有待细化，尤其是要加强对中西部特殊教育发展较为薄弱地区的支持，缩小地区间的不均衡。

在特殊教育资源中心快速发展时期，应及时出台相关建设标准。规范特殊教育资源中心的办学条件是十分必要的，研制办学标准细则有利于融合教育各级资源中心（教室）的建设

[①] 昝飞.发挥特教指导中心功能，构建高水平支持服务体系[J].现代特殊教育，2019（1）：8-9.
[②] 雷江华.融合教育导论[M].北京：北京大学出版社，2016：62.
[③] 黄汝倩.美国帕金斯盲校特殊教育资源中心建设及其启示[J].现代特殊教育，2017（12）：51-55.

和运作。[①]各地可根据当地实际情况制定单独的特殊教育资源中心建设标准，保障教师资源、物质资源配置。如在教师标准方面，不仅需要明确管理团队的组成人员，还需要制定详细的配置人员标准等，其中人员标准应该包括基本人数要求、专业背景、工作岗位等具体要求。

（二）厘清权责关系，明确职能定位

目前，我国绝大多数的特殊教育资源中心依托于特殊教育学校运行，特殊教育资源中心教师编制、物质资源、经费预算等主要资源依赖于特殊教育学校，不少的特殊教育资源中心（副）主任也是由特殊教育学校校长兼任。特殊教育资源中心与特殊教育学校两者的关系密切，权责交织难分。厘清特殊教育资源中心和特殊教育学校的权责关系，明确特殊教育资源中心的职能要求，才能真正促进特殊教育资源中心的发展。

基于当前实际，特殊教育资源中心和特殊教育学校可以分工不分家。在具体的分工上，特殊教育学校长期从事特殊教育，拥有丰富的经验，可以继续聚焦特殊教育学校的运行，保障中重度特殊儿童受教育的权利，提升特殊教育技能等。特殊教育资源中心在行政上需要负责区域内有关特殊教育事务的指导和执行；专业上可以关注普通学校内的特殊教育，发展融合教育，提高区域融合教育质量。在厘清特殊教育资源中心与特殊教育学校关系的基础上，进一步明确特殊教育资源中心的工作职能。特殊教育资源中心承担着区别于特殊教育学校的职能，重点服务于区域融合教育发展，应具有管理与指导、教学指导、培训与教研和社会服务职能。例如，为融合学校提供巡回指导等教学指导，组织开展特殊教育相关教研和教学展评活动、开展课题研究和学术研讨活动等教研活动，组织各类型教师的特殊教育培训，为特校学生提供入学评估、鉴定，为学生家长提供教育咨询等。

（三）补足教师数量，提高团队专业性

教育发展和质量提高，与一支稳定的、训练有素的、积极性高又可靠的教师队伍分不开，[②]特殊教育资源中心的发展也同样需要数量充足、专业性强的教师队伍。根据区域特殊教育发展和教师编制总数补充特殊教育资源中心的教师编制，保障教师的相对稳定性，教师编制可以挂靠于学校，但独立核定。特殊教育资源中心根据各所普通学校的需要调整人员安排，向普通学校派出教师进驻，指导融合教育发展。[③]特殊教育资源中心兼职教师可以从特殊教育学校在职教师中选拔，教师的编制、安全、考勤管理仍由特殊教育学校统一负责。每

---

① 梁松梅，许家成，孙颖，等.北京市融合教育资源教室（中心）办学条件标准（设备类）细则的研究与思考［J］.中国现代教育装备，2015（24）：13-16.
② ［法］雅克·哈拉克.投资于未来：确定发展中国家教育重点［M］.尤莉莉，徐贵平，译.北京：教育科学出版社，1993：118.
③ 张晓梅，黄晶梅.长春市特殊教育支持保障机制中存在的问题及对策［J］.长春大学学报，2018，28（3）：105-108.

年巡回指导教师的数量由地方教育部门和特殊教育资源中心根据融合教育学生数量协调，[①] 在仍不能满足需求时，可以由政府购买服务，临时补足教师资源的数量缺口。

除了教师数量外，教师的专业性也是评价教师资源的重要指标。特殊教育资源中心工作不仅需要面对各类的特殊儿童，还需要深入普通学校指导教师教学。这就要求特殊教育资源中心能够具有足够的专业能力指导教师制订个别化教育计划、教学调整等；能够具有为特殊儿童、教师日常教学、主题活动等提供广泛资源链接的能力，以满足其缺陷补偿和潜能开发的需求。组建专业多元的特殊教育资源中心教师团队，应包括特殊教育教师、普通学校教师、康复治疗师、医生、社会工作者、行政管理人员等多种类型专业人才。同样可以通过购买服务的方式，聘请部分跨学科的专业人才，如聘请教育学、医学、社会学专家共同参与教学指导，从教育、心理、儿童医学、营养学和神经科学等领域为随班就读学校、教师和家长提供学生情绪行为、社会适应和心理健康等方面的干预建议。[②]

（四）营造良好氛围，鼓励社会参与

融合教育不仅是教育活动，更是一项系统的社会工程，需要社会全体成员的广泛支持与参与，培养社会认可、包容、尊重差异的融合共生心理意识和行为方式。[③] 虽然特殊教育资源中心本身肩负着宣传特殊教育的职能，应支持和引导社会融合教育氛围建设。但是社会的融合教育氛围也将影响特殊教育资源中心的职能发挥，社会文化氛围是特殊教育资源中心发展的文化基础。因此，需要营造一个关心和支持特殊教育发展的氛围。良好的社会文化氛围自然也离不开社区、学校、家庭等共同参与。

特殊教育资源中心的资源需要持续地补充和丰富，单单依靠特殊教育资源中心或特殊教育学校的力量是不够的，需要社会力量共同参与建设。鼓励社会力量、社会资本投资特殊教育发展，如民办特殊教育学校或康复机构（中心）的创办，有效地补充了我国特殊教育资源的不足。[④] 同样，我们需要进一步建立资源共享协作机制，注重发挥康复、医学、特殊教育等专业人员和社区、社会相关团体的作用，共同丰富特殊教育资源总量。具体的举措：减少事业单位资源采购限制，提高采购限额；以特殊教育资源中心为主要招标方，通过明确需求，公开招投标方式，吸引社会资源参与等。在资源建设的内容上，应该聚焦于特殊教育资

---

① 秦铭欢，赵斌，张燕. 我国台湾地区学前巡回指导的实践模式与启示［J］. 现代特殊教育，2020（4）：49-54.
② 夏峰，黄美贤，陆莲. 加强专业引领，团队协作推进，提升区域随班就读质量［J］. 现代特殊教育，2018（17）：15-18.
③ 赵斌，杨银. 共生理论视域下我国融合教育发展的困境与反思［J］. 教师教育学报，2018，5（6）：1-7.
④ 杨克瑞. 改革开放以来我国民办特殊教育的发展成就及思考［J］. 现代特殊教育，2018（19）：13-16.

源中心紧缺的评估测量工具、干预资料包、教学案例等。通过课题研究项目、合作项目等支持高校、基础教育学校、科研机构、医疗康复机构、社会服务机构等组织参与资源研发，权益共享。

中美特殊教育资源中心发展历程及现状比较研究[①]

秦铭欢　刘恩康

一、前言

　　融合教育理念正成为全世界特殊教育发展的趋势，倡导残疾学生能够在最少受限制的环境中，获得个性化发展所需的教育支持和资源，每一个学生都能够共享优质教育。早在 1994 年的《残疾人教育条例》便确定了我国将融合教育作为残疾人教育的发展方向，[②]同年将随班就读作为我国融合教育的主要形式进行全国推广。随班就读的安置形式持续发展和完善，到 2001 年已为当年 70% 的在校残疾学生提供教育支持。但之后随班就读在校生占在校残疾学生比例却出现了持续的下滑，到 2018 年随班就读服务占比已降至 49.41%，与此同时随班就读不仅数量呈萎缩态势，质量也同样堪忧。[③]

　　2017 年新修订的《残疾人教育条例》在全国范围内第一次用法律条例形式提出特殊教育资源中心制度。[④]特殊教育资源中心通常是由教育行政部门主办，常设置于特殊教育学校、普通学校或高等院校之中，为教育行政部门、普通学校等其他组织或学生、教师、家长等个人同时提供多种特殊教育专业化指导或支持服务的组织形式。这一组织形式的建立、发展与我国随班就读工作的推进、融合教育的发展有着密不可分的关系，[⑤]特殊教育资源中心的重要性也正因融合教育发展和随班就读的困境而日显突出。在实践层面，各地特殊教育学校纷纷挂上了特殊教育资源中心的牌子，据保守估计，我国大陆已有超过 2 000 所各级特殊教育资源中心。但是特殊教育资源中心的建设和发展存在诸多问题和挑战，相关的理论研究较少。美国作为当前世界融合教育发展最好的国家之一，其特殊教育资源中心发展历史较为悠久，

---

① 本文发表于《绥化学院学报》2021 年第 7 期。
② 庞文. 我国残疾人融合教育的现状与发展研究［J］. 残疾人研究，2017（4）：35-43.
③ 参见中华人民共和国教育部网站，《〈国家中长期教育改革和发展规划纲要〉中期评估——特殊教育专题评估报告》。
④ 参见中华人民共和国教育部网站，《残疾人教育条例》。
⑤ 昝飞. 发挥特教指导中心功能，构建高水平支持服务体系［J］. 现代特殊教育，2019（1）：8-9.

因此期望通过比较中美两国特殊教育资源中心的发展历史和现状，理解两国在特殊教育资源中心的不同特点，为我国特殊教育资源中心建设提供参考。

二、中美特殊教育资源中心的发展历史

（一）美国特殊教育资源中心的发展历史

美国作为联邦制国家，在特殊教育资源中心的建设中以各州政府为主导，美国俄亥俄州特殊教育资源中心发展脉络较为清晰，故以该州为例。1969 年，美国俄亥俄州特殊教育部门发现，各学校之间的教师缺乏联系，也没有一个组织机构能够管理和连接教师与学区之间的关系。为解决这一问题，当地州政府根据美国《初等和中等教育法》（The Elementary and Secondary Education Act，ESEA）第六章的规定，使用联邦资金建设服务区域的教育中心来加强各学区间的规划和合作、协助当地启动或扩大特殊教育，对特殊教育教师提供技能培训，提供最新的教育资源以支持提高教育质量。俄亥俄州在全州共设立了 9 个规划和发展中心（Program Planning and Development Center，PPDC）与 8 个教学材料中心（Instructional Materials Center，IMC）。其中规划和发展中心主要负责协调各学区的特殊教育资源，并协助各学区规划和发展本地区的特殊教育，为当地未入学的特殊儿童或虽已入学但缺乏专业指导的特殊儿童提供特殊教育服务。教学材料中心则负责为特殊教育者开发或提供各类教育资料和方法。[①] 1972 年俄亥俄州更强调特殊教育人力资源的重要性，将教学材料中心转变成教学资源中心（Instructional Resource Centers，IRC），更加重视教学材料和教学之间的联系，为特殊教育教师提供全面的教学技能培训，以提高当地特殊教育和特殊教育计划的质量。规划和发展中心与教学资源中心合称为特殊教育区域资源中心（Special Education Regional Resource Centers，SERRC），以协助当地发展、协调和管理特殊教育资源，并支持当地学区实现特殊儿童享有平等教育机会的目标。各个特殊教育区域资源中心由当地特殊教育相关负责人共同组成管理委员会，共同参与组织的决策及管理工作。

1975 年，在回归主流的浪潮中，美国颁布了《所有残疾儿童教育法》（Education for All Handicapped Children Act），法案的第三部分规定"设立特殊教育服务中心，以满足身心障碍儿童特殊需求"，这是美国第一部支持建立特殊教育资源中心的全国性法案。直到 1991 年 6 月 1 日，美国联邦教育部特殊教育项目办公室建立了联邦特殊教育资源中心（Federal Resource Center for Special Education，FRC）为各州特殊教育资源中心提供统一标准的技术支

---

① Todd，J H，Fisher T E，et al. Ohio Special Education Regional Resource Center Network [J]. Ohio Department of Education Division of Special Education，1975（2）：7-9.

持，重点支持完善各州特殊教育政策、保障特殊儿童入学以及各州特殊教育区域资源中心的信息交流等工作。[①] 历经20余年，美国基本建立起联邦、州两级特殊教育资源中心格局。

（二）中国特殊教育资源中心的发展历史

在中国台湾地区，第一所特殊教育资源中心成立的时间略早于中国大陆。20世纪80年代初期，中国台湾地区教育主管部门为应对社会潮流，加速特殊教育发展，积极执行《发展与改进特殊教育五年计划》。1993年，中国台湾台中县特殊教育资源中心开始对外服务，但因设备不足及无专人负责，并未充分发挥其作用。1998年，中国台湾高雄县正式在五甲小学成立"高雄县特教资源中心"，计划整合区域内的特殊教育资源，为区域内的教师提供全面多元的教学、教材和专业咨询服务。同年公布的中国台湾地区"特殊教育法施行细则"第一次明确特殊教育资源中心是由教育直辖市、县（市）主管行政机关设立，用于支持特殊教育发展。随后，中国台湾地区的各县市纷纷筹建当地特殊教育资源中心，坚持以整合特殊教育资源和建立完整特殊教育支持系统为目标；以零拒绝和适性发展为教育理念，将其作为当地特殊教育专业服务平台，为普通学校的融合教育提供支持。

在20世纪90年代初期的中国大陆，各地的随班就读工作开展得如火如荼，不断探索如何推进随班就读，提高特殊儿童入学率。这一时期的上海因地处中国大陆东南沿海，作为中国改革开放的排头兵，在经济和教育等领域已取得长足发展，随班就读人数和经费压力较小，所以此时的上海随班就读工作重心已不是如何增加随班就读的数量而是如何提高随班就读的质量。1995年，上海市教委在两区一县开展提高随班就读质量的实验。同年12月，作为上海市随班就读试验区的静安区率先成立了第一个区级特殊教育资源中心，有计划、有步骤地支持听力、视力、智力以及言语等特殊儿童的随班就读工作。"静安区特殊教育指导中心"是集教育行政、教育研究、特殊教育学校和提供随班就读指导于一体的机构，在试验中获得了良好的效益。[②] 总结试验经验，1997年，上海市教委出台了《关于在本市普通中小学开展随班就读工作的暂行规定》（沪教委基〔1997〕59号文件），文件第6条第一次提出各区县在本地区设立特殊教育康复指导中心，负责本地区随班就读工作的开展。随后，上海各区县纷纷成立了区级特殊教育资源中心，这一时期上海的特殊教育资源中心主要负责从行政上推进随班就读工作。

中国大陆特殊教育资源中心的早期发展主要在东部沿海长三角地区。2005年，浙江省教

---

① LO Carlson.Federal Resource Center for Special Education.Final Report [J]. Access to Education, 1993：42.
② 朱建华，邱轶. 区域性特殊教育现代化模式研究与实践 [M]. 上海：上海科技教育出版社，2009：54-66.

育厅和浙江省残联联合成立了3个省级特殊教育资源中心,即视障教育资源中心、听障教育资源中心和智障教育资源中心,分别设在浙江省盲童学校、杭州市聋哑学校和杭州市杨绫子学校,负责全省指导、教师培训和特校学生咨询等工作。[①] 2009年,上海市教委和华东师范大学合作共建上海市特殊教育资源中心,被认为是中国大陆第一个市级特殊教育资源中心,至此全国第一批省、市、区三级的特殊教育资源中心在探索中初见成型。2010年,上海市长宁区特殊教育指导中心获得独立法人资格,成为中国大陆第一个具有实体性质的特殊教育资源中心。2017年,国务院修订《残疾人教育条例》,第一次在全国范围明确提出特殊教育资源中心制度,开启了我国特殊教育资源中心建设的热潮。

表7-12 中美特殊教育资源中心的发展历程时间表

国家/地区		时间	重要事件	重要意义
美国		1969年	俄亥俄州成立特殊教育区域资源中心	美国第一个以特殊教育资源中心命名的实体机构
		1975年	国会颁布《所有残疾儿童教育法》	美国第一个支持建立特殊教育资源中心的全国性法案
		1991年	联邦教育部建立联邦特殊教育资源中心	美国第一个联邦特殊教育资源中心
中国	台湾地区	1993年	台中县特殊教育资源中心开始对外服务	中国台湾地区第一个运行的特殊教育资源中心
		1998年	高雄县成立特教资源中心	中国台湾地区第一个正式的特殊教育资源中心
		1998年	台湾地区相关部门出台"特殊教育法施行细则"	中国台湾地区第一部支持建设特殊教育资源中心的文件
	大陆地区	1995年	上海市静安区成立区特殊教育资源中心	中国大陆第一个区级特殊教育资源中心
		1997年	上海市教委出台了《关于在本市普通中小学开展随班就读工作的暂行规定》	中国大陆第一份规定设立特殊教育资源中心的地方文件
		2005年	浙江省教育厅和浙江省残联联合成立了3个省级特殊教育资源中心	中国大陆第一批省级特殊教育资源中心
		2009年	上海市教委和华东师范大学合作共建上海市特殊教育资源中心	中国大陆第一个市级特殊教育资源中心
		2010年	上海市长宁区特殊教育指导中心获得独立法人资格	中国大陆第一个实体性质的特殊教育资源中心
		2017年	国务院修订《残疾人教育条例》	中国第一部明确特殊教育资源中心制度的全国性法律条例

---

① 浙教. 浙江成立3个特殊教育资源中心[J]. 现代特殊教育, 2005 (6): 39.

三、中美特殊教育资源中心发展现状

（一）美国特殊教育资源中心发展现状

20世纪90年代，融合教育理念逐步取代了早期"回归主流"和"一体化"的概念，对美国特殊教育带来巨大的影响，强调特殊儿童应和同龄儿童一样在普通学校接受教育，并能够接受个别化的教育支持。融合教育理念对美国特殊教育资源中心的影响，主要体现在两个方面，一个是特殊教育学校转型成为特殊教育资源中心，另一个是特殊教育资源中心逐渐"消失"。具有隔离性质的特殊教育学校被认为不利于特殊儿童的发展，被逐步关停，但特殊教育学校也并没有完全消失，还存在一些知名的或历史悠久的特殊教育学校，这些保留下来的特殊教育学校通过自身的改革和职能转变，成为特殊教育资源中心。如美国知名的帕金斯盲校，作为美国历史上第一所盲校，从学校架构入手改革，在保留传统学校功能的同时拓展了多项服务功能，成为辐射全美乃至世界的盲教育资源中心。[1]当前美国多数的特殊儿童能够进入普通学校接受融合教育，多数的特殊教育支持也变成了在普通学校进行。多个州议会要求建立一个协调、综合和统一的教育区域服务系统，减少不必要的组织和服务重复，因此一部分地区的特殊教育区域资源中心人员被并入教育服务中心（Education Service Center，ESC），特殊教育区域资源中心也成了教育服务中心的一个服务项目组。

（二）中国特殊教育资源中心发展现状

在中国台湾地区，受政策推动及现实的需求，各地特殊教育资源中心经历了"分分合合"，现共有34所特殊教育资源中心。特殊教育资源中心隶属于当地教育行政部门，作为特殊教育支持网络重要部分，协助开展各教育阶段特殊教育的资源规划、整合与执行工作。其中较具有代表性的中国台北市，根据教育阶段、行政区域位置及特殊教育类别，依托于特殊学校或普通中小学设置了6所特殊教育资源中心（不包括资优教育资源中心）。[2]

在中国大陆，多地也在积极探索特殊教育资源中心的建设。在东部地区，各地在已有的特殊教育资源中心基础上进行改革。2010年，上海市长宁区成立了国内第一家全额拨款事业单位实体性质的区特殊教育资源中心，独立法人、独立编制、独立账户与预算、独立场地与设施。[3] 2012年，上海市为了推行医教结合，提高特殊教育水平，在全市范围内根据障碍类型建设了4个听障教育康复指导中心和1个视障教育康复指导中心，为辖区内的随班就读学

---

[1] 黄汝倩. 美国帕金斯盲校特殊教育资源中心建设及其启示[J]. 现代特殊教育，2017（12）：51-55.
[2] 郭色娇. 台北市特殊教育发展史[M]. 台北：台北市教育局，2008：44-45.
[3] 许家成. 以区域性变革推进特殊教育现代化——兼评上海市长宁区创建实体特殊教育指导中心的实践[J]. 现代特殊教育，2016（3）：1.

生提供服务。2015年，浙江省将原有3所省级特殊教育资源中心整合成具有特殊教育研究、评估、咨询、服务功能的浙江省特殊教育指导中心。2016年，北京海淀区特殊教育研究与指导中心正式独立成为北京市第一所拥有独立法人性质的特殊教育资源中心。

2017年新修订的《残疾人教育条例》第一次提出"统筹安排支持特殊教育学校建立特殊教育资源中心，在一定区域内提供特殊教育指导和支持服务"。同年，教育部等7部门印发的《第二期特殊教育提升计划（2017—2020年）》再次提出支持特殊教育资源中心，整合相关方面的资源，建立特殊教育资源中心。在政策的指导下，原先没有特殊教育资源中心的地区纷纷开始探索和规范特殊教育资源中心建设，开始重视特殊教育资源中心对特殊教育发展和融合教育的重要作用。贵州、广西、陕西等省份的义务教育改革文件中明确全面提高特殊教育普及水平，改善特殊教育办学条件，加强资源中心建设和管理，部分省市明文要求每个县都将建设特殊教育资源中心。[1]当前尚无全国特殊教育资源中心数量、现状的调查报告，仅有部分研究调查了个别省份的特殊教育资源中心数量，如浙江省11个区市共设立了13个市级特殊教育资源中心，89个区县全部成立了特殊教育资源中心；云南省新建了3个省级特殊教育资源分中心，在各地州县特殊教育学校挂牌了124个特殊教育资源中心。[2]

四、中美特殊教育资源中心比较与分析

通过对中美特殊教育资源中心发展历史和现状的综述可以看出，两国的特殊教育资源中心除了在发展时间、组织名称等方面有着不同外，在功能定位、组织形式和保障制度等方面也存在较为明显的区别。其中，中国台湾地区和大陆的特殊教育资源中心发展虽自成体系，但是在组织功能、组织形式等方面基本一致。

（一）中美特殊教育资源中心功能定位的比较

中美两国的特殊教育资源中心都在不同的特殊教育发展阶段发挥着重要作用。美国的特殊教育资源中心早期是为了协调各学区间的教育资源，加强教师之间的沟通合作。最初仅有指导当地特殊教育发展规划和提供特殊教育教学资源两项功能。随着特殊教育的发展以及融合教育的出现，为了满足融合环境中特殊儿童个别化教育的需求，特殊教育资源中心需要提供更多的教育资源。依据《残疾人教育法》（Individuals with Disabilities Education Act，IDEA）规定，各类的组织需要提供包括心理辅导、物理治疗、职业治疗、特殊儿童的早期鉴定与评估、咨询服务（含康复咨询）、社会工作服务、家长咨询与训练等20多项

---

[1] 参见陕西省人民政府，《陕西省人民政府关于统筹推进县域内城乡义务教育一体化改革发展的实施意见》。
[2] 李里，陈晓. 云南省融合教育发展现状研究[J]. 昆明学院学报，2018，40（5）：48-53.

不同的服务。

中国的特殊教育资源中心最早为服务随班就读工作而出现,主要执行随班就读工作的规划、指导等行政任务,后又为随班就读教师提供教师培训等服务。随着社会对特殊教育的关注,理论和实践都对特殊教育资源中心提出了新的期待,特殊教育资源中心被认为是我国特殊教育支持体系的重要组成部分。当前中国的特殊教育资源中心同时肩负着特殊教育规划、研究、评估、培训、咨询和服务等多重功能。特殊教育资源中心需要与教育行政部门工作人员、一线行政人员和教师处理行政工作;培训提高教师的特殊教育素养和专业能力以及提供教育教学的辅助器具等。为了能够提高特殊教育的有效性,支持家长参与,家长培训和家长咨询等服务也成为特殊教育资源中心的职能。部分地区的特殊教育资源中心还需要直面特殊儿童,协助鉴定、安置和转衔工作,参与送教上门和巡回指导工作。

中美两国特殊教育资源中心的功能都是从少到多,最初只提供少量的专业服务和资源,在不断发展过程中,陆续承担了越来越多样的功能。两国的特殊教育资源中心都具有一定的特殊教育行政职能,负责指导、协调各地的特殊教育发展计划。但是相较而言,我国的特殊教育资源中心更多地服务于接收残疾儿童的学校及教师,负责教师的指导、培训和特殊教育资源调配等工作,间接服务于残疾儿童及其家庭;美国的特殊教育资源中心则越来越直接为特殊儿童及家庭提供教育资源和服务。

(二)中美特殊教育资源中心组织形式的比较

中美特殊教育资源中心在组织形式上有着较大的差异。美国的特殊教育资源中心是一种分布式的资源中心,其具体的教育资源根据服务内容或对象的情况由不同的机构负责。各州都有不同的具体操作方式,以美国加利福尼亚州旧金山市为例,精神卫生服务由旧金山精神卫生局负责,职业治疗和物理治疗由加利福尼亚州儿童服务处负责,家长支持由特殊教育社区咨询委员会、残障儿童家庭支持协会、特殊教育社区联盟等3个机构负责。这些资源分布在不同的机构和组织,由个别化教育计划整合起来。

中国特殊教育资源中心的组织形式具有典型的集合式特征。特殊教育资源中心集中汇聚了特殊教育行政部门、财政部门、特殊教育学校等多个相关方的资源,具有较强的协调和沟通能力,被认为在地方特殊教育支持系统中起到了最关键、最核心的作用。以上海市长宁区特殊教育指导中心为例,其为学前儿童到成人全年龄段的残疾人提供特殊婴幼儿早期干预、咨询指导、家长喘息服务;随班就读认定、通报、支持课程、康复训练;跨学段转衔服务;高等融合教育以及成年残疾人社团课程等资源。

中美两国根据各自教育制度、特殊教育发展实际情况等选择了不同模式的特殊教育资源中心发展路径。美国分布式的特殊教育资源中心具有专业化程度高、灵活性高、选择性强等特点，能够随着新的特殊教育服务种类的增加随时扩充服务。这种形式的特殊教育资源中心对特殊教育专业化发展要求较高，需要高度发达的管理体制和严格的法律保障才能有效运行，资源管理成本较大，对人力和财力的要求较高。[①]中国集合式的特殊教育资源中心能够充分有效地利用现有的资源，快速地发挥资源中心的作用，其投入相对较小，服务对象也能够方便地获得不同的资源。两种形式也各有优缺点，没有简单的优劣之分，只有能够适合本国发展需求的才是可行的方法。

（三）中美特殊教育资源中心保障制度的比较

在资金保障上，美国特殊教育资源中心的经费保障在不断完善中，除了联邦政府和州政府的特殊教育基金保障外，部分的特殊教育资源中心开放了公开捐款渠道，能够使用社会捐赠的经费等。在供资机制上，将以教师、辅助设备等特殊教育资源为基础，按照数量拨发国家特殊教育补助。中国特殊教育资源中心资金主要来自于特殊教育补助资金，依照《特殊教育补助资金管理办法》，资金使用遵循"中央引导、省级统筹、突出重点、讲求绩效、规范透明、强化监督"的原则。[②]如2019年，特殊教育补助资金将优先选择用于在未建立特殊教育学校的县建设至少20所特殊教育资源中心，及支持特殊教育资源中心（教室）配置必要的设施设备。相比之下，我国特殊教育资源中心的资金渠道来源较为单一，主要依赖于政府的投入。

在资源保障上，美国的特殊教育资源中心注重与世界各地的团体开展合作，丰富特殊教育人才和各类特殊教育资源。如美国帕金斯盲校特殊教育资源中心与67个国家/地区的中小学、高校、非政府组织、非营利组织、政府机构和家长网络开展密切的合作，获得大量的盲教育资源。美国纽约州特殊教育培训和资源中心曾对本中心的特殊教育资源适用性和质量进行了调查，发现92%受访者表示适用性良好；85%受访者表示质量良好；但是对资源的新颖性评价并不那么积极。[③]当前我国特殊教育资源中心也在积极鼓励整合特殊教育学校、普通学校、医疗机构、家庭等各方面资源，建设特殊教育资源库；提高文字、图片、音视频等多样化课程资源的使用效率。但仍有研究显示我国特殊教育资源中心的教育资源仍不能满足融合教育的需要，还需要多部门配合、整合区域特殊教育资源（人力、物力、财力、政策等资

---

① 朱建华，邱轶. 区域性特殊教育现代化模式研究与实践[M]. 上海：上海科技教育出版社，2009：54-66.
② 参见中华人民共和国教育部网站，《财政部 教育部关于下达2019年特殊教育补助资金预算的通知》.
③ Brooklyn. Special Education and Resource Center（SETRC）1989–1990[R]. New York：New York City Boardof Education，1990.

源），纳入到资源中心统一管理。①

五、对我国特殊教育资源中心发展的启示

第一，明确我国特殊教育资源中心的发展路线。在特殊教育资源还不充沛的情况下，特殊教育资源中心作为一个将分散在卫生、残联、教育各个领域的专业资源进行集合的平台，有利于协调、沟通、充分发掘更多的服务资源。在特殊教育经费投入不充裕的情况下，建立特殊教育资源中心可以集中力量办大事，提高已有资源利用效率。在融合教育发展经验还不成熟的背景下，发挥特殊教育资源中心教科研的优势，丰富融合教育经验，为融合教育提供实际的支持，架起普通学校与特殊学校之间的桥梁，更好地促进融合教育发展。所以结合目前中国特殊教育发展实际情况，集合式的特殊教育资源中心更适合当前中国特殊教育的发展。

第二，借鉴美国特殊教育中心发展过程中的可取经验。完善特殊教育资源中心的格局，建设国家级特殊教育资源中心，协调各省市的优质特殊教育资源，减少区域间特殊教育资源不均衡状况。在特殊教育资源中心发展过程中，仍需进一步理清我国各级特殊教育资源中心的核心功能，明确不同类型的特殊教育资源中心的职能定位并为其增权赋能，可以进一步探索以独立法人形式单独运作，加强监管部门对其的督导。在特殊教育资源中心资金和资源保障上，可以引入更多的社会资源，鼓励社会组织参与特殊教育资源中心建设；加强各级特殊教育资源中心的分工合作，拓宽学科领域，扩展合作范围，加强国际合作；并完善教育资源的质量评价标准。

---

① 马丽琛.建立学习资源中心，满足学生特殊教育需要［J］.现代特殊教育，2016（9）：14-15.

后 记

为贯彻落实党的二十大提出的"特殊教育普惠发展"的要求，促进社会主义先行示范区和粤港澳大湾区特殊教育的发展，深圳市第二特殊教育学校作为一所全新的学校，也是国内第一所培智高中，亟须探索如何建好一所特殊教育高中。我们抓住学校发展的"牛鼻子"，以新教师发展为切入口，基于 2021 年广东省特殊教育专项课题"构建特殊教育高中新任教师专业共同体的循证研究"，开始探索共同体视角下的特殊教育学校新教师的培养工作。

在教师共同体建设的实践中，我校新教师参加省市级各类教育技能比赛，获得了 8 项省级奖项和 16 项市级奖项；高效推进校本课程体系建设，构建了"美好生活+"课程体系；成功立项了 3 项省级课题、1 项省级实验室课题、4 项市级课题和 8 项校级课题。我校教师的专业能力得到了快速提升，这些成绩也离不开诸多领导和专家对我校发展的关怀和支持。

"路虽远，行则将至；事虽难，做则必成。"本书的付梓是我校高质量发展的第一步，未来我们将继续探索特殊教育高中的教师培养和学校建设发展，以期为其他特殊教育高中建设提供可借鉴的经验。